习近平新时代中国特色社会主义思想的河南实践
系列丛书

THE PRACTICE OF
HIGH QUALITY DEVELOPMENT
IN  HENAN MANUFACTURING INDUSTRY

制造业
高质量发展的
# 河南实践

赵西三　刘晓萍 ◎ 主编

社会科学文献出版社
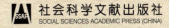
SOCIAL SCIENCES ACADEMIC PRESS (CHINA)

# "习近平新时代中国特色社会主义思想的河南实践"系列丛书（第三辑）编委会

# 前　言

习近平总书记和党中央对河南工作高度重视和寄予厚望。党的十八大以来，习近平总书记先后五次亲临河南视察，作出了一系列重要指示，为河南发展指方向、定目标、明方略、绘蓝图。全省上下深入学习贯彻习近平新时代中国特色社会主义思想和习近平总书记对河南工作的重要讲话、重要指示批示精神，砥砺奋进、实干笃行，全面推动习近平总书记重要讲话、重要指示批示和党中央各项决策部署在河南落地落实、见行见效，中国式现代化建设河南实践稳步推进，为全面建设社会主义现代化国家贡献河南力量。

"习近平新时代中国特色社会主义思想的河南实践"系列丛书由河南省社会科学院研创。该系列丛书充分展示了河南贯彻落实习近平新时代中国特色社会主义思想的具体举措和成功经验，既是推动学习贯彻习近平新时代中国特色社会主义思想主题教育走深走实的重要步骤，又是以习近平文化思想为指引落实 2023 年河南兴文化工程文化研究计划的重要抓手，同时也是为锚定确保高质量建设现代化河南、确保高水平实现现代化河南"两个确保"奋斗目标，实施"十大战略"凝聚强大精神力量的重要参考。

"习近平新时代中国特色社会主义思想的河南实践"系列丛书（第三辑）包括《传承弘扬红旗渠精神的河南实践》《制造业高质量发展的河南实践》《农业强省建设的河南实践》《加强和创新社会治理的河南实践》《深度融入"一带一路"建设的河南实践》《中华文明探源的河南实践》6 部。该系列丛书围绕习近平总书记关于河南工作的重要讲话、重要指示批示精神，深刻领会习近平新时代中国特色社会主义思想的精髓要义和丰富内涵，旨在系统梳理和展示习近平新时代中国特色社会主义思想在河南的生动实践，不断总结新经验、探索新路径，奋力推进中国式现代化建设河南实践，向着"两个确保"目标勇毅前行，交出争先出彩的过硬答卷。

# 序 言

制造业是立国之本、兴国之器、强国之基。当前，新一轮工业革命与科技变革蓬勃兴起，全球制造业发展呈现新格局，发达国家大力实施再工业化战略，强化制造业发展成为调整产业结构、重塑国家竞争优势的一个重要战略转折点和发力点。

党和国家高度重视制造业和实体经济发展，习近平总书记视察河南过程中深入制造业企业调研，对制造业高质量发展做出重要指示。2014年5月10日，习近平总书记考察中铁工程装备集团有限公司时指出，要加快构建以企业为主体、市场为导向、产学研相结合的技术创新体系，加强创新人才队伍建设，搭建创新服务平台，推动科技和经济紧密结合，努力实现优势领域、共性技术、关键技术的重大突破，推动中国制造向中国创造转变、中国速度向中国质量转变、中国产品向中国品牌转变。2019年9月17日，习近平总书记考察郑州煤矿机械集团股份有限公司时指出，中国必须搞实体经济，制造业是实体经济的重要基础，我们现在制造业规模是世界上最大的，但要继续攀登，靠创新驱动来实现转型升级，通过技术创新、产业创新，在产业链上不断由中低端迈向中高端。2022年10月，习近平总书记在党的二十大报告中强调，坚持把发展经济的着力点放在实体经济上，推动制造业高端化、智能化、绿色化发展。

自党的十八大以来，作为制造业大省，河南全面贯彻落实习近平总书记对于制造业高质量发展的重要指示精神，立足发展实际和比较优势，推动制造业高端化、智能化、绿色化、融合化发展，加快从制造大省向制造强省迈进，其实践逻辑值得深入研究。本书重点对党的十八大以来河南制造业高质量发展的历程、做法、举措等进行梳理分析，并尝试研究其实践逻辑，并在此基础上提出推进制造业高质量发展的对策建议。本书主要内容共分十五章，第一章由宋歌撰写，第二章由尚思宁撰写，第三章由赵西三撰写，第四章由刘晓萍、牛雪妍、翟海文、孙秋雨撰写，第五章由牛雪妍撰写，第六章由翟海文撰写，第七章由刘晓萍撰写，第八章由韩树宇撰写，第九章由杨梦洁撰写，第十章由韩树宇撰写，第十一章由孙秋雨撰写，第十二章由翟海文撰写，第十三章由牛雪妍撰写，第十四章由孙秋雨撰写，第十五章由尚思宁撰写。在本书创研过程中，河南省工业和信息化厅相关处室在调研、数据、资料等方面提供了大力支持，在此表示感谢。

# 目　录

# 第一章　制造业高质量发展的时代背景

当今世界正面临百年未有之大变局，制造业发展也面临前所未有的冲击、调整与变革。从全球来看，经济形势愈加严峻复杂，经济增长持续低迷，而伴随新一轮科技革命的第四次工业革命浪潮，为制造业带来颠覆性变革，使制造业重新成为全球经济竞争的焦点。我国的制造业与先进国家相比，仍有较大差距，面对技术和产业变革及全球制造业竞争格局的重大调整，中国已全面开启迈向制造强国的新征程。对河南来说，制造业已进入由"大"到"强"转变的关键阶段，制造业高质量发展既是适应形势变化的必然要求，也是加快实现河南跨越发展的必由之路。

## 第一节　全球制造业格局加速调整

面临前所未有的世界之变、时代之变、历史之变，无论是发达经济体还是新兴经济体均在抢占制造业竞争高地，新技术革命与产业变革纵深推进、资源禀赋与力量对比深度调整、产业竞合与经济规划深入演进，全球制造业生态系统和产业布局发生了重大变化，全球制造业格局正在经历深刻改变。

### 一　新技术革命正在重塑制造业生态

从全球工业化历程来看，历次工业革命均以技术革新为引领，科技创新是引发人类社会生产与生活深刻变革的重要力量，是制造业不断升级的根本动力。21世纪以来，面对能源和资源危机、全球生态和环境恶化、气候变暖以及各种新兴技术的广泛交叉应用，一场以信息技术、新能源技术、新材料技术、生物技术等为代表的新技术革命蓬勃兴起并迅速席卷全球，对人类社会生产与生活模式产生巨大影响。

德国学者乌尔里希·森德勒在其主编的《工业4.0：即将来袭的第四次工业革命》一书中，将此次新技术革命及其引发的产业变革称为第四次工业革命，并认为第四次工业革命不同于前三次工业革命。它涉及的技术领域众多，且这些新兴的技术高度融合、相互渗透，形成了一个完整的技术系统，将为人类社会生产生活带来同步性、系统性、整体性影响。同时，这些新兴技术还将全面渗透人类社会生活，并通过跨界应用，创造出具有跨越传统产业边界的新产品、新业态、新模式，从而为制造业带来颠覆性变革。

从此次新技术革命的进展来看，一系列新兴前沿技术获得突破与应用，大数据技术、生物技术、新能源技术、量子技术等多个领域取得重大进展，新能源、新材料在制造业各行业中大规模深度应用，生物技术正由生物医药、生物农业向生物制造、生物环保等领域拓展，一批新兴产业迅速形成并崛起，不断改变世界制造业的版图、竞争格局和竞争态势。

尤其是以大数据、云计算、人工智能等为代表的新一代信息技术，推动人类社会进入数字经济时代，并成为制造业发展的强大引擎。随着这些以数字化、智能化、网络化、绿色化为特征的新兴技术在产业链供应链各个环节的逐步渗透与融合，制造业的研发设计、生产模式、组织形态、商业模式等正在发生根本性转变。当前，智能产品日益多元化，无人飞行器、智能机器人、无人驾驶汽车、可穿戴设备、智能家居、纳米机器人、量子计算机等前所未有的产品，正不断走入人们的生活；得益于新兴信息技术的支撑，制造业正在由大批量标准化生产向互联网支撑下的智能制造转变，个性化定制、柔性制造、云制造、网络协同制造等制造模式日益兴起，智能工厂成为制造业的发展方向；平台经济模式发展迅猛，以平台化、网络化、生态化为代表的组织新模式，已成为推动制造业发展的新引擎；随着价值链重心向研发设计与营销售后两端转移，服务对制造业的支撑作用愈加凸显，制造业也将从生产型制造转向服务型制造。

新技术革命不仅带来了生产方式的变革，还引发了产业发展构成要素的变化，深刻改变全球产业链的要素禀赋格局。随着制造业的数字化转型，大数据将突破原先以劳动、资本为核心的传统生产要素，成为制造业新的生产要素。与此同时，全球气候问题日益严峻，绿色化也成为制造业的重要发展方向之一。生产技术的绿色化势必要求能源转型，从而为新能源产业开辟发展空间，并改变现有的以石化能源为主的全球能源出口格局。发展中国家受低碳转型的影响，传统要素成本优势在一定程度上被削弱，绿色发展级差将重塑国家间的要素禀赋结构差异。

## 二　全球产业链供应链面临分化重构

在近三百年的工业化进程中，全球产业分工呈现越来越精细、组织化程度越来越高的显著特征。全球制造业围绕美国、德国、中国、日本等制造业大国进行分工合作，各国经济、产业密切关联、相互依存，产业链供应链也形成了不可分割、高度依赖的格局。但近年国际形势波谲云诡，新技术革命的纵深推进对全球化生产分工体系造成了冲击，逆全球化潮流的兴起、国际经贸规则的重构、疫情等诸多因素也在深刻影响全球产业链供应链布局。多重因素交织下，全球产业链供应链布局本土化、全链条发展的趋势愈加明显。

一是逆全球化潮流兴起。国际金融危机爆发之后，全球化趋势减弱，保护主义抬头，基于全球化的产业分工体系受到威胁。以美国为代表的西方发达国家为保持竞争优势，将其国内贫富差距拉大、社会矛盾突出等问题的矛头指向发展中国家，通过逆全球化的投资政策、监管政策、移民政策等，推动制造业回流本国。据美国的非营利组织 Reshoring Initiative 估计，美国自奥巴马政府实施制造业回流战略以来，到 2021 年制造业回流已经带回了约 26 万个就业机会。既包括台积电、英特尔、三星到美国建设高端的晶圆制造厂，也包含如福耀玻璃这样的劳动密集型产业。欧美等国通过制定提高本国制造的法律规定及实施税收补贴等政策，在促成产业回流、转移的同时，扰乱了基于全球分工的产业链供应链体系，使产业链供应链分工向本地化、区域化演进。

二是国际经贸规则加快重构。为提高制造业竞争力，培育壮大本国制造业，大国之间的竞争和博弈更加激烈，贸易保护主义强化与全球贸易规则重构相互交织。尤其是美国，屡次违反世界贸易组织（WTO）规则，推动贸易政策从 WTO 倡导下的自由贸易导向转到具有保护主义特征的"公平贸易"导向。美国及其盟友力图主导 WTO 规则体系改革，并相继签署了《区域全面经济伙伴关系协议》（RCEP）、《全面与进步跨太平洋伙伴关系协定》（CPTPP）、《美墨加协定》（USMCA）等一系列区域贸易协定，进一步强化区域内的经贸合作，筑高对区域外投资贸易的壁垒，旨在重构有利于维护发达国家垄断利益的全球经济秩序。国际经贸规则的重塑，将直接切断产业链联系，进而冲击全球产业链供应链的稳定，改变全球产业分工格局。

三是疫情影响产业链供应链布局。部分产业整合趋势加剧，全球供应链趋向更小范围、更加地区化的"重置"，关键生产环节加速向以美国为中心的北美、德国为中心的欧洲以及以中国、日本、韩国为中心的亚洲主要制造业基地收缩，三大制造业基地内部各自的产业链供应链网络更加紧密。同时，产业链供应链的安全问题受到重视，全球主要经济体纷纷明确产业链供应链安全战略，着力构建以自身为主体的产业链供应链体系。各个国家不再追求产业链全球布局的高效率和低成本，转而强调产业的自主性、安全性、可控性，全球产业链供应链呈现收缩趋势。跨国公司的生产经营普遍受到较大冲击，大多数公司目前处于观望态势，投资步伐放缓。短期来看，跨国公司全球化供应链布局在一定程度上将呈现收缩态势；长期来看，基于安全和效率的平衡，跨国公司将主动调整产业链供应链布局，趋向多元化发展。

# 第二节　中国制造强国建设全面推进

当前，中国处于工业化后期，并于 2020 年基本实现工业化，但中国的工业化进程还远未结束，制造业水平与工业强国相比仍存在很大差距。

## 一　我国制造业与先进国家相比差距明显

中国是目前全球唯一拥有联合国产业分类中所有工业门类的国家，包括 41 个工业大类、207 个工业中类、666 个工业小类。2010 年，中国制造业规模首次位居世界第一；至 2022 年，中国制造业规模已经连续 13 年居世界首位。尽管近年来中国制造业发展迅速，整体规模持续提升，但中国制造业与世界先进水平相比仍有一定差距，加快推动中国由制造大国向制造强国迈进刻不容缓。

自 2015 年起，中国工程院联合其他机构每年发布一次制造强国建设指数，以规模发展、质量效益、结构优化、持续发展为一级指标构建指标评价体系，对中、美、德、日等全球主要经济体的制造强国发展指数进行测评与分析，该指数已成为客观评价我国制造业整体水平的权威指数。总体来说，历年制造强国发展指数的排名变化不是很大，美国年年排在首位，始终处于第一梯队；德国和日本紧随其后，处于第二梯队；中国和韩国、法国、英国等一直居于第三梯队。

整体上看，中国制造业的发展水平处于全球第三梯队，但从具体指标来看，我国除了在规模发展指标上占据明显优势，其他三项指标——质量效益、结构优化、持续发展均与美国、德国、日本等存在较大差距，尤其是质量效益分项数值一直偏低，根据中国工程院等机构近年来发布的《中国制造强国发展指数报告》，质量效益分项数值对我国制造强国发展指数贡献率始终低于15%，远低于美国的30%和日本的27%，充分说明质量效益在长时间内仍是我国制造业的短板弱项。《2021中国制造强国发展指数报告》显示，从二级指标数值来看，中国制造业与美国、德国、日本的主要差距集中在基础产业、高技术产品、单位能耗的制造业产出、单位制造业创新产出以及制造业全员劳动生产率等方面。以制造业全员劳动生产率为例，2021年中国制造业全员劳动生产率为4.05万美元/人（现价美元）①，大体为美国的1/5，德国及日本的1/3。

从实践来看，中国制造业质量、结构等方面面临一系列突出问题：技术创新能力不足，核心技术和核心关键部件受制于人；产业基础能力薄弱，基础原材料、基础工业、基础元器件、基础技术方面亟须提升；产业多处于全球价值链的中低端，产品低端过剩，高端供给不足；制造业领域的国际知名品牌较少；等等。特别是在高端制造领域，中国与欧美国家和日本这些传统制造业国家相比依然较弱，很多行业核心技术与装备外采比例较高，产业发展存在严重的"卡脖子"和"掉链子"问题。比如，我国机床领域的激光切割技术和设备企业虽然能覆盖几乎所有工业大类，但是基本上都集中在几个大众化的中低端市场领域里，高端机床领域的大功率、特殊光源等激光切割设备，主要依赖从发达国家进口。同时，相比美国、德国和日本，中国缺少很多细分领域的"隐形冠军"小企业。早在2018年，德国著名管理学家赫尔曼·西蒙在一次演讲中提到，他的团队通过二十多

① 屈贤明、古依莎娜、杨文静：《打好制造强国建设未来三年攻坚战》，《经济》2023年第5期。

年的调研和资料整理，收集了全球 2734 家"隐形冠军"企业的经营数据，最后发现德国排名第一，拥有 1307 家"隐形冠军"中小企业，占比接近一半；美国排名第二，拥有 366 家；日本排名第三，拥有 220 家；中国只有 92 家，排名第六。此外，中国制造业拥有的世界知名品牌数量也与美国、日本差距较大，《2021 中国制造强国发展指数报告》显示，我国制造业世界知名品牌有 18 个，而美国、日本分别为 74 个、32 个。

## 二 我国迈向制造强国新征程

自党的十八大以来，习近平总书记着眼中华民族伟大复兴战略全局和世界百年未有之大变局，围绕加快科技创新、发展实体经济、中国特色新型工业化道路等问题，提出制造业是国家经济命脉所系，必须发展实体经济，不断推进工业现代化、提高制造业水平，不能脱实向虚等一系列重要观点，形成了关于制造强国战略的重要论述。

在制造强国战略指引下，我国政府相继出台了一系列发展规划和战略举措，全力推动中国制造业由"大"向"强"转变。围绕制造业的创新发展，设立了国家新兴产业引导基金，实施了制造业创新中心建设工程和装备制造创新工程，关键共性技术供给体系逐步恢复和完善，一大批重大标志性创新成果引领中国制造业不断攀上新高度。2023 年 8 月，工业和信息化部发布《制造业技术创新体系建设和应用实施意见》，明确提出 2027 年建成先进的制造业技术创新体系的发展目标。针对工业基础薄弱问题，实施工业强基工程，聚焦核心基础零部件、工业基础软件、关键基础材料、先进基础工艺、产业基础技术等关键瓶颈，全面加大科技创新和进口替代力度，一批"卡脖子"技术难题获得突破。面对制造业生产模式的变革，加快推进制造业数字化、网络化和智能化发展，工业互联网建设和智能制造系统快速发展，企业数字化发展水平大幅度提高，生产设备数字化率、数字化生产设备联网率、数字化研发设计工具普及率等达到较高的水平，涌现了海尔、美的、潍柴、三一重工等全球智能制造水平最高的"灯塔工厂"。稳步推进绿色制造工程，工业能效水效和资源综合利用水平持续提升，绿色制造体系初步形成。加大对中小企业的重视和支持力度，大力推进中小企业走专精特新的发展之路，2022 年开始实施优质中小企业梯度培育工程，着力引导专精特新企业参与制造业强链补链。

"十四五"规划及党的二十大报告均提出要加快建设制造强国,这将是我国较长一段时期内经济发展的重点任务之一。在制造强国战略的助推下,全社会对制造业的支持力度与日俱增,大大增强了制造强国建设信心。坚持制造业国民经济主体地位不动摇、加快推动制造业高质量发展、"脱虚向实"成为普遍共识。当前,全社会重视制造业发展的良好氛围正在逐渐形成,政策环境持续优化,新旧动能接续转换步伐明显加快。各部门、各地区高度重视,建立了高效的组织协调机制,形成了完备的配套政策体系,主要目标完成度较高,重大工程扎实推进,各项任务顺利完成。制造强国战略已成为引领我国制造业转型升级和创新发展的一面旗帜,为中国制造业提供了前进方向和正确道路。

## 第三节　区域制造业竞争呈现新格局

面对全球制造业发展格局变动新趋势,各国不断调整制造业发展战略,区域制造业竞争态势出现了新变化。国际上,发达国家和后发国家都力图在这一轮制造业竞争中抢占先机,各类扶持政策层出不穷,将全球制造业竞争不断推向新高度。我国自制造强国战略部署以来,各地围绕制造业做大做强同步发力,并在深入推进制造业高质量发展的过程中,持续加大对制造业的重视程度和扶持力度,部分区域的制造业竞争优势进一步凸显。

### 一　全球制造业竞争不断升级

国际金融危机之后,各个国家包括发达国家和发展中国家将制造业作为经济发展"脱虚向实"的重大战略取向,不仅围绕制造业进行了一系列战略部署,纷纷出台了许多产业政策措施,并且加大了对制造业的投入,以期在信息、新能源、生物等新兴产业领域占据未来产业竞争制高点,从而掀起了一轮制造业竞争热潮。时至今日,世界各国仍在围绕制造业竞争力的提升竞相出台相关扶持政策。随着政策的持续加码与发酵,全球制造业区域竞争态势也在发生变化。

欧美等发达国家的工业化进程早已由"去工业化"转向现在的"再工业化"。自奥巴马政府启动"先进制造伙伴"计划以来,美国政府不遗余力推进"美国制造"。特朗普政府时期,美国曾对欧洲汽车、钢铝等产品征收高额关税,大搞贸易壁垒。拜登政府时期,美国不仅发布了 2022 年版《先进制造业国家战略》,进一步明确高端制造业发展重点,而且推出了《基础设施投资法案》《芯片和科学法案》《通胀削减法案》等,对其他国家的竞争性打压导向更为突出,进一步加大了对本国制造业的扶持力度。

作为世界工业革命的发源地,欧洲也一直围绕制造业发力。德国、英国、法国等分别在其《德国工业 4.0 战略》《英国工业 2050》《新工业法国计划》的基础上发布一系列新的、更具针对性的制造业发展规划与政策。德国根据竞争形势变化,于 2019 年推出《国家工业战略 2030》,旨在深化工业 4.0 战略,更加精准地扶持重点工业领域,推动德国工业全方位升级。2023 年欧盟委员会提出了《绿色协议工业计划》,计划通过补贴、税收等政策支持工业绿色化发展,以增强欧洲零碳产业竞争力。法国为加速推进再工业化,于 2023 年 5 月公布了"再工业化"计划,提出一系列扶持绿色产业及欧洲汽车、电池制造业的措施。意大利也在 2023 年 6 月通过"意大利制造"法案,旨在促进制造业发展及完善相关制度。

在亚洲,中国、日本、韩国为提升制造业竞争力,相继出台制造业发展战略规划;越南、印度等国也竞相采取政策优化制造业发展环境,两国制造业快速崛起。近年来,越南在其劳动力低成本优势的基础上,相继出台了"四免九减半"、特殊投资优惠等一系列政策措施,一跃成为跨国公司对外投资的主要目的地之一。印度连续推出"印度制造""印度技能"等系列政策,大力吸引外商投资及国际产业转移,目标直指全球制造业中心。随着越来越多欧美跨国公司以及中国企业将生产线搬迁至越南、印度,这两个国家也成为亚洲新兴的制造业基地。

各国制造业扶持政策连环叠加,围绕制造业的国家间博弈加剧,尤其是欧美以及中美之间的竞争愈演愈烈,全球产业链供应链的韧性与稳定性持续受到冲击。

## 二 国内制造业竞争格局初步形成

随着制造强国战略的推进,我国各地在推动制造业高质量发展上形成共识:做大做优做强制造业是提升区域发展质量、赢得竞争主动、维护经济安全的关键所在。制造业再次成为我国多个区域推动经济社会平稳发展的发力点,而在这条赛道上,国内各区域之间的竞争同样十分激烈。

2015年，我国制造业强国战略甫一推出，各地纷纷对接出台相应的地方行动纲领。东部地区先发优势明显，在推动发展动力转换、加快布局先进装备制造产业等方面走在前列；中西部地区制造业发展呈现后发优势，甚至在部分新兴制造领域出现赶超态势。在这一过程中，东部和中西部各省份不约而同瞄准高新技术产业，在机器人等新兴产业和先进制造业领域"一哄而上"，区域制造业同质化竞争、高端产业极端化发展现象突出。

在我国迈入高质量发展的新阶段之后，"制造业首位"的热度持续攀升，各区域纷纷加快了对先进制造业的布局和先进制造资源的争夺。尤其是近两年来，制造业高质量发展已成为各地经济发展的首要任务。深圳于2022年5月旗帜鲜明地喊出了"工业立市、制造强市"的口号。广州也在2022年初的政府工作报告中首次提出"坚持产业第一、制造业立市"。两地的做法将制造业的重要性推向了新高度。2023年，各地围绕制造业开启新的布局，为制造业发展提供强势驱动。江苏省在政府工作报告中将制造业摆在突出位置，提出加快构建现代化产业体系，要求进一步提升先进制造业集群能级，深入实施产业强链行动计划。重庆市政府工作报告亦明确提出，要构建现代化产业体系，实施传统支柱产业提升行动和先进制造业产业集聚提升培育行动。广东省委、省政府出台关于高质量建设制造强省的意见，拟着力实施大产业、大平台、大项目、大企业、大环境"五大"提升行动，推动制造业高端化、智能化、绿色化发展，加快实现由制造大省向制造强省跨越。山东围绕建设先进制造业强省，将2023年作为制造业"突破提升年"，聚焦"强创新、强产业、强企业、强平台、强融合、强投资"六个方面，谋划提出了22项重点任务。

当前国内先进制造业集群的培育情况反映了我国制造业的竞争态势。2019年，工业和信息化部启动实施先进制造业集群发展专项行动；截至2022年底，采取"赛马"方式遴选出45个先进制造业集群决赛优胜者。从空间上来看，45家先进制造业集群决赛优胜者分布在19个省份，东部地区有30个，中部地区有8个，西部地区有5个，东北地区有2个。根据遴选结果可以看出，在当前我国先进制造业集群版图上，长三角、珠三角地区领跑全国，中部地区和西部地区在长沙、武汉、合肥、成都等城市引领下，先进制造业也在强势崛起。

总之，在当前内外部经济形势的共同作用下，我国各地积极推进制造业高质量发展。从区域上看，东部地区加快转型升级，率先培育了一批新兴产业及先进制造业，广东、江苏、山东、浙江等优势大省地位继续巩固，起到了"挑大梁"的作用；中部地区和部分西部地区迅速崛起，四川、安徽、江西等在全国制造业中的比重持续上升，成为接续工业增长的"后起之秀"。在日趋激烈的制造业竞争中，长三角、珠三角、成渝等地区制造业区域竞争优势不断强化，这些区域也成为我国制造业发展的重要增长极。

# 第四节　河南制造必须走高质量发展之路

当前，我国经济转型艰难复杂和科技进步日新月异历史性交汇，加之国际经济形势复杂多变，经济高质量发展面临前所未有的机遇、挑战和分化。对河南来说，经过几十年来的发展，已成功实现了由农业大省向新兴工业大省的历史性跨越，但制造业"大而不强""快而不优"的特征愈加明显。在产业重构、区域重塑的关键时期，推动河南制造业高质量发展是促进经济向高质量发展阶段转变、实现更均衡更充分发展的迫切需要，是建设先进制造业强省、开启建设现代化河南新征程的必然要求。

## 一　河南制造已进入高质量发展的必然阶段

新中国成立之后，河南从零起步推进工业化进程。经过多年发展，尤其是改革开放之后的积极进取，河南制造快速成长壮大，并引领河南成功实现了由农业大省向新兴工业大省的历史性跨越。国际金融危机爆发之后，河南制造面临的问题和矛盾日益突出，工业高速增长难以持续。面对国内外经济形势的变化与产业升级的迫切需求，河南制造必然从高速增长阶段转向高质量发展的新阶段。

新中国成立后至改革开放前，是河南制造的起步阶段，这一时期的发展奠定了河南制造业的基础。新中国成立前，由于常年战乱，全省规模较大的制造业企业所剩无几，制造业一片萧条。新中国成立后，经过三年的恢复建设工作，河南于"一五"时期确立了以重工业为先的工业发展战略。这一时期，在国家积极建设内地新工业城市的契机下，一批国家重大项目以及先进地区的成熟工厂、技术工人相继落户河南；全省集中主要力量在煤炭、电力、化学、机械等重工业领域进行了大规模基础建设投资，建成投产了一批骨干工业企业，如平顶山矿务局、郑州油脂化学厂、洛阳轴承厂、第一拖拉机厂、洛阳矿山机器厂等。在骨干企业的引领下，河南重工业产值比重迅速提高，郑州、洛阳、平顶山、焦作等成为新兴工业城市，洛阳更是成为全国五大重工业基地之一，社会主义工业化基础初步奠定。"文革"时期，河南制造遭受重大冲击，不少企业停工停产，企业亏损严重，延缓了全省工业化进程。

改革开放后至国际金融危机爆发前，是河南制造的加速发展阶段，这一时期河南实现了由农业大省向新兴工业大省的历史性跨越。1978 年党的十一届三中全会召开后，在"以经济建设为中心"的基本路线指引下，河南大力贯彻"调整、改革、整顿、提高"八字方针，对全省 2300 多家企业分期分批进行整顿，并积极推进经济体制改革，扩大企业经营自主权，制造业生产得到明显恢复和发展。此后，随着国有企业改革的推进以及"以农兴工、以工促农、农工互动、协调发展"发展思路的确定，河南制造驶入了高速发展的快车道。至 20 世纪末，全省制造业经济规模显著扩大，并形成了门类齐全、布局较为合理的制造业体系。进入 21 世纪，河南制造在经历了二十余年的高速发展之后进入大跨越大提升阶段。尤其在 2002~2007 年，河南规上工业企业利润从全国第十跃升至第四；2005 年全部工业增加值更是跃居全国第五位，标志着河南工业进入全国第一梯队，基本确定了全国新兴工业大省的地位。

国际金融危机爆发后至今，是河南制造的转型提质阶段，这一时期河南迈向建设制造强省和制造业高质量发展的新征程。2008 年爆发的国际金融危机对全球经济产生了重大影响，河南能源、化工业、原材料等传统支柱产业受到极大冲击，全省工业发展速度逐步放缓，2013 年工业增加值增速首次回落至个位数。尽管金融危机于河南来得晚，但影响深、消散慢，将河南制造"大而不强""快而不优"的特征充分暴露出来。长期以来河南制造业发展重速度轻质量、重投资轻效益、重产品轻品牌，这种粗放型发展模式已难以持续，与此同时，复杂多变的国内外经济形势、新兴技术交叉融合的深刻变革、日趋激烈的制造业区域竞争、新经济新赛道的快速更迭等一系列复杂因素相互交织，河南制造加快转型升级、高质量发展的需求极为迫切。2014 年 5 月 10 日，习近平总书记在河南视察中铁工程装备集团有限公司时提出了制造业"三个转变"重要论述，2019 年 9 月在郑州煤矿机械集团股份有限公司视察时又强调要把制造业高质量发展作为主攻方向。习近平总书记的重要讲话重要指示为河南制造业发展提供了总遵循和总方向。所谓制造业高质量发展，其最核心内涵就是在创新驱动下，基于全要素生产率提升而实现更高质量、更有效率、更可持续的发展，具有产业结构高级化、产业组织结构合理化以及制造产品高品质、高附加值、高复杂性、高个性化等一系列特点。从内涵上看，高质量发展契合制造业转型升级的实践逻辑，是河南制造在经历了起步及加速发展之后所必然要跨入的历史发展新阶段。

## 二 制造业高质量发展是建设现代化河南的必由之路

继全面建成小康社会后，河南于"十四五"时期踏上了社会主义现代化建设的新征程。河南省第十一次党代会的召开进一步明确了要以经济实力、科技实力、综合实力大幅跃升为标志推动现代化河南建设的新要求，确定了规模、总量、质量、效益相统一的发展目标。同时指出，发展是解决一切问题的基础和关键，要加快建设现代产业体系，以制造业高质量发展为主攻方向，把发展经济的着力点放在实体经济上。制造业是产业体系的重要组成部分，制造业高质量发展是构建现代化产业体系的关键环节，是建设现代化河南的必由之路。

第一，制造业高质量发展是坚持发展为第一要务的必然要求。经过多年发展，河南已成功实现传统农业大省向新兴工业大省的历史性转变，但仍未迈过工业化中期的门槛，工业化进程远未完成。面对建设现代化河南的新要求、新目标，河南面临的首要问题仍然是发展不足的问题。近年来，河南制造业增加值占 GDP 比重持续下滑，从 2012 年的 46.2% 下降到 2021 年的 27.9%，十年来下降了 18.3 个百分点，不仅远远低于江苏（35.8%）、浙江（34.5%）、福建（34.2%）、广东（33.3%）等先进省份，也与河南所处发展阶段和锚定的奋斗目标不相适应。河南制造业面临"未强先降"的衰退风险，必须以制造业高质量发展提升制造业规模、壮大实体经济，为建设现代化河南奠定坚实的物质基础。

第二，制造业高质量发展是建设现代化产业体系的必然路径。习近平总书记指出，传统制造业是现代化产业体系的基底，传统产业转型升级直接关乎现代化产业体系建设全局。河南长期以来工业经济增长主要依赖传统资源禀赋条件的支撑与重化工业规模的扩张，能源原材料产业占规模以上工业的比重较高，而高技术产业、战略性新兴产业占比仍偏低。受制于传统产业发展的路径依赖和传统发展方式的束缚，河南大多数产业处于产业链的前端和价值链的低端，产业层次低、初级产品多，资源消耗大、环境污染重，创新能力弱、转型升级慢等结构性矛盾日益凸显，已经成为经济下行压力的症结所在。当前形势下，河南制造业不进则退，必须加快制造业转型升级，推动制造业提供高质量的产品和服务、实现高质量的要素供给、构建高质量的产业结构、形成高质量的制造模式等，夯实建设现代化产业体系的产业支撑。

第三，制造业高质量发展是构筑未来发展新优势的必然选择。制造业直接反映一个地区的生产力水平。在一定程度上，一个区域的制造业水平和能级，将决定该区域在未来竞争中的位次。近几年，国内外制造业竞争趋向白热化，而制造业竞争归根结底是不同区域之间产业链的竞争。河南制造虽行业众多，但产业链普遍存在短板弱项。一是产业链基础薄弱。近年来全省仅承担了 10 个国家工业强基工程项目，远低于江苏（74 个）、山东（45 个）等省。二是部分重点行业缺链环节较多，缺链断链风险大。如新能源汽车产业链中，电机电控关键环节较弱，在省内尚没有具有竞争力的企业和产品。三是产业链龙头企业带动作用弱。从入围"中国制造业企业 500 强"的企业数量、拥有的国家制造业单项冠军企业（产品）的数量以及国家专精特新"小巨人"企业数量来看，河南与先进地区相比差距较大。2022 年，河南拥有国家专精特新"小巨人"企业 374 家，仅居全国第十位、中部六省第四位。提升河南制造业竞争力迫在眉睫，必须以制造业高质量发展提升产业链现代化水平，重塑制造业核心竞争力，全面构筑未来发展新优势。

# 第二章　从制造大省向制造强省迈进

河南工业制造在新中国成立以后，特别是改革开放后翻开了崭新的一页，经过积极进取与创新实践，实现了从农业大省向工业大省的转变，取得了令人瞩目的成就。新时代新发展格局下，河南省深入贯彻习近平总书记关于制造强国的重要论述和视察河南重要讲话重要指示，聚焦"四化"目标，加快制造业"三个转变"，坚持把制造业高质量发展作为主攻方向，深化制造业供给侧结构性改革，持续深入打好转型攻坚战。河南正在寻求从"制造大省"向"制造强省"转型突破，冲刺工业化后期的后半阶段。

## 第一节　河南工业制造发展历程梳理

### 一　新中国成立至改革开放前：工业大省发展基础初步具备

#### （一）社会主义工业建设平地起步阶段（1949~1957年）

新中国成立以后，工业经济有序恢复发展，社会主义改造奠定起步基础。实施三大改造后，河南现代工业从零开始快速起步。"一五时期"是河南工业重要的铺垫阶段，开展以重工业为主的工业建设，建成了洛拖、洛轴、洛矿、洛玻以及郑州几大棉纺厂等一大批大型骨干企业，洛阳、郑州、开封、平顶山、焦作等成为新兴工业城市，其中洛阳依托第一拖拉机厂、洛阳矿山机器厂等"十大"厂矿，一举成为新中国五大重工业基地之一与全国第五大城市。这一时期河南工业总产值增加至16.63亿元。

#### （二）现代工业体系摸索调整重建阶段（1958~1977年）

"二五"时期河南工业轻重比例失调，"一大二公三纯"所有制格局强化等因素使河南工业发展经历波折，"三五"到"四五"时期河南工业总产值平均增速下滑。之后得益于"三线建设"等国家战略工程，东北及沿海工业发达地区的一批骨干企业内迁中原，"五小工业"异军突起，电力、化学、建材、日用轻工业等都有了一定发展，填补了工业空白领域，现代工业体系不断完善。

## 二　改革开放至全球金融危机前：工业大省领先地位基本确立

### （一）全面整顿蓄力起跑阶段（1978~2001 年）

1978 年党的十一届三中全会召开，改革开放新时期全面到来，河南工业紧抓时代机遇，完成力量积蓄，积极调整扭转发展形势，试点扩大企业自主权，采取发展轻纺工业、压缩基建规模、兴办集体经济、发展中小企业等措施，充分释放动力，引领工业全面高涨。1983 年河南省工业总产值达到 268.1 亿元。食品、纺织、家具、造纸、印刷、白酒、机械、建材等行业成为河南优势产业，中国一拖、宇通客车、双汇火腿肠、民权葡萄酒、宋河酒业等成长为全国知名企业和名牌产品。2001 年河南工业增加值为 2287.62 亿元。

### （二）腾飞领跑黄金发展阶段（2002~2007 年）

2002 年党的十六大召开，河南认真贯彻新型工业化发展要求，以大中型国企公司制改革、上市公司股权分置改革、省属企业产权结构多元化改革等为突破口，经过黄金五年发展，河南正式跻身全国工业第一梯队。为适应中国加入 WTO 后的经济新形势，中原大地积极承接国内外产业转移，开放型经济快速发展。2007 年，河南共有 1491 家大中型工业企业，数量位居全国第六。铝工业、石油和煤化工、装备制造、食品等六大优势产业势头强劲，占全省工业的比重为 51.3%。2002~2007 年，河南规上工业企业利润从全国第十跃升至第四，全面跻身全国第一梯队。

## 三　全球金融危机至新发展阶段：向工业强省转型迈进

### （一）全球金融危机应对思变阵痛阶段（2008~2012 年）

面对席卷全球的金融危机，河南工业问题深刻暴露，发展明显回落。

由于资源、能源、原材料产业在河南工业中占比偏大，产业结构层次偏低，金融危机对河南的影响"来得晚、影响深、走得迟"，工业发展速度全面放缓。2008 年，河南工业增加值增速一度跌到了中部六省末位。河南省委、省政府积极应对危机，稳住发展局势，认真贯彻落实稳增长、调结构、促转型的各项政策措施。2009~2012 年，河南省工业增加值年均增长 13.2%，工业增加值位列全国第五，稳住河南工业发展基本盘。

## （二）增速换挡全面转型升级阶段（2013 年至今）

党的十八大之后，中国特色社会主义进入新时代。河南工业经济进入换挡期，主动适应新常态，持续推动稳增长、促改革、调结构以及"六稳六保"等各项政策措施，全面推进供给侧结构性改革，围绕中国式现代化发展的内涵要求和总体目标，锚定"两个确保"，深入实施"十大战略"，河南工业经济发展呈现结构不断优化、动力加速转换、发展方式有力转变的良好态势。2013~2021 年，河南省全部工业增加值年均增长 6.3%，对 GDP 的平均贡献率超过34%，其中规模以上工业年均增长 7.7%，高于全国平均水平 0.9 个百分点。在工业生产保持平稳增长的同时，工业经济效益同步改善，2013~2021 年，规模以上工业营业收入、利润总额和资产总计年均分别增长 7.8%、4.8% 和 7.4%，主要效益指标保持了与工业生产的同步增长。但是，面对竞争激烈的国内外经济形势、数字经济全面席卷的深刻变革、新经济新赛道快速更迭、绿色低碳发展的时代节奏等一系列复杂交织的因素，河南工业化转型升级发展仍然任重道远。

# 第二节　河南制造业发展成绩

党的十八大以来，河南省认真贯彻落实中央一系列重大决策部署，深化创新链、产业链、供应链、要素链、制度链"五链"耦合，强力推动换道领跑，工业制造发展呈现运行平稳、效益同步改善、产业结构升级、产品品质提升、新动能孕育加快、制造模式转型的新特点，工业经济发展的质量和效益明显提升，竞争优势实质性增强，新型工业化步伐显著加快，制造业高质量发展站在了历史新起点。

## 一 河南制造业发展环境质量提升

产业升级、高端要素聚集对整体环境要求更高，河南在打造一流营商环境上持续发力，围绕"万人助万企"活动，不断提高政策含金量，提升政策执行效能，打造市场化、法治化、国际化的营商环境。

### （一）政策叠加优势明显

近年来，河南省相继出台《河南省"十四五"制造业高质量发展规划》《河南省建设制造强省三年行动计划（2023—2025 年）》。同时，国家密集在河南落地多项国家战略，为河南省工业制造转型升级创造了优越的环境，创新、开放等发展势能不断升级。河南还拥有中国（河南）自由贸易试验区、国家大数据综合试验区、中国（郑州）跨境电子商务综合试验区等国字号平台载体。

区位重要性愈发突出。《黄河流域生态保护和高质量发展规划纲要》等赋予河南重要战略地位，洛阳、商丘、南阳被定位为全国性综合交通枢纽城市，郑州成为全国第四个国际邮件枢纽口岸，同时也被定位为国际性综合交通枢纽、国际航空货运枢纽、国际物流中心，入选首批国家综合货运枢纽补链强链城市。

### （二）人才高地建设突出

推进工业化，人力资本要素是重要保障。河南省陆续印发了《河南省顶尖人才培养计划》《关于进一步加强青年科技人才培养和使用的若干措施》等，提供全方位人才服务保障，实行顶尖人才"一人一策"支持。2023 年上半年引进顶尖人才 2 人，领军人才 17 人，青年人才 1130 人，潜力人才 10.4 万人，签约人才项目 402 个；同时还引入一批院士及"高精尖缺"人才。截至 2023 年第一季度，河南省技能劳动者总量达 1425 万人，占就业人员的 31.5%，其中高技能人才 432 万人；拥有职业教育在校生规模约为 280 万人；河南本土院士 25 名，其中中国科学院院士 6 人，中国工程院院士 19 人。这也成为新发展阶段破解"劳动者成本悖论"的关键条件。

## 二 河南工业制造规模效益持续提升

### (一) 工业经济稳中向前，总量规模不断壮大

河南省工业领域主动适应新常态，推动传统产业迭代升级、新兴产业重点培育、未来产业破冰抢滩，实施优势再造战略、换道领跑战略、数字化转型战略，全省综合实力、竞争力和影响力大幅提升，产业结构不断优化，彰显强劲韧性。

2022 年，河南省 GDP 达 61345.05 亿元，比上年增长 3.1%，迈上了新台阶。如图 2-1 所示，2013~2022 年，河南工业增加值不断攀升，由 2013 年的 12868.7 亿元增长至 2022 年的 19592.76 亿元，2022 年河南工业增加值占河南 GDP 的比重约为 32%。

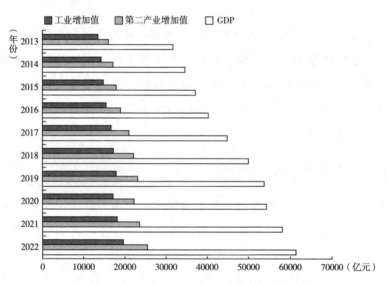

**图 2-1 2013~2022 年河南省工业经济发展情况**
数据来源：国家统计局。

2022 年，河南省规模以上工业企业产品销售率为 96.9%，实现营业收入 60206.77 亿元，同比增长 5.8%，实现利润总额 2534.00 亿元。工业制造规模总量常年居全国前列，稳居中西部地区第一位，如表 2-1 所示。2022 年，河南省规模以上工业增加值同比增长 5.1%，高出全国平均水平 1.5 个

百分点,居全国第 16 位;规模以上工业资产总量居全国第 9 位,规上企业营业收入居全国第 6 位。2022 年河南省工业投资同比增长 25.4%(见表 2-2),高于全国 15.1 个百分点,工业投资增速是全国的 2 倍多,为未来工业制造新发展积蓄了强劲动能。

表 2-1 2022 年全国及部分省份主要工业经济指标

| | 规上工业增加值<br>(亿元) | 规上企业营业<br>收入(亿元) | 规上企业利润<br>(亿元) | 利润率<br>(%) | 工业劳动生产率<br>(万元/人) |
|---|---|---|---|---|---|
| 全国 | 401644.3 | 1379100.0 | 84038.5 | 6.09% | 20.35 |
| 江苏 | 48593.6 | 161506.0 | 9061.90 | 5.61% | 28.15 |
| 广东 | 47723.0 | 179878.2 | 9460.95 | 5.26% | 19.55 |
| 山东 | 28739.0 | 108019.9 | 4473.20 | 4.14% | 16.80 |
| 浙江 | 28871.3 | 107956.6 | 5863.61 | 5.43% | 18.65 |
| 福建 | 19628.8 | 70367.5 | 4071.32 | 5.79% | 31.85 |
| 河南 | 19592.8 | 60206.7 | 2534.00 | 4.21% | 14.93 |
| 四川 | 16412.6 | 54932.4 | 4836.30 | 8.80% | 16.94 |
| 湖北 | 17546.3 | 53789.9 | 3139.64 | 5.84% | 22.45 |
| 湖南 | 15025.3 | 47644.8 | 2301.10 | 4.83% | 18.94 |
| 安徽 | 13792.0 | 49051.1 | 2449.70 | 4.99% | 14.87 |
| 江西 | 11770.3 | 48295.5 | 3456.10 | 7.16% | 15.59 |
| 山西 | 12758.6 | 37961.2 | 3633.40 | 9.57% | 31.11 |

数据来源:国家统计局(其中工业劳动生产率为 2021 年数据)。

表 2-2 2022 年河南省工业投资情况

单位:%

| 指标 | 同比增长 | 占固定资产投资比重 |
|---|---|---|
| 工业投资 | 25.4 | 35.8 |
| 其中:五大主导产业 | 34.7 | 14.7 |
| 传统支柱产业 | 15.5 | 14.3 |
| 高耗能产业 | 13.0 | 10.7 |
| 高技术制造业 | 32.2 | 4.5 |
| 技术改造 | 34.4 | 7.4 |

数据来源:《2022 年河南省国民经济和社会发展统计公报》。

河南制造业法人单位数量呈逐年上升态势。如图 2-2 所示，2021 年制造业法人单位达到 187304 家，其中规模以上工业企业单位数量由 18774 家上升至 20133 家，增长约 7.2%。规模以上制造业占规模以上工业的比重也由 2012 年的 81.4% 提高到 84.3%，对规模以上工业增长的贡献率达到 103.3%。2021 年，河南省工业企业资产总计达 54479.46 亿元，制造业固定资产投资（不含农户）同比增长 12.7，工业生产者出厂价格指数为 107.8，工业劳动生产率为 14.93 万元/人，工业经济的稳健增长为河南社会经济高质量发展起到了重要支撑作用。

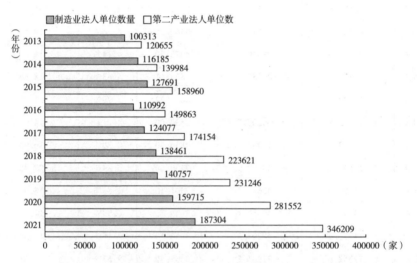

**图 2-2 2013~2021 年河南第二产业和制造业法人单位数**
数据来源：国家统计局。

## （二）生产能力迅速增强，工业制成品类别丰富

制造业对河南省经济发展起到顶梁柱、压舱石、定盘星的作用。2013~2022 年，河南工业制造加速发展，冶金化工、纺织服装、建材、汽车、家电等多个领域的生产能力有了大幅跃升，部分新产品实现了"从无到有、从有到优、从优到精"的进化，市场竞争力不断增强。

河南工业产品产量位居第一梯队。全国 80% 以上的人造金刚石产自河南，三全、思念速冻食品在全国市场中的占有率超过 50%，宇通客车在大中型客车市场中的占有率均超过 30%。2013~2022 年河南家用电冰箱、手机、布匹等产量稳居全国前列，2022 年河南省汽车制造总量恢复到 55.30 万辆（见表 2-3）。此外，规模以上企业主要工业产品中，乳制品产量为 193.12 万吨，占全国的 11.5%；纯碱产量为 472.95 万吨，占全国的 16.2%；合成氨产量为 355.65 万吨，占全国的 6.9%；十种有色金属产量为 423.55 万吨，占全国的 6.6%；氧化铝产量为 1030.37 万吨，占全国的 13.3%；铝材产量为 1006.35 万吨，占全国的 16.5%；小型拖拉机产量为 1.54 万台，占全国的 8.2%；客车产量为 4.21 万辆，占全国的 8.3%；水泥产量为 11347.43 万吨，占全国的 4.8%。河南省装备制造、现代食品、电子信息等产业集群稳居全国第一梯队，智能终端、新能源客车、超硬材料等主要产品产量位居全国前列。

表 2-3　2013~2022 年河南省部分代表性工业制成品产量规模情况

| 年份 | 汽车（万辆） | 家用电冰箱（万台） | 手机（万台） | 布匹（亿米） |
|---|---|---|---|---|
| 2013 | 40.63 | 517.80 | 9720.70 | 38.91 |
| 2014 | 40.90 | 320.85 | 12065.20 | 32.33 |
| 2015 | 32.86 | 184.37 | 19841.80 | 33.53 |
| 2016 | 58.47 | 186.22 | 25235.77 | 28.72 |
| 2017 | 46.51 | 196.80 | 29658.35 | 20.74 |
| 2018 | 58.91 | 125.63 | 20605.52 | 18.86 |
| 2019 | 61.86 | 251.63 | 21744.06 | 14.26 |
| 2020 | 54.54 | 216.11 | 13625.32 | 14.53 |
| 2021 | 52.79 | 278.88 | 15944.65 | 19.33 |
| 2022 | 55.30 | 173.90 | 15622.6 | 16.90 |

数据来源：国家统计局。

越来越多的河南产业产品迈向产业链价值链的中高端、关键环节。"上天有神舟，下海有蛟龙，入地有盾构"，众多河南元素不断出现在 C919 大中型客机、"复兴"号、"天宫"等大国重器中。新能源客车、光通信芯片、流感疫苗、现代农机、起重机、超硬材料、铝合金材料、尼龙新材料、智能传感器等产业技术水平和市场占有率较高，工业机器人、新能源、智能网联汽车等产品增势强劲。大型矿山装备、特高压装备等高端产品比肩国际先进水平，成为"中国制造明珠"，是河南制造的一道亮丽风景。

## 三 河南工业制造体系更趋完备

### （一）产业结构不断优化，转型升级持续推进

自党的十八大以来，河南省工业结构优化升级态势明显，河南制造新旧动能转换持续发力。截至 2022 年，河南已拥有 41 个工业行业大类中的 40 个、207 个中类中的 197 个以及 583 个行业小类，是多条产业链的发起点、支撑点和链接点，具有较强的产业链供应链韧性和安全性，产业配套优势日益显现，工业产业体系完整优势进一步巩固。

传统工业部门持续壮大，迭代升级速度加快。2022 年河南传统支柱产业增长 4.7%，占规模以上工业的 49.5%，装备、食品、材料、家居等传统制造企业不断拓展新业态新方向，出现蜜雪冰城、锅圈食汇、中南钻石等知名品牌。能源原材料工业增长 5.4%，占规模以上工业的 45.4%。六大高耗能行业（煤炭开采和洗选业、化学原料和化学制品制造业、非金属矿物制品业、黑色金属冶炼和压延加工业、有色金属冶炼和压延加工业、电力热力生产和供应业）增速放缓，2022 年增长 4.3%，占规模以上工业的 38.6%。洛阳、平顶山获批国家级产业转型升级示范区，河南省老工业基地调整改造连续五年、资源型城市转型发展连续三年获得国务院督查激励表彰。

主导产业成为驱动河南省工业增长的主要行业力量，以长板带全局的成效持续显现。河南省五大主导产业（装备制造、食品、新材料、电子信息、汽车）比重从 2016 年的 44.4% 提高到 2021 年的 46.1%，年均增长 8.6%，增速高于规模以上工业年均增速 2.0 个百分点。2022 年五大主导产业增加值增长 5.4%，占规模以上工业增加值的比重为 45.3%。其中，装备制造业和电子信息产业已经成为支撑河南省工业经济发展的主要力量，新华三智慧计算终端全球总部基地、中国长城（郑州）自主创新基地等重大项目开工建设，在全国率先布局华为鲲鹏生态创新中心。

高技术制造业、战略性新兴产业引领作用更加凸显。2013~2021 年，河南高技术制造业增加值年均增长 17%，高于规模以上工业 9.3 个百分点。2022年高技术制造业增长 12.3%，占规模以上工业的 12.9%。2022 年工业战略性新兴产业增长 8.0%，占规模以上工业的 25.9%。顺应结构升级和消费需求的新产品不断涌现。消费品制造业增长 3.9%，占规模以上工业的 25.6%。新兴

工业部门苗壮发育，电子信息、新能源汽车、生物医药等新兴产业加快发展，未来网络、氢能与储能、量子计算、人工智能等未来产业前瞻布局。

### （二）赛道转换持续加速，群链优势不断彰显

河南始终把培育壮大产业集群作为重要抓手，深入贯彻实施《河南省先进制造业集群培育行动方案（2021-2025 年）》，编制产业链图谱和数字化转型指南、产业转移指南。十年来，河南按照"一群多链、聚链成群"的思路，实施产业链"双链长"制，引导企业建立产业联盟，搭建上下游企业供需对接平台，培育了一大批具有较高产业辨识度的优势产业集群和地方标志性优势产业链。

群链竞争力持续提高。河南省已培育出装备制造、食品、电子信息、汽车和新材料五大优势产业链，其中装备制造、食品两个万亿元级产业集群稳居全国第一梯队，还有郑州电子信息、洛阳智能装备等 18 个千亿元级产业集群。此外，许昌动力谷、漯河食品城、南阳防爆等优势集群，以及长垣起重、民权制冷、睢县制鞋、巩义精铝、太康纺织等 100 多个百亿元级特色集群品牌优势更加凸显。

新兴产业集群快速崛起，闻名全国。新一代信息技术、生物医药、智能传感器、智能装备、新能源及网联汽车、节能环保等一批战略性新兴产业链快速崛起。洛阳动力谷、中原电气谷、民权冷谷、长垣起重等一批产业集群闻名全国。郑州信息技术服务和下一代信息网络、平顶山新型功能材料、许昌节能环保等 4 个集群入选国家级战略性新兴产业集群。2022 年 3 月，洛阳市汝阳县产业集聚区成功入选国家级新型工业化产业示范基地，河南省拥有国家级新型工业化产业示范基地总数达 14 个。

以产业聚集区、开发区为载体的集聚集群发展态势显著。河南省产业集聚区自 2009 年建设至今，综合带动作用不断增强，已成为承接产业转移的主要平台。河南拥有中国（河南）自由贸易试验区、国家大数据综合试验区、中国（郑州）跨境电子商务综合试验区等国字号平台，并积极对接中国产业转移发展活动。河南省 18 个省辖市和 10 个省直管县中，89% 的地区产业集聚区工业增加值占当地规上工业增加值比重超过 50%。2022 年 9 月，河南对全省开发区进行了整合提升，明确了 184 个开发区的名称、主导产业、空间布局、发展目标等，产业空间品质进一步提升。未来河南着力加

快材料产业优势再造、装备制造产业创新提质、食品产业转型升级、汽车产业换道超越、轻纺产业迭代更新，全省工业制造业结构向中高端迈步进军。

### （三）擦亮制造企业品牌，优势企业逐渐崛起

河南省着力培育优质工业企业，加强资源整合，引导生产要素向优势企业聚集。近十年，河南制造业企业快速崛起，经营实力和品牌市场竞争力显著增强，一大批基地型、平台型、生态型、链主型本土企业品牌影响力不断提升，已经成为国内外知名企业甚至是行业"领头羊"。如食品行业的双汇、卫龙、思念、牧原；机械制造业的郑煤机；电子信息业的鸿富锦；有色金属业的洛阳钼业、万洋冶炼；煤炭行业的中平能化；汽车行业的宇通客车；矿物制品业的黄河集团；化工行业的神马集团等。

据统计，当前河南年营业收入超过100亿元的工业企业有51家，其中超过300亿元的有10家；拥有A股制造业上市企业75家，境内外上市企业124家，"新三板"上市企业320家；卫龙、大咖、致欧3家企业进入全球"独角兽"企业排行榜；23家河南企业入围"2022中国制造业企业500强"（见图2-3）；17家企业上榜"2022中国制造业民营企业500强"，排名全国第七位。同时还有189家世界500强企业、172家中国500强企业在豫投资兴业，这些企业都成了"河南造"闪亮名片的重要部分。

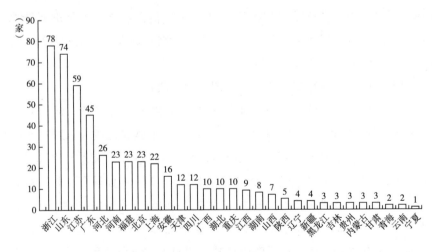

**图2-3　"2022中国制造业企业500强"分布情况**

数据来源：中国企业联合会、中国企业家协会。

中小型制造业企业发展壮大。截至 2022 年，河南省规模以上工业中，中小企业有 17327 家，占规模以上工业企业数量的 85%，年营业收入为 28903. 15 亿元，利润总额为 1475. 72 亿元，对规模以上工业增长的贡献率达 67. 6%，成为拉动工业增长的主要力量。河南加快培育制造业"头雁"企业、"瞪羚"企业、"小巨人"企业、单项冠军企业，支持科技型中小微企业成长为创新的重要发源地。截至 2023 年第二季度，拟认定 100 家"头雁"企业和 115 培育单位；拥有国家级专精特新"小巨人"企业 374 家，省级专精特新中小企业 2762 家；省级创新型中小企业 7826 家；遴选"瞪羚"企业 104 家，新一批符合条件的 350 家企业已进入"瞪羚"企业库，并认定了首批 153 家省级制造业单项冠军企业。

### （四）区位枢纽优势凸显，工业出口结构优化

河南位居"九州之中"，承东启西、连南贯北，国家综合立体交通网主骨架中"一轴、一廊、一通道"经过河南，"米"字形交通网的落成使河南以省会郑州为中心的高铁交通圈（1. 5 小时）可覆盖约 4 亿人口。空中、陆上、网上、海上四条丝路互联互通。《河南省综合运输服务"十四五"发展规划》《河南省现代综合交通枢纽体系"十四五"发展规划》等一揽子专项规划推进河南交通强省和现代化建设。河南省工业企业也借助交通和通信双枢纽的优势，吸引国外资金和先进技术发展壮大自身，还积极参与国际分工，不断开拓国际市场。2023 年上半年，河南外贸进出口总值为 3799. 5 亿元。其中，出口 2505. 8 亿元，同比增长 2. 4%；贸易顺差 1212. 1 亿元，同比扩大了 26. 4%。外贸进出口总值居全国第 11 位、中部地区第 1 位。

河南工业制成品出口增速平稳，品类多元。2014~2021 年全省规模以上工业出口交货值年均增长 14. 8%，2022 年规上工业实现出口交货值 5567. 21 亿元。河南省出口结构不断优化。2022 年高新技术、高附加值产品实现出口交货值 5209. 70 亿元，占全部出口交货值的 93. 6%，对规上工业出口交货值增长的贡献率高达 97. 0%。手机生产企业的出口交货值达 3878. 02 亿元，占比近 70%；电子元件产品出口交货值 376. 82 亿元，占全省出口交货值的 6. 8%。出口产品档次和质量不断提高，2023 年上半年河南汽车出口交货值 123. 2 亿元，增长 3. 8 倍；人发制品出口交货值 95. 3 亿元，增长 19%。此外，河南陆续创办中国（漯河）食品博览会、中国河南国际投资贸易

洽谈会、中国·河南招才引智创新发展大会、世界智能传感器大会等高水平开放交流平台。

## 四 河南制造业创新驱动发展明显提速

### (一) 工业技术能力增强

河南省对各类创新资源的吸引力和集聚力不断增强，工业技术水平显著提升，工业装备水平和产品附加值持续提高。其中部分产业的技术创新能力已经处于国内领先水平。

高铁轴承、量子通信、光互连芯片等关键核心技术取得新突破，新能源客车、光通信芯片、超硬材料、流感疫苗等领域的技术全国领先，农机装备、航空轴承、诊断试剂、血液制品、智能传感器等研发和产业化处于全国上游水平。大直径硬岩掘进机、光互连芯片、四价流感病毒裂解疫苗、无人驾驶拖拉机、重载自动导引运输车等一系列标志性成果诞生于中原大地，引领技术和产业前沿。

2020年，《河南省促进科技成果转化条例》正式实施，科研技术成果转化为现实生产的能力不断提高。2022年，河南省技术合同交易额首次突破1000亿元大关，达到1025亿元，排名从全国第16位提升至第13位。2023年上半年，河南省技术合同成交额同比增长12.8%，其中高新技术合同成交额占比57.3%，同比提升18.5个百分点。近年来，河南重建重振省科学院、省医学科学院，建设中试基地，打通科技成果产业化市场化"最后一公里"。当前共计组建了36个省级中试基地，并认定了郑州高新区、南阳高新区等10家省级科技成果转移转化示范区，营造了支持科技成果转化的良好氛围，产学研用成效初现。

### (二) 企业创新研发水平提升

近年来，河南省将规上企业研发活动全覆盖作为强化企业科技创新主体地位的重要举措。从表2-4数据可以看出，河南省规模以上工业企业研发力量、创新能力持续增强的轨迹。2013~2022年河南省规上工业研发（R&D）经费支出年均增长13.5%，研发（R&D）投入强度（R&D经费支出与营业收入之比）提升至1.45%。2022年河南省高校与企业共建研发机构 1200 多家，全省规上工业企业研发活动覆盖率达 52%，比 2020 年的 34.4% 有了大幅度提升，力争 2023 年全省规上工业企业研发活动覆盖率达到 70% 以上。在"2022 民营企业研发投入与发明专利 500 强"榜单中，河南省 16 家企业入围研发投入 500 强，11 家企业入围发明专利 500 强。河南省工商联发布的《2022 年河南民营企业 100 强调研分析报告》显示，河南省民营企业 100 强研发投入总额为 195.32 亿元，尚有巨大进步空间。

表 2-4 2013~2021 年河南规模以上工业企业创新发展情况

| 年份 | R&D 项目（个） | R&D 人员全时当量（人年） | 新产品项目（项） | 新产品销售收入（万元） | 有效发明专利（件） | 技术市场成交额（亿元） |
|---|---|---|---|---|---|---|
| 2013 | 11257 | 125091 | 9780 | 47914474 | 6470 | 40.24 |
| 2014 | 12635 | 134256 | 10385 | 51689500 | 8497 | 40.79 |
| 2015 | 11764 | 131051 | 11150 | 57894206 | 11305 | 45.04 |
| 2016 | 12562 | 132731 | 11341 | 61154137 | 15863 | 58.71 |
| 2017 | 15973 | 123619 | 13058 | 70958863 | 19457 | 76.85 |
| 2018 | 16774 | 128054 | 16230 | 76882017 | 23857 | 149.28 |
| 2019 | 23810 | 140361 | 19035 | 67883527 | 30245 | 231.89 |
| 2020 | 26416 | 145464 | 22244 | 79074956 | 36500 | 379.78 |
| 2021 | 31205 | 162562 | 26256 | 88258121 | 42849 | 607.33 |

资料来源：国家统计局官网。

河南省实施科技型中小企业"春笋"计划，持续完善"微成长、小升规、高变强"创新型企业梯次培育机制，围绕企业创新打造一流的创新生态，推行"揭榜挂帅""赛马制""PI 制"等项目组织机制、实行科研经费"直通车"制度等。截至 2022 年底，全省高新技术企业总量突破 1 万家，达到 1.08 万家，较上年增长 30%。2022 年，河南省科技型中小企业全年入库总数为 22004 家，稳居全国第一梯队，并且河南与北京航空航天大学、北京理工大学等工信部 7 所部属高校开展校企合作项目 700 多项，转化成果 2000 多项。截至 2023 年上半年，河南高校与企业共建研发中心 1488 个。

**（三）创新平台载体不断充盈**

河南一直把打造高能级创新平台、高层次示范平台等作为汇聚高端要素、推动产业升级的重要支撑。全省聚焦国家重大需求和 28 个重点产业链发展，在高端装备、生物医药、新材料等新兴制造领域确定了 25 家省产业研究院、21 个省级制造业创新中心、21 个中试基地。国家生物育种产业创新中心、国家农机装备创新中心等国家级产业创新平台落户河南，国家新一代人工智能创新发展试验区、燃料电池汽车应用示范城市群、国家区块链发展先导区等国家级示范平台陆续落地。2022 年河南建设培育了 12 家创新联合体，承担国家重点研发项目 15 项、省级重大科研专项 29 项，当前已遴选 19 家创新龙头领军企业，牵头组建第二批"体系化、任务型、开放式"创新联合体。郑洛新国家自主创新示范区核心区生产总值突破千亿元，沿黄科创带格局呈现，发挥创新裂变效应。

推广智慧岛"双创载体"建设，完善"众创空间—孵化器—加速器—智慧岛"孵化链条。当前河南省已建设 30 个智慧岛、认定授牌 16 个智慧岛，累计引进创新项目 472 个，在孵团队企业 1.2 万多家。截至 2023 年 6 月，已新建国家级孵化器 12 个、国家级创新型产业集群 3 个。聚集各类高端要素资源，推进省实验室体系重构重塑。国家农机装备创新中心、国家生物育种产业创新中心、作物逆境适应与改良国家重点实验室等国字号创新平台相继落户河南，嵩山、神农种业、黄河、龙门等 8 个省实验室建设运营。截至 2023 年第二季度，河南共启动了四批 14 个省实验室建设，15 个省实验室基地。目前河南拥有 9 个国家工程研究中心，98 个国家级企业技术中心，914 个省级工程研究中心，1452 个省企业技术中心，另外还有中信重工等 7 个国家双创示范基地、69 个省级双创示范基地，双创工作荣获 5 次国务院表彰，涌现了一大批优质制造企业。

## 五 河南制造业"四化"进程不断推进

河南深入推进"高端化、智能化、融合化、绿色化"发展目标，制造业转型升级迈出新步伐。《河南省加快构建现代化产业体系着力培育重点产业链工作推进方案（2023—2025 年）》《河南省智能装备产业发展行动方案》等文件实施发布，推动重点产业链高端化、智能化、绿色化全链式改造提升，以高端化改造带动产业规模和效益提升，以智能化改造推动制造模式变革，以融合化改造催生新业态新模式，以绿色化改造推动形成绿色低碳生产方式，促进工业经济平稳增长、制造企业效益持续回升和产业结构不断优化，最终建立现代化产业体系。

## （一）数字经济融合发展，做优高端智能制造

河南抢抓数字经济发展机遇，聚焦数智赋能促转型，大力推进制造业与互联网融合发展，组织开展智能工厂、数字化车间试点示范和国家两化融合管理体系贯标，培育平台化设计、智能化制造、个性化定制、网络化协同、服务化延伸、数字化管理等新模式。

高端制造新赛道上刷新河南速度。输变电、轨道交通、工程机械等大型成套装备以及数控机床与机器人是河南高端制造重点领域。2021年河南省生产光缆294.82芯千米、光学仪器1663.32万个、光电子器件188.29亿支、电子计算机整机57.16万台，尤其是智能手机产量翻番，在全国排第二位。中铁装备研制生产了世界最大直径硬岩掘进机"高加索"号，其盾构机产品应用于国内多个省市地区，国内市场占有率连续9年保持第一，并远销法国、意大利、丹麦等20余个国家和地区，产销量连续4年位居世界第一，拥有专利1000余项。在航空制造领域，波音737~800客舱训练设备等"河南造"航空仿真模拟设备走出国门、远销海外。在电力领域，河南许继集团、森源电气等龙头企业承担了特高压交直流输变电重大装备、智能变电站和智能配电网成套装备、智能电网用户端设备的研制任务。此外，先进轨道交通、先进节能环保等新兴装备也呈现良好发展态势。

数智制造开启新篇。河南省制造业呈现"数据驱动、平台支撑、智能主导、服务增值"新趋势，"产业大脑+智能工厂"模式初步形成。上汽集团郑州工厂被评为国内智能化、自动化以及环保程度最高的汽车工厂，并拥有中国一拖等工信部授予的智能制造试点示范。此外，濮阳市盛源能源科技股份有限公司生产工艺升级改造项目，河南省矿山起重机有限公司国内先进的基于大数据和云平台的智能制造生产管理系统，新乡白鹭投资集团有限公司国内氨纶行业最先进的生产线等智能化升级项目成效凸显。2023年，河南省新揭榜15家智能制造示范工厂（见表2-5）。同时，河南省发挥智能制造系统解决方案供应商联盟作用，搭建河南省智能制造服务平台等集技术研发、行业应用和市场推广为一体的公共服务平台，并支持制造业数字化服务商为企业数字化转型、智能化提升等提供技术服务。其中，河南中盾云安信息科技有限公司连续五年入选全国区块链百强企业名录；郑

州盛见网络科技有限公司入围工信部人才交流中心重点领域（区块链）人才评价支撑机构。

表 2-5　2023 年河南智能制造示范工厂揭榜单位

| 序号 | 地市 | 企业名称 | 智能制造示范工厂 |
| --- | --- | --- | --- |
| 1 | 郑州 | 宇通客车股份有限公司 | 客车智能制造示范工厂 |
| 2 | 许昌 | 河南森源电气股份有限公司 | 高端输变电装备智能制造示范工厂 |
| 3 | 郑州 | 郑州煤矿机械集团股份有限公司 | 高端液压支架结构件智能制造示范工厂 |
| 4 | 许昌 | 许昌裕同印刷包装有限公司 | 数字孪生包装智能工厂 |
| 5 | 新乡 | 豫北转向系统（新乡）股份有限公司 | 汽车转向系统智能制造示范工厂 |
| 6 | 许昌 | 平煤神马首山碳材料有限公司 | 煤焦化工智能制造示范工厂 |
| 7 | 新乡 | 卫华集团有限公司 | 起重物流装备智能制造示范工厂 |
| 8 | 郑州 | 河南四方达超硬材料股份有限公司 | 四方达超硬材料智能制造示范工厂 |
| 9 | 洛阳 | 格力电器（洛阳）有限公司 | 洛阳格力空调智能制造工厂 |
| 10 | 南阳 | 牧原现代农业综合体有限公司 | 内乡牧原综合体饲料智能制造示范工厂 |
| 11 | 开封 | 亚普汽车部件股份有限公司 | 汽车储能全流程管控智能制造示范工厂 |
| 12 | 济源 | 河南金马能源股份有限公司 | 智慧金马智能工厂 |
| 13 | 郑州 | 河南明晟新材料科技有限公司 | 高性能铝合金新材料智能制造示范工厂 |
| 14 | 安阳 | 河南利源新能科技有限公司 | 利源集团 5G+全连接智慧工厂 |
| 15 | 济源 | 河南济源钢铁（集团）有限公司 | 济源钢铁特大棒数字化车间 |

资料来源：河南省工信厅官网。

河南着力打造"1+37"工业互联网平台体系，包括综合性工业互联网平台培育对象 1 个，行业工业互联网平台 37 个（含省级工业互联网平台 13 个），出台《河南省智能制造和工业互联网发展三年行动计划（2018—2020年）》《河南省推进"5G+工业互联网"融合发展实施方案》《河南省 5G产业链现代化提升方案》等，给予政策支持。2021 年，卫华集团起重物流装备工业互联网平台、中信重工矿山装备工业互联网平台、天瑞集团天信工业互联网平台 3 家平台被正式认定为首批河南省工业互联网平台。同时，凯雪冷链智慧运营数字化平台、FLM 工厂全生命周期工业互联网平台、豫光有色冶炼工业互联网平台等 13 家平台列入培育名单（见表 2-6）。天信工业互联网平台成功入选工业和信息化部"2022 年新增跨行业跨领域工业互联网平台"名单,河南省实现国家级"双跨"平台零的突破。河南省已建成洛阳、许昌、新乡 3 个综合性二级节点和漯河食品行业二级节点,并接入国家顶级节点。同时,积极拓展国家超级计算郑州中心特色应用,规划国家工业互联网大数据分中心、国家北斗导航位置服务数据中心和一批国家级行业大数据中心布局。

表 2-6　河南省工业互联网平台培育名单

| 序号 | 申报单位 | 平台名称 |
| --- | --- | --- |
| 1 | 郑州宝冶钢结构有限公司 | 钢结构行业工业互联网平台 |
| 2 | 新天科技股份有限公司 | 智能计量仪表工业互联网平台 |
| 3 | 三全食品股份有限公司 | 速冻食品智能制造工业互联网平台 |
| 4 | 国机工业互联网研究院(河南)有限公司 | FLM 工厂全生命周期工业互联网平台 |
| 5 | 河南产业互联网联合发展有限公司 | 河南省工业数字化共享服务平台 |
| 6 | 河南豫光金铅股份有限公司 | 豫光有色冶炼工业互联网平台 |
| 7 | 中色科技股份有限公司 | 有色金属加工工业互联网平台 |
| 8 | 郑州凯雪冷链股份有限公司 | 凯雪冷链智慧运营数字化平台 |
| 9 | 洛阳豫港龙泉铝业有限公司 | 煤电铝一体化工业互联网平台 |
| 10 | 河南鑫磊集团控股有限公司 | 焦化行业工业互联网平台 |
| 11 | 洛阳炼化宏达实业有限责任公司 | 石油化工行业工业互联网平台 |
| 12 | 河南领聚网络科技有限公司 | 中原智造工业共享云平台 |
| 13 | 南阳云防爆科技有限公司 | 基于防爆行业的协同制造平台 |

资料来源:河南省工信厅官网。

河南积极涉足"5G+工业互联网"等 13 类应用领域,在全国率先开设以 5G 应用为主题的"河南 5G 讲堂",举办 5G 应用征集大赛,成功打造402 个 5G 重点行业应用场景。根据中国信息通信研究院发布的《5G"扬帆"发展指数(2021 年)》,河南在政策环境、网络建设、创新水平、融合应用等方面表现亮眼,位列全国第 6,并持续推进"上云用数赋智"行动,鼓励中小企业业务系统向云端迁移,河南新增上云企业约 5 万家。在全国数字经济规模与质量排名中,河南郑州居第 12 位(见表 2-7)。

表 2-7  全国数字经济规模与质量 TOP15

单位：分

| 排名 | 省份 | 城市 | 得分 |
|---|---|---|---|
| 1 | 上海 | 上海 | 0.983 |
| 2 | 四川 | 成都 | 0.962 |
| 3 | 广东 | 广州 | 0.953 |
| 4 | 北京 | 北京 | 0.939 |
| 5 | 浙江 | 杭州 | 0.933 |
| 6 | 广东 | 深圳 | 0.922 |
| 7 | 重庆 | 重庆 | 0.893 |
| 8 | 湖北 | 武汉 | 0.886 |
| 9 | 山东 | 济南 | 0.879 |
| 10 | 湖南 | 长沙 | 0.872 |
| 11 | 陕西 | 西安 | 0.868 |
| 12 | 河南 | 郑州 | 0.868 |
| 13 | 山东 | 青岛 | 0.867 |
| 14 | 福建 | 福州 | 0.866 |
| 15 | 云南 | 昆明 | 0.864 |

资料来源：北京大数据研究院发布的《中国数字经济产业发展指数报告（2021 年）》。

## （二）锚定"双碳"目标，践行绿色制造

实现碳达峰碳中和是以习近平同志为核心的党中央统筹国内国际两个大局，经过深思熟虑做出的重大战略决策。为实现美好绿色愿景，河南需要做好"减法"。

河南省绿色先进生产模式持续渗透。据测算，调整和优化产业结构，对碳减排的贡献最大。要把产业的绿色、高效、清洁、智慧发展作为主攻方向，坚持在三次产业结构调整中调整第二产业比重，在工业结构调整中严控"双高"（高耗能、高排放）行业、发展"双低"（低耗能、低排放）行业。实施工业领域碳达峰方案和《河南省制造业绿色低碳高质量发展三年行动计划（2023—2025 年）》，坚决遏制高耗能、高排放项目盲目发展，全面推进钢铁、有色、化工、建材、纺织、轻工等重点行业绿色化改造。

　　河南开展"绿色发展领跑计划",着力打造绿色工厂、绿色供应链管理企业。2023年度河南省绿色制造名单公布,涵盖了蚂蚁新材料、均美铝业等109家省级绿色工厂,叶县先进制造业开发区、民权高新技术产业开发区等9个绿色工业园区,黎明重工、万洋绿色能源、四方达等22家绿色供应链企业,以及真石漆、三安复合肥、纸面石膏板等25个绿色设计产品。当前,河南拥有中材环保等一批骨干企业,以及三门峡戴卡轮毂绿色化、智能化生产线和洛阳上市公司建龙微纳的绿色工艺生产线等经典绿色生产案例。河南培育了138家国家级绿色工厂、62个国家级绿色设计产品、12个国家级绿色工业园区、14家国家级绿色供应链管理企业,碳捕集与封存、数字减碳等技术在化工、材料等产业领域得到推广运用,并大力支持河南省绿色制造联盟、河南省能效技术协会等组织,使其在绿色设计、绿色回收、应用绿色能源等领域发挥效能。

# 第三章　河南制造业高质量发展的实践逻辑

作为内陆传统农业大省，河南抢抓战略机遇，全力推进河南制造业高质量发展，工业规模稳居全国第一方阵，优势产业竞争力持续提升，加快向制造强省迈进，其实践逻辑值得深入研究。

## 第一节　基于比较优势培育主导产业

区域产业竞争力建立在更好发挥比较优势的基础上，河南在推进制造业高质量发展中紧扣习近平总书记"以发展优势产业为主导推进产业结构优化升级"的要求，充分放大比较优势，突出主导产业培育，把长板锻造得更长，以优势产业长板带动制造业高质量发展。

### 一　河南食品产业的强势崛起

作为粮食和农业大省，河南省粮食产量居全国第二，小麦产量居全国第一，多种经济作物种植面积和产量位居全国前列，畜牧业产值常年位居全国前三，发展食品产业的资源优势明显。20世纪90年代以来，河南突出"围绕农字上工业，上了工业带农业"的发展思路，培育壮大食品产业，面粉、挂面、方便面产量均居全国第一，形成了以双汇、牧原为代表的肉制品产业集群，以白象、想念等为代表的面制品产业集群，以三全、思念等为代表的冷链食品产业集群，在全国具有较高的产业辨识度和品牌影响力，逐步实现了由"国人粮仓"向"国人厨房"，再向"世界餐桌"的持续提升。

近年来，随着新消费蓬勃兴起，河南食品产业也在加快转型升级，培育形成了一大批河南省食品产业新名片，以锅圈食汇、蜜雪冰城等连锁企业为代表的新消费品牌集群，以千味央厨、九多肉多等企业为代表的预制菜产业集群，以豫道、嗨吃家、丽星等企业为代表的酸辣粉产业集群，在全国新消费品牌中具有较强竞争力。新消费品牌的崛起，建立在河南省农副产品、食品产业以及高效的物流和供应链体系的基础之上，充分发挥了河南的农业优势。

多年来，河南食品产业规模稳居全国第二，不仅带动了农副产品加工延链强链，提升产业附加值，也带动了农牧装备、食品机械、制冷装备、智慧农业装备、食品包装、冷链物流等产业的发展和升级。比如，漯河拥有规上食品企业近 200 家，充分发挥食品产业带动作用，规划建设了智能食品装备产业园，已经引进培育了规上食品装备企业 163 家，不仅有力支撑了本地食品产业转型升级，也为河南装备制造产业发展注入了新动能。

## 二　主导产业的培育壮大

河南持续重视优势主导产业的培育发展，2012 年以来，河南陆续提出聚焦培育汽车、电子信息、装备制造、食品、轻工、建材六大高成长产业，电子信息、装备制造、汽车、食品、新材料五大制造业主导产业，形成带动产业升级的主引擎，以长板带全局的成效持续显现。从六大高成长产业到五大制造业主导产业，根据产业发展趋势变化，对主导产业进一步聚焦和优化，但基本逻辑是发挥河南的资源和基础优势，装备、食品、材料等一直是河南的优势产业，汽车、电子信息产业链长、带动力强，河南已经具备一定的基础与优势。

通过政策引导和市场牵引，河南主导产业一直处于较快增长态势，2017～2022 年，全省主导产业增加值年均增速为 7.4%，高于规模以上工业增加值年均增速 1.6 个百分点。2022 年，五大制造业主导产业占规模以上工业增加值比重已经达到 45.3%，对规模以上工业增长的贡献率达到 48.9%，主导产业的快速发展有力引领和带动其他相关行业的快速发展。

2023 年，河南陆续出台政策文件，推进重点产业发展。2023 年 4 月出台了《河南省加快构建现代化产业体系着力培育重点产业链的工作推进方案（2023—2025 年）》，重点培育 28 个优势产业链；8 月印发《河南省建设制造强省三年行动计划（2023—2025 年）》，提出培育形成 1～2 个世界级、7 个万亿元级先进制造业集群和 28 个千亿元级现代化产业链，基本都在五大制造业主导产业领域内。聚焦主导产业持续发力，不断提升优势产业竞争力和带动力，是河南打造制造强省的重要经验。

# 第二节　依托优势集群提升竞争优势

十年来，河南突出抓好高品质产业载体建设，围绕产业集聚区建设、先进制造业集群培育等出台了一系列方案、政策、措施，按照"一群多链、聚链成群"的思路培育了一大批优势产业集群，引导产业集聚成链，构建现代产业分工合作网络，优化产业生态，以产业链配套能力吸引龙头企业落地，引导本地企业与落地企业形成产业链配套关系，提升本地优势产业链整体竞争力。

## 一　河南产业集聚区的培育

河南早在 2008 年就开始实施产业集聚区战略，2008 年河南省发改委下发《关于进一步做好全省产业集聚区规划工作的通知》，2010 年河南省人民政府发布《关于促进产业集聚区发展的指导意见》，加快省级产业集聚区规划布局，180 个产业集聚区陆续设立，成为河南产业发展和升级的主要载体，在此基础上形成了"一个载体三个体系"的发展思路，即以产业集聚区为主的科学发展载体和建立现代产业体系、现代城镇体系、自主创新体系。

此后，河南又陆续发布政策文件对产业集聚区发展进行优化调整，如2015 年出台的《河南省人民政府关于加快产业集聚区提质转型创新发展的若干意见》提出了"四集一转"（企业、项目集中布局，产业集群发展，资源集约利用，功能集合构建，促进人口向城镇转移）；2019 年发布的《河南省推进产业集聚区高质量发展行动方案》提出了"三提""两改"；《2020年河南省推进产业集聚区高质量发展工作方案》则在"三提""两改"的基础上提出了促进产业集聚区高质量发展的"七大行动"。

河南持续把产业集聚区作为产业转型升级、承接产业转移的主载体，开展分级评价与动态调整，根据发展中出现的问题及时优化，引导产业集聚、要素汇聚、企业共生，稳步推动产业集聚区由企业堆积向产业集群升级，产业项目质量持续提升，集群分工体系逐步构建，孕育了一批在全国具有较高辨识度和竞争力的优势集群。2022 年 9 月，河南对全省开发区进行了整合提升，明确了 184 个开发区的主导产业、空间布局、发展目标等，发展载体进一步整合，产业空间品质进一步提升，为传统产业迭代升级、新兴产业重点培育、未来产业破冰抢滩提供了高质量载体支撑。

### 二　河南县域优势集群的崛起

县域是河南产业发展的重要板块，也是产业集聚区的主要承载地，各县抓住机遇，规划培育主导产业、首位产业，大力推进产业向产业集聚区集中，提升县域主导产业竞争力。近年来，长垣起重、民权制冷、柘城金刚石、光山羽绒服、睢县制鞋等县域特色优势集群持续提升，在全国的产业辨识度和影响力不断增强，有力支撑了县域经济竞争力提升。2023 年 7 月，赛迪发布《2023 中国县域经济百强研究》，河南的巩义、新郑、永城、中牟 4 个县域入围，《2022 中部县域经济百强研究》中，河南共有 30 个县市入榜，位居第一，湖北、安徽、湖南三省分别入围 22 个、21 个、20 个，江西与山西则分别入围 6 个、1 个。

需要重点强调的是，河南多个县域抓住近年来产业梯度转移、新业态蓬勃发展的战略机遇，实现了县域产业集群的快速崛起，如睢县制鞋产业集群，在 10 年前从零起步，一以贯之持续谋划，制鞋产业从无到有、从小到大、从大到强，2022 年已经集聚了制鞋及配套企业近 600 家，年生产能力达到 3.5 亿双，年产值突破 150 亿元，打造成为名副其实的"中原鞋都"，正在向"中国鞋都"迈进。鹿邑依托锅圈食汇"万店系统"带动食品产业链集聚，澄明食品工业园规划占地面积 6000 多亩，聚焦火锅食材、烧烤食材和预制菜三大板块，2022 年实现营收 30 亿元，打造中部地区最大火锅食材基地。

## 第三节　搭建高端平台强化创新赋能

河南一直把打造高能级创新平台、高水平开放平台、高层次示范平台等作为汇聚高端要素、推动产业升级的重要支撑，为制造业高质量发展提供创新要素，加快产业升级和产品迭代。

## 一　以高能级创新平台聚人才

河南鼓励高等院校、机构和龙头企业创建国家级、省级创新平台以及产学研合作平台，以新型研发机构理念重构省创新体系，重点培育实验室、制造业创新中心、产业研究院、中试基地等，形成与创新和产业发展趋势相适应的创新体系，已经创建了 14 个省实验室、21 个制造业创新中心、40 家产业研究院、36 个省中试基地，并组建了 31 家创新联合体，初步构建了市场驱动、需求牵引、层次分明、联动发展的区域创新体系。

河南依托高能级创新平台吸引高素质科研团队和高端人才来豫创新创业，出台了以《关于加快建设全国重要人才中心的实施方案》为引领的"1+20"一揽子人才引进政策措施，从人才引进、培养、使用、评价、激励、保障等方面对人才政策进行大胆创新、系统升级、全面优化，探索"平台+人才"模式，引入一批院士及"高精尖缺"人才。2023 年 1~5 月，引进顶尖人才 2 人，领军人才 17 人，青年人才 1130 人，潜力人才 10.4 万人，签约人才项目 402 个。

## 二　以高水平开放平台汇要素

河南突出把高水平开放平台作为优势产业的入口渠道和引流平台，塑造优势产业会展和论坛品牌，加快产业高端要素集聚，陆续创办中国（漯河）食品博览会、中国河南国际投资贸易洽谈会、中国·河南招才引智创新发展大会、世界智能传感器大会、金刚石产业大会等高水平开放平台，吸引产业链上中下游、价值链前中后端企业参加，已成为高端交流、深化合作、共享共赢的重要平台，汇聚高端要素为河南制造业高质量发展服务。

郑州连续举办 4 届世界智能传感器大会，这是传感器领域唯一省部共办的世界级产业大会，也是河南展示新兴产业影响力的重要交流对接平台，每年都会汇聚全球传感器龙头企业和科创团队及人才，为郑州传感器产业发展提供了强大的平台支撑，带动郑州集聚了 3000 多家传感器企业，培育了汉威科技、光力科技、新天科技、三晖电气、森霸传感等一大批上市企业，在中国电子信息产业发展研究院发布的传感器园区排名中，郑州高新区位列中部地区第一、全国第四。

### 三　以高层次示范平台引项目

河南还在创建国家级高层次示范平台上发力。近年来，在大数据、人工智能、燃料电池汽车、区块链等新兴领域争取国家级高层次示范平台，如国家大数据（河南）综合试验区、郑州航空港经济综合实验区、郑洛新国家自主创新示范区、中国（河南）自由贸易试验区等一系列国家战略相继获批，郑州成功创建国家新一代人工智能创新发展试验区、国家区块链发展先导区，争取国家政策支持和项目布局，引导高端要素集聚，加快新兴产业和未来产业集聚发展。

2021年12月，郑州获批建设国家新一代人工智能创新发展试验区，共引进培育河南讯飞人工智能科技有限公司、中原动力智能机器人有限公司等10多家国内有影响力的人工智能企业，培育河南蓝信科技有限责任公司等20多家高成长性人工智能企业，形成高新区天健湖大数据产业园、国家863中部软件园、鲲鹏软件小镇、航空港区智能终端（手机）产业园等国内有地位、国际有影响的人工智能产业园区，郑州、许昌获批筹建国家新一代人工智能公共算力开放创新平台，郑州人工智能核心产业规模已经超过100亿元，带动相关产业规模1000亿元以上。

## 第四节　围绕龙头企业提升产业能级

河南一直重视培育龙头企业，陆续出台了制造业"头雁"企业培育方案、新技术企业培育方案等文件，重点打造基地型、平台型、生态型、链主型龙头企业，引导龙头企业延伸产业链条，以"龙头企业+产业链+生态圈"的模式带动产业链集聚，加快产业能级提升。

### 一　培育壮大"头雁"企业

2021年4月，河南印发《河南省制造业头雁企业培育行动方案（2021—2025年）》，决定在全省范围内开展省"头雁"企业创建工作，每年评选100家"头雁"企业和100家重点培育"头雁"企业，并强调发挥"头雁"企业引领作用，引导"头雁"企业建立产业联盟，搭建上下游企业供需对接平台，探索"头雁"企业智能化链式改造模式和产业链招商模式，协同推动产业链整体竞争力和现代化水平提升。

河南 12 家企业入围 "2023 中国企业 500 强"榜单，25 家企业入围 "2023 中国制造业企业 500 强"榜单，14 家企业入围 "2023 中国民营企业 500 强"榜单，18 家企业入围 "2023 中国制造业民营企业 500 强"榜单，展示了河南龙头企业的竞争力在持续提升。在"头雁"企业带动下，河南优势产业链能级也在持续提升，漯河食品、洛阳农机装备、许昌电力装备、长垣起重等优势产业链整体竞争力更强、特色辨识度更高，以"头雁"企业引领的良好产业生态不断催生孵化新技术、新企业、新业态、新模式，支撑河南在优势产业领域始终保持领先。

## 二 加快专精特新企业发展

专精特新指具有专业化、精细化、特色化、新颖化等特征的企业，它们一般聚焦细分领域，持续开发迭代技术与产品，深耕"一米宽、千米深"赛道，始终站在细分行业前沿，是突破"卡脖子"难题的关键力量，已经成为各地发展先进制造业的主攻方向和核心支撑。河南省积极对接国家专精特新企业，突出把培育壮大专精特新企业群作为发展先进制造业的重点举措。

河南省围绕专精特新企业培育不断完善政策措施，构建专精特新企业梯次培育体系，实施专精特新中小企业梯度培育计划，制定了《河南省"专精特新"中小企业认定管理办法》《支持"专精特新"中小企业高质量发展政策措施》等，已累计认定省级专精特新中小企业 2762 家，创建国家级专精特新"小巨人"企业 422 家，初步形成了"省级专精特新中小企业—国家级专精特新'小巨人'企业"梯队培育体系。

## 第五节 聚焦数智赋能加快产业升级

近年来，河南抢抓数字经济与实体经济融合发展的战略机遇，加快推进新一代信息技术与制造业深度融合，推动依托龙头企业的链式智能化改造，更好发挥数字化在制造业高质量发展中的引领、撬动、赋能作用，以数字化加快推进产业升级，为制造业高质量发展、拓展产业新赛道注入了新动力。

## 一　数智赋能加速渗透

河南省加快推进智能制造推广渗透，陆续出台了推进智能制造和工业互联网发展和分行业分领域开展数字化转型的文件，推动制造业数字化转型从单点突破、示范试点转向面上展开、体系融合跨越。截至目前，全省已经建成智能车间 773 个、智能工厂 332 家，生产效率平均提升 30%，运营成本平均降低 20%。建立"1+47"工业互联网平台体系，部署工业 App 共 2600 多个，天瑞集团入选国家跨行业、跨领域工业互联网平台，特色行业领域工业互联网赋能效应凸显。

另外，河南省引导制造业企业依托工业互联网创新发展路径，培育平台化设计、智能化制造、个性化定制、网络化协同、服务化延伸、数字化管理等新模式，提高生产效率和新产品开发能力。支持企业依托消费互联网拓展新业态新模式，培育了致欧家居、锅圈食汇、蜜雪冰城等一批以软件为支撑的平台型企业，省信息消费产业园集聚了夺冠集团、酒小奔等 80多家直播电商企业，一批企业对接消费互联网平台和数据分析企业加快新品开发，带动了河南优势产业链的转型升级。

## 二　推进中小企业导入"小快轻准"数字化方案

河南因企制宜推进数字化转型、智能化改造，出台了《河南省"企业上云上平台"提升行动计划（2021—2023 年）》，按照"保质、增收、降本、提效"的目标带动企业用云普及深化，引导中小企业导入小型化、快速化、轻量化、精准化的数字化转型产品和方案，企业自觉运用云资源实施数字化、网络化、智能化改造的积极性明显提升。

河南加快构建数字化转型服务资源池，引导全省广大中小企业积极对接发达地区工业互联网平台和数字化转型服务商，加快上云上平台，截至目前，上云企业数量接近 20 万家，用云深度持续提升，由管理上云向研发设计、生产制造等关键环节广泛上云拓展。支持工业互联网平台和数字化转型服务商结合河南省实际，因地制宜提供"小快轻准"的产品和解决方案，支持中小企业导入"精益生产"，为数转智改打好基础。一大批中小企业对接数字平台、工业互联网平台和龙头企业数据链，加快数字化转型，提升了企业生产经营水平和品牌影响力。

# 第四章　河南优势产业能级持续提升

近年来，河南立足全球工业发展趋势和自身产业基础，坚持把制造业高质量发展作为主攻方向，聚焦装备制造、食品、材料、汽车、电子信息五大主导产业持续发力，推动优势产业发展能级和竞争力不断提升。河南统计局数据显示，2017~2022 年五大主导产业增加值年均增长 7.4%，高于全省规模以上工业增加值年均增速 1.6 个百分点。2022 年，五大主导产业增加值占全省规模以上工业增加值比重达到 45.3%，对规模以上工业增长的贡献率达到 48.9%，已经成为支撑全省制造业高质量发展的主要力量。

## 第一节　装备制造业

装备制造业是一个国家制造业的脊梁，是经济社会发展的重要支柱性产业，在促进工业化和经济高质量发展方面发挥着举足轻重的作用。自党的十八大以来，河南高度重视装备制造业发展，取得了历史性成就，规模实力稳居全国前列，技术水平显著提升，形成了一批优势集群和标志性产业链，产业体系逐步完善，对工业经济的支撑作用日益凸显。立足新发展阶段，河南抢抓战略机遇，总结先进经验，探索实践路径，推动装备制造业向中高端迈进，努力实现由装备制造大省向装备制造强省转变。

### 一　河南装备制造业发展现状

#### （一）规模效益稳中向好

河南省装备制造业正处在跨越发展的关键"风口"和转型升级的重要"关口"，产业总量稳居全国第五，对工业经济的支撑作用持续增强。数据显示，2023 年 1~5 月，规模以上装备制造业增加值同比增长 6.8%；2022

年，装备制造业增加值占规模以上工业增加值的比重为 12.1%，比 2021 年低 0.5 个百分点（见图 4-1），对规模以上工业增长的贡献率为 7.3%。2021 年，装备制造业投资增速为 7.3%，占工业投资比重为 17.8%，比 2020 年分别下降 2.1 个百分点和 0.7 个百分点（见图 4-2）。尽管投资增速放缓，但装备制造业顶压前行、整体向好，呈现稳中有进、稳中提质、稳中蓄势的良好态势，努力实现由"量的增长"向"质的提升"转变。

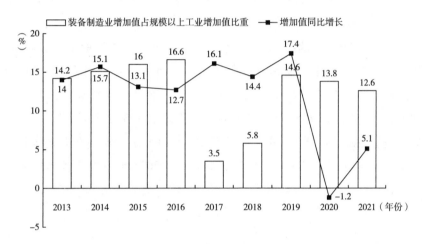

**图 4-1　2013~2021 年河南装备制造业增加值占规模以上工业增加值比重及增加值增速**
资料来源：2014~2022 年《河南统计年鉴》。

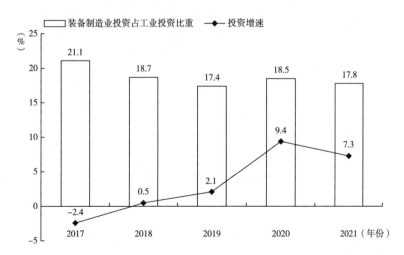

**图 4-2　2017~2021 年河南装备制造业投资占工业投资比重及投资增速**
资料来源：2018~2022 年《河南统计年鉴》。

## （二）企业实力显著增强

河南是我国装备制造业大省，2021 年全省规模以上装备制造业企业共 5873 家，同比增长 9%（见图 4-3）。从整体经营状况来看，2021 年装备制造业规模以上企业实现营业收入 17678.78 亿元，同比增长 23.5%；实现利润总额 822.15 亿元，同比增长 0.4%。从细分行业来看，2021 年计算机、通信和其他电子设备制造业，电气机械及器材制造业营业收入较高，分别为 7039.31 亿元和 2251.42 亿元，分别占装备制造业总营业收入的 39.82% 和 12.74%。河南省已培育出许继电气、平高电气、中信重工、宇通重工、卫华集团、郑煤机等一批具有竞争力的本土骨干企业，引进了格力空调、海尔空调、郑州中车四方等一批高端装备制造企业，支撑起河南装备制造业的万亿元产值。天瑞集团、宇通客车、济源钢铁 3 家企业入围 "2022 年中国装备制造业 100 强"，分别排第 59 位、第 65 位、第 86 位。郑煤机、中航光电、平高电气、许继电气 4 家企业入围 "2021 年中国装备制造业上市公司价值 100 强"，分别排第 45 位、第 51 位、第 81 位、第 90 位，在营业收入、总资产、净资产等方面实现稳步增长。

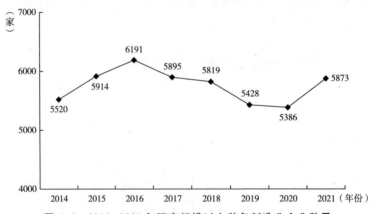

**图 4-3　2014~2021 年河南规模以上装备制造业企业数量**

资料来源：2015~2022 年《河南统计年鉴》。

## （三）创新能力不断提升

河南积极推动两化融合，主动融入国家创新战略，以创新引领装备制造业提质增效、转型发展，构建一流创新生态。在研发（R&D）人员数量上，2021 年河南装备制造业 R&D 人员共 111483 人，占全省规模以上工业企业的 46.3%，比 2020 年增加 17310 人，占比提高 0.9%，保持着较高的研发人员比重。在 R&D 经费投入上，2021 年河南装备制造业 R&D 经费投入为 3313478 万元，同比增长 11.7%，占全省规上工业企业 R&D 经费投入的 48.3%。在 R&D 产出上，2021 年装备制造业新产品销售收入为 52116751 万元，同比增长 9%；专利申请 23696 项，同比增长 18.8%；有效发明专利 23048 项，同比增长 9%，研发产出取得明显成效。在创新平台建设上，河南省成功建成首个国家级农机装备创新中心，培育了 14 个省级实验室、16 个省制造业创新中心、36 个中试基地、25 家产业研究院；2022 年新培育 10 个省级工业互联网平台、新增 7 个省级数字化转型示范区；2023 年新增 132 个省级智能车间、54 家智能工厂，有效推动装备制造业创新发展。

### （四）优势集群特色凸显

河南集中优质资源，做大做强电力装备、盾构装备、农机装备、矿山机械、起重机械 5 大优势产业，打造郑州、洛阳、平顶山装备制造业产业集群。郑州重点发展东西两大产业板块，东部以经开区、航空港区、中牟县为核心，集聚了郑煤机、中铁装备、海尔、富泰华等一批行业龙头，初步形成了以煤矿机械、电力装备、盾构装备、工程机械为主的先进装备制造业产业集群；西部以高新区、荥阳市、上街市为核心，初步形成了以智能装备、通用航空装备、轨道交通装备为主的高端装备制造业产业集群。数据显示，2021 年，郑州经开区装备制造业产值为 635.3 亿元，占全区规上工业总产值的 34.7%；2022 年 1~5 月，高端装备制造业产业集群累计完成产值 250.5 亿元，同比增长 7.2%。两岸（河南）智能装备产业基地洛阳核心区先后培育了特种机器人、智能农机装备、智能成套矿山装备等一批标志性产品，拥有中信重工、中国一拖、中航工业 613 所等一批龙头企业，形成了以农机装备、大型成套装备等为主的千亿元级产业集群。平顶山打造了以高压、超高压开关及零配件产品为主的输变电设备制造产业集聚区，核心区产业规模达 200 亿元，从业人员约 1.7 万人，集聚了平高集团、伊顿公司等知名电气装备龙头企业和平芝公司、华拓电力、巨高电力等 70 多家电气装备企业，为当地产业集群发展、区域经济水平提高提供了重要支撑。

## 二 河南装备制造业能级提升的实践探索

### (一) 引导传统装备向智能装备升级

河南传统装备制造业基础雄厚、实力强劲，是传统产业的重要支柱。随着制造业数字化、智能化转型升级和两化融合的深度发展，新一代信息技术和先进制造技术集成的智能装备产业蓬勃兴起，推动传统装备制造企业由"制造"向"智造"转型。例如，森源重工在对环卫装备智能升级的同时，提供增值服务、融资租赁、环卫管理输出和环卫第三方运营服务项目，实现了服务智能化；中信重工坚持传统动能与新动能双轮驱动，打造"5G+工业互联网"离散型重型装备智能工厂，成功入选 2021 年国家工业互联网试点示范项目；郑煤机坚持以智能驱动产品成套化发展，围绕煤矿智能化综采装备和控制系统开展技术攻关，实现了由单一提供产品到提供智能成套综采装备的跨越，其智慧园区将数字技术融入从产品设计到服务的全流程，建成行业内首个原生数字化工厂；中国一拖以自动化、数控化、信息化、智能化为引领，研制出无人驾驶拖拉机、动力换挡拖拉机电控系统等高端智能农机装备，攻克了大马力拖拉机无级变速、播种机高速精密播种以及插秧机高速插秧等关键核心技术，建设了智能机械加工厂、智能驾驶舱数字化工厂、新型柴油机智能生产工厂、东方红云现代农机装备工业互联网平台，实现了从传统产品制造服务向智能化发展的创新转变。

### (二) 探索"装备+平台+服务"模式

河南以平台化、服务化为支撑，推进先进装备制造和现代服务业相融相长，形成"装备+平台+服务"一体化发展模式，实现生产型制造向平台服务型制造转型。例如，卫华集团的起重物流装备行业工业互联网平台，通过对起重装备运行状态进行实时追踪、远程监控和故障诊断，实现了全生命周期管理，推动起重行业从制造产品向提供工程承包和远程运维转变；中信重工的矿山装备工业互联网平台基于海量数据采集、汇聚、分析和服务，为用户提供包括工艺选型、产品设计、装备制造、安装运维、物联网数据在内的全流程服务，构建了覆盖全行业、全产业链的行业服务平台；天瑞集团的天信工业互联网平台将管控、生产、制成品、供应商和客户紧密连接，为上下游企业提供海量终端接入、工业知识复用、软件开发部署、工业资源共享等数字化服务，实现资源高效利用和价值共享。

### （三）培育"装备+综合解决方案"提供商

经过多年发展，河南装备制造企业围绕客户全生命周期价值链，对企业数据资源和生产全流程进行集中管控，逐步由单一装备生产商转型为系统集成商和综合解决方案提供商，全面提升了装备制造业供应链现代化、产业协同化和网络化水平。例如，中信重工利用矿上装备物联网平台和智能检测、智能采集与传输、智能控制等技术，向用户提供成套智能化装备产品和控制系统，以及从设备到应用整条链路上的智能制造解决方案；宇通重工打造的"智慧环卫互联管理平台"，推出自动驾驶整车平台、卫情监控、无人场站等智慧环卫解决方案，实现从单一生产商向"环卫设备+环卫服务"一体化解决方案供应商的转变；郑煤机聚焦煤炭综采装备及零部件、工作面智能化控制系统的研发、设计、生产、销售和服务，从底层控制器、传感器和通信链路，到上层系统软件平台，实现通信层互联互通、系统接口层完全开放，成为世界领先的煤矿综采成套装备解决方案供应商。

### （四）构建"整机+配套"集群发展格局

河南通过完善"整机+配套"的高端装备制造产业链，形成以郑州、洛阳、许昌为核心，中铁装备、中信重工、中国一拖、中联重机等头部企业引领和中小企业协同配合的智能制造成套装备生产基地，构建了整机制造、核心配套、运维服务一体化的产业格局。例如，在盾构装备产业链建设上，中铁装备通过引进上下游配套企业，形成隧道专用设备"研发—制造—销售—技术服务—再制造"的完整产业链条。在大型成套装备产业链建设上，依托上游郑煤机、中铁装备、海尔、宇通重工、卫华集团等重点零部件供应与制造商，中游围绕大型成套关键装备生产厂房及配套设施，下游以大数据中心、技术检验检测中心等为载体，形成一体化配套完整的产业链体系。在电力装备产业链建设上，许昌做大做强电力装备千亿元级优势产业链，推广"整机+配套""原材料+制品"等模式，提高本地化配套率，推动形成核心电力装备产业集群、一次和二次特色电力设备生产基地、配套部件集群错位发展的产业格局。

## 第二节 食品产业

食品产业是关系国计民生的基础产业、战略产业，也是河南的支柱产业、优势产业，多年来立足农产品资源优势，形成了肉类、面及面制品、速冻食品、调味品、饼干和休闲五大特色产业，是河南最具发展潜力和发展优势的战略支撑产业。尤其是进入新消费时代，大食品赛道作为新消费产业的最大风口，新式茶饮、餐饮连锁、休闲食品等领域新品牌持续涌现，河南省的蜜雪冰城、锅圈食汇"万店级"品牌企业强势崛起，姐弟俩、西部来客、槐店王婆等餐饮连锁品牌在全国迅速扩张，辣条、酸辣粉等一批网红食品"出圈"，推动了河南食品的品类多元化、品牌年轻化、原料标准化、供应链一体化。

### 一 产业规模稳居省内第一

食品产业作为河南传统优势支柱产业，长期稳居五大主导产业之首，2022 年河南规上食品产业企业实现营业收入 7185 亿元（见图 4-4），占规上工业总营业收入的 11.9%。目前，河南全覆盖食品产业的农副食品加工、饮料和精制茶、烟草制品等 4 个行业大类及 21 个行业中类，形成了 70 个以农产品加工为主导的产业集聚区，打造了全国最大肉类生产与加工集群、

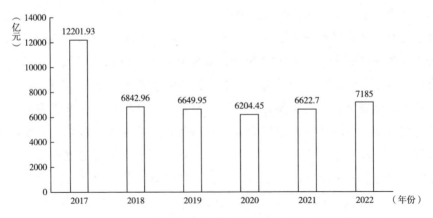

**图 4-4 2017~2022 年河南规模以上食品产业企业营业收入**

数据来源：历年《河南统计年鉴》。

全国最大面及面制品产业集群、全国最大速冻食品及冷链产业集群、休闲食品生产加工集群、调味品生产加工集群、健康食品产业集群六大特色集群。在产业集聚效应不断凸显的同时，品牌骨干企业规模持续扩容，至2021年，29家食品企业商标获"中国驰名商标"，占全省"中国驰名商标"总数的28%，26个产品获"中国名牌"称号。2022年，全省57家企业入围"中国食品工业企业500强"名单。

## 二　明星企业呈现逆势上扬发展态势

尽管面临复杂多变的经济形势冲击，全面换道的河南食品产业呈现逆势上扬的发展态势，诸多老牌龙头企业经营业绩创历史新高。牧原股份2022年营业收入首次突破千亿元大关，达到1248.26亿元，同比增长58.23%。三全实现营业收入74.34亿元，同比增长7.07%，净利润达8亿元，同比增长24.98%，双双创历史新高。千味央厨实现营业收入14.89亿元，同比增长16.86%。锅圈食汇营业收入达到71.7亿元，净利润为2.4亿元，首次实现盈利。雨轩股份作为河南肉羊产业集群的链主企业，近年来肉羊加工产能加快释放，公司肉羊加工量从2020年的19.6万只增长到2022年的近89万只，三年增速达354%。

## 三　细分赛道新品牌加速崛起

面对新一轮消费升级趋势，河南食品产业凭借一批草根崛起的网红品牌以及一批强竞争易复制的经营模式，全力打造产业发展的新赛道，推动食品新消费品牌由单点开花走向群体涌现。"独角兽"企业蜜雪冰城，全球门店超3万家，年营业额超200亿元；国内最大的食材连锁超市锅圈食汇，门店已超过1万家，年营业收入近百亿元；姐弟俩、西部来客、槐店王婆等餐饮连锁品牌走向全国，部分已经成为细分领域头部品牌；河南酸辣粉品牌快速成为现象级"地标特色美食"，全国10桶酸辣粉有8桶"河南造"，涌现了嗨吃家、食族人、丽星食品、豫道、嘿人部落等酸辣粉品牌；在预制菜赛道上，双汇推出新品牌"筷乐星厨"、三全研发"空气炸锅"系列产品、好想你创立"简单巧厨"，与此同时，原阳发力打造预制菜产业基地，九多肉多、雨轩、禾胜合、九豫全、斯慕源等品牌竞争力持续提升，红焖羊肉礼盒、毛肚、麻油鸡等多款预制菜品成为爆款单品。

## 四 头部品牌引领打造"食品超级供应链"生态

深入研究河南食品产业发展历程，最突出特征就是得益于头部品牌企业的引领带动，基于双汇、蜜雪冰城、锅圈食汇、巴奴火锅等一批行业龙头企业赋能，食材供应链、冷链技术及装备、供应链物流、品牌策划设计等产业链日益完善。蜜雪冰城背后的大咖国际，通过自建生产基地布局生产端，以纵轴"糖奶茶咖果粮料"七大核心品类和横轴"设备、包材、RTD（即食饮料）"，在为旗下门店提供茶饮原料、物料、设备的基础上，向行业开放供应链资源，提供一站式饮品解决方案。锅圈食汇通过整合布局 17 个现代化中心仓、1000 多个前置冷冻仓，打造了常温、冷藏、冷冻等多规格、标准化、高效率的仓储物流配送体系，提升了河南冷链整体配送能力。另外，原阳预制菜、通许酸辣粉、内黄豆制品等形成了较强的生产能力和供应链能力。依托头部品牌企业带动形成"超级供应链"，为河南新消费品牌群体扩容提供了强大支撑。

## 五 郑州逐渐成为全国食品新消费研学基地

进入新消费时代，从农业到食品制造，再到餐饮连锁、商业零售，郑州表现优异。尤其在餐饮连锁领域，据不完全统计，郑州拥有百家以上门店的餐饮企业超过 50 家，拥有千家以上门店的超过 10 家。在蜜雪冰城、锅圈食汇等超级品牌带动下，山东、湖南、海南等多地政府部门、商会企业、创业人士纷纷来郑州学习取经，一些新型中介组织打造多条郑州茶饮、餐饮研学课程，蜜雪冰城、巴奴火锅、千味央厨、姐弟俩等品牌都是研学热点企业，一些头部品牌开发了系列课程，早在 2015 年，蜜雪冰城就成立了"蜜雪商学"，仅 2022 年，"蜜雪商学"累计培训人数超 90000 人，线上培训 App"蜜学堂"共计输出自制课程 3000 多门，总课程学习完成量达 6506 万人次，全年直播培训 211 场，累计参与人数超 31 万人次。在明星企业人才布局及加持下，郑州正在成为新消费人才培训和孵化基地。

# 第三节 材料产业

工业制造，材料先行，材料是工业的基础。在新一轮科技革命与产业变革蓄势待发的大背景下，新材料产业是先导性产业，更是战略性新兴产业发展的基石。正是基于此，河南高度重视材料产业发展，将新材料产业作为五大主导产业之一引导扶持，2022 年发布《河南省加快材料产业优势再造换道领跑行动计划（2022—2025 年）》，多年来紧紧围绕转型升级、创新提升这一主题，不断推动材料产业由原到新、由大到强，逐步实现从原材料大省向新材料强省的跨越升级。

## 一　产业规模不断扩大，优势领域保持领先

河南依托原材料大省在有色、钢铁、建材、耐火材料、超硬材料等领域的明显优势，抢抓材料产业机遇转型，提质发展迅速。其中，新材料产业作为五大主导产业之一的优势地位日益凸显，河南材料制造业规模不断扩大，甚至在优势领域已经处于行业领先地位。

河南材料产业规模不断扩大。一是行业整体效益较好。2022 年，河南材料领域规模以上企业达 6146 家。不仅企业培育数量增加，河南材料产业主营业务收入也稳定在高位，2021 年和 2022 年，河南材料产业主营业务收入分别高达 1.83 万亿元和 1.79 万亿元，占规模以上工业总营业收入的比重较大，分别为 33.9%、29.7%。其中，河南新材料产业也取得良好效益，2021 年河南新材料产业主营业务收入达 5252 亿元，占规模以上材料产业主营业务收入的 28.7%。2022 年，河南新材料产业利润率达 4.4%，在五大主导产业中位列第三。二是产业增加值稳步增长。2017~2022 年，河南规模以上新材料产业增加值稳步提升，2017 年河南新型材料产业开始转型升级，新材料产业增加值增速在随后两年迅速提高，2019 年达 15.1%[①]。除此之外，河南新材料产业具有较强的抗风险能力，2020 年规模以上五大主导产业增加值增速为-0.9%时，新材料产业仍达到 2.4%。2017~2022 年，河南新材料产业增加值占规模以上工业增加值比重整体不断提高，从 4.3%提高到 8.6%（见图 4-5）。另外，2022 年河南新材料产业对规模以上工业增长的贡献率达 8.4%，比 2017 年提高 4.7 个百分点。三是产业投资增速回升。

---

① 由于 2021 年河南省统计局口径发生变化，故 2020 年及以前年份为新型材料制造的数据，2020 年以后年份为新材料产业数据，以下新材料产业投资增速、新材料产业投资占工业投资的比重数据也是如此。

2022 年前三季度,河南新材料产业投资增速高达 97.7%,较 2021 年提高 112.5 个百分点,呈 "V" 形反转(见图 4-6)。另外,2023 年河南省创设全国唯一的省级专业化新材料投资平台,即河南省新材料投资集团有限公

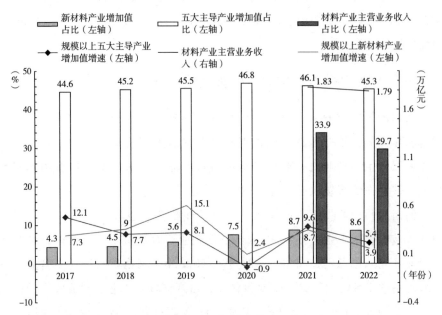

**图 4-5 2021~2022 年河南材料产业主营业务收入及占比、2017~2022 年河南规模以上五大主导产业和新材料产业增加值增速及占比**

数据来源:河南省统计局和河南省工业和信息化厅。

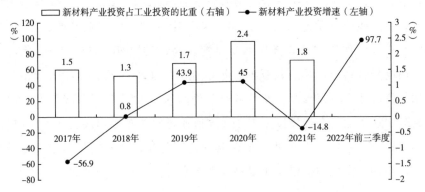

**图 4-6 2017~2021 年河南新材料产业投资增速及占工业投资比重及 2022 年前三季度河南新材料产业投资增速**

数据来源:河南省统计局。

司，该公司注册资本 80 亿元，以"平台+基金+研究院"模式明确助力河南新材料产业优势再造。

河南材料产业优势领域处于行业领先地位，在超硬材料、新型耐火材料、尼龙新材料等领域已经占据重要地位。在超硬材料领域，2021 年河南超硬材料及制品产业营业收入约为 400 亿元。截至 2022 年 7 月，河南省共有超硬材料企业 3795 家，数量占全国的 10.9%，其中上市企业 6 家，占全国超硬材料上市企业数量的 1/6。在新型耐火材料领域，2022 年河南省新型耐火材料产业规模稳居全国第一位，河南省耐火材料企业有 1400 多家，其中规模以上企业超 800 家，从业人员 25 万人，年产量超 2100 万吨。在尼龙新材料领域，河南省尼龙新材料产业主要集中在平顶山和鹤壁，尤其是平顶山打造的中国尼龙城，已入驻企业 200 余家、产值突破 1000 亿元。截至 2022 年底，平顶山市各类尼龙新材料产品产能已达 240 多万吨。其中，尼龙 66 工业丝、帘子布产能位居世界第一，尼龙 66 盐产能位居亚洲第一，尼龙 66 切片产能位居全国第一。

## 二　产品结构持续优化，产业链条不断延伸

经过多年发展，河南不仅基本形成了种类齐全、结构合理、配套完善的材料产业体系，且致力于提高中高档产品竞争力，提高产品专业化和精细化程度，在钢铁、超硬材料、新型耐火材料、尼龙新材料等领域向产业链末端和价值链高端延伸。

在钢铁领域，河南不断推动特钢转型，优化产品结构布局。安阳钢铁与新材料企业合作，研发生产高磁感取向硅钢和无取向硅钢，开发高附加值的高端产品。在超硬材料领域，河南超硬材料形成了以超硬材料及制品为核心、原辅材料和专用设备仪器为基础、公共技术服务体系为支撑的全产业链格局。郑州三磨所破解技术难题，研制出半导体芯片精密划切用超薄砂轮，实现批量化生产，并进军对金刚石高要求的功能化领域，确立高性能散热材料、硼掺杂电极材料等新发展方向。在新型耐火材料领域，河南形成了涵盖钢铁、有色金属冶炼、电力、新能源等多领域的产业体系和以技术服务体系为支撑的完整产业链。其中，郑州市产品主要以铝硅系、电熔镁铝尖晶石等高档耐火原料为主，涵盖钢铁、水泥、有色、玻璃、石化等 9 大门类，拥有各类耐火材料 500 多个品种，经过引导企业科技创新，

特种高纯高耐蚀新型耐火材料、特种功能耐火材料的占比大幅提升,中高端耐火材料占比为 47%。在尼龙新材料领域,依托尼龙新材料产业基础优势,平顶山市已打通全球最完整的煤基尼龙新材料产业链,形成了涵盖上游原料、中间体到下游深加工产品的全产业链发展格局,提升尼龙新材料产业技术工艺,推动尼龙产品结构逐步向高端迈进,高品质 66 盐、特种尼龙、改性工程塑料、阻燃纤维等高端产品占比在 80% 以上。

### 三 创新能力持续提升,关键技术攻坚突破

近年来,河南材料产业以创新平台、高层次创新人才、科技创新企业为基础进行原始创新和技术创新,不断突破核心关键技术,推动材料产业提升竞争优势。

河南在材料产业多个领域提升自主创新能力。在有色金属领域,依托铝、铜、铅、钨钼、镁和钛的产业基础,河南成立中原关键金属实验室,着力解决关键金属领域重大关键共性技术问题。在超硬材料领域,河南拥有国内唯一的国家级超硬材料产业基地"国家火炬计划河南超硬材料产业基地",有郑州三磨所、郑州机械研究所、郑州国家金属制品研究院等国家级研究院所,有郑州大学、河南工业大学、中原工学院等高校对超硬材料行业进行基础理论研究与人才培养。在新型耐火材料领域,河南有国家唯一的耐火材料检测和仲裁机构,还有河南省高温功能材料重点实验室,以及河南省高温新材料产业研究院。在尼龙新材料领域,2022 年成立河南省尼龙新材料产业研究院,以平煤神马为首的尼龙新材料企业与数十家高等院校和科研院所建立合作关系,已建成河南省聚酰胺中间体重点实验室。除此之外,2022 年,河南公布首批 8 个河南省产业创新中心,其中与新材料相关的有 5 个,涵盖超硬材料、氟基材料、钛材料、生物降解材料、生物基材料等细分领域。

近年来,河南加快材料关键核心技术攻坚,制定关键核心"卡脖子"技术清单,在材料产业多个细分领域实现技术突破。柘城惠丰钻石破解 5 纳米级微粉量产技术难题,有效实现国产替代。平煤神马与国内多家科研所进行联合科技攻关,已完成了有"尼龙产业的咽喉"之称的己二腈工业化生产的技术攻关,解决了尼龙产业链上的"卡脖子"问题。多氟多在原料纯化、技术装备、反应工程、工艺开发等方面全面突破了高纯晶体六氟磷酸锂生产关键技术,率先实现了晶体六氟磷酸锂国产化生产,使我国成

为第二个能自主生产晶体六氟磷酸锂的国家。

河南新材料产业科技成果转化率也在不断提升。2017年新材料及其应用技术市场成交合同数量为287个，成交额为77219万元。2021年合同数量为1434个，约是2017年的5倍，成交额为557764万元，是2017年的7倍多（见图4-7）。2023年上半年，河南省新材料产业的技术转让合同成交额占全省技术转让合同成交额的29.6%，依旧保持高创新活跃度。

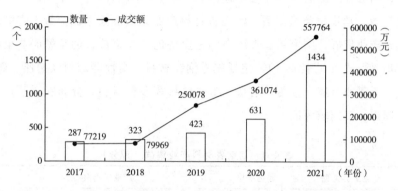

**图4-7　2017~2021年新材料及其应用技术市场成交合同数量及成交额**
数据来源：河南省统计局。

## 四　龙头企业带动引领，集群效应日益凸显

随着河南材料产业的转型升级，不少企业抢抓机遇迅速发展壮大，并成长为新材料产业的龙头企业，带动引领河南新材料产业集群化发展并取得显著成效。

目前，河南新材料产业已经在多个领域培育了一批龙头企业。值得注意的是，一部分龙头企业是通过孵化新设和资本收购而迅速成长的。例如，2015年新成立的巩义市泛锐熠辉复合材料有限公司；同年隆华科技收购洛阳高新四丰电子材料有限公司，并在接下来几年陆续通过资本收购强化了电子新材料实力。另一部分企业原来为传统化工和基础材料企业，它们通过转型至新材料产业实现快速发展。例如，河南能源化工、洛阳钼业、平煤神马、黄河旋风、多氟多等来自有色金属、煤炭、化工等行业的企业，多氟多从上市之初生产氟化盐转向锂电池领域，并集中研发锂电解质新材料及电子级氢氟酸，后得益于锂电池市场需求的迅速增长，成长为锂电池电解液的龙头企业，2021

年多氟多正式将其公司名称中的"化工"变为"新材料"。

在龙头企业带动下,河南新材料产业已经培育了一批优势产业集群。从集群规模来看,郑州市、洛阳市打造了千亿元级新材料产业集群,郑州市形成了高端耐火材料和超硬材料两大优势产业集群,耐火材料年产量占全国的30%,是全国最大的新型耐火材料基地,洛阳市依托钨钼钛、铝铜、精细化工领域的优势,形成特色新材料千亿元级产业集群。另有集中在洛阳、三门峡、巩义、鹤壁、济源的新型有色金属集群,鹤壁"中国镁谷",平顶山"中国尼龙城"等。从集群类型来看,河南省材料产业集群涵盖了国家级、省级战略性新兴产业集群,国家级、省级中小企业特色产业集群,创新型产业集群等多种集群形式(见表4-1),包括先进钢铁材料、高性能塑料及树脂、碳硅、尼龙、无机非金属、金属、纳米、超硬材料等多种材料,分布在平顶山、濮阳、周口、三门峡等地。

**表4-1 河南省材料产业集群(部分)**

| 产业集群类型 | 评选单位 | 产业集群名称 |
|---|---|---|
| 国家级战略性新兴产业集群(第一批) | 国家发改委 | 平顶山市新型功能材料产业集群 |
| 河南省战略性新兴产业集群(首批) | 河南省发改委 | 焦作市锂离子电池新材料产业集群 |
| | | 濮阳市新型功能材料产业集群 |
| | | 许昌市硅碳新材料产业集群 |
| | | 三门峡市金属新材料产业集群 |
| | | 周口市生物降解材料产业集群 |
| | | 济源市纳米新材料产业集群 |
| 2022年度国家中小企业特色产业集群 | 工信部 | 河南省襄城县硅碳新材料产业集群 |
| | | 河南省叶县尼龙材料产业集群 |
| 2023年度河南省中小企业特色产业集群 | 河南省工信厅 | 伊川县高温无机非金属材料产业集群 |
| | | 滑县能源新材料中小企业特色产业集群 |
| | | 方城县超硬及硬质合金新材料产业集群 |
| | | 柘城县超硬材料产业集群 |
| 2022年度创新型产业集群 | 科技部 | 安阳高新区先进钢铁材料制品制造创新型产业集群 |
| | | 平顶山高新区高性能塑料及树脂制造创新型产业集群 |

数据来源:河南省发展和改革委员会、河南省工业和信息化厅。

## 五　材料产业升级成效明显，前沿领域发展迅速

近年来，河南积极推动材料产业向前沿、新型材料升级，陆续出台《河南省新型材料业转型升级行动计划（2017—2020 年）》《河南省加快材料产业优势再造换道领跑行动计划（2022—2025 年）》等多项政策文件，目前已经在尼氟基新材料、生物可降解材料、纳米材料、金刚石等领域展现良好发展态势。

2017 年，河南按照行动计划对新型材料业进行转型升级，重点在于构建"2+3+2"新型材料业创新发展格局，聚焦铝加工、特色有色金属、新型钢铁、新型化工、新型建材、新型耐火材料、超硬材料 7 大领域，增强发展新动能。2022 年，河南立足新形势加快对材料产业的优势再造与换道领跑，重点在于构建"4+5+4"材料产业高质量发展体系，培育 6 条千亿元级支柱产业链（见图 4-8）。从转型升级到优势再造，从"2+3+2"到"4+5+4"，河南对材料产业的布局更加合理完善，显示了河南从原材料大省向新材料强省转变的决心。河南省材料产业重点发展的产业链如表 4-2 所示。

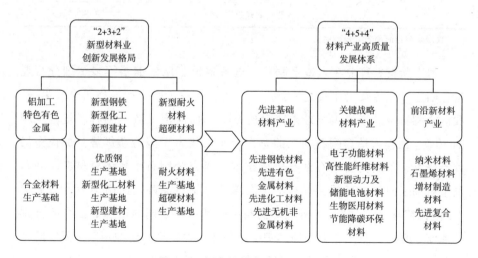

**图 4-8　河南材料产业规划体系**

数据来源：河南省人民政府。

表 4-2  河南省材料产业重点发展的产业链

| 政策文件 | 重点产业链名称 |
|---|---|
| 《河南省加快材料产业优势再造换道领跑行动计划（2022—2025年）》 | 先进钢铁材料产业链 |
| | 铝基新材料产业链 |
| | 尼龙新材料产业链 |
| | 新型高温材料产业链 |
| | 超硬材料产业链 |
| | 新型建材产业链 |
| 《河南省建设制造强省三年行动计划（2023-2025年）》 | 先进超硬材料产业链 |
| | 尼龙新材料产业链 |
| | 铝基新材料产业链 |
| | 铜基新材料产业链 |
| | 先进合金材料产业链 |
| | 化工新材料产业链 |
| | 先进钢铁材料产业链 |
| | 绿色建筑材料产业链 |
| | 装配式建筑产业链 |

数据来源：河南省人民政府。

河南新材料产业在人造金刚石、电解铜箔、压延铜箔等多个细分行业特色明显、亮点突出，塑造了新优势。河南人造金刚石产能稳居全球第一，我国金刚石单晶产量占全球总产量的95%，而河南人造金刚石产量占全国的80%。河南人造金刚石领域的龙头企业正致力于塑造新优势，加快布局前沿研究，不断更新培育钻石合成技术，研究金刚石半导体新材料，并布局宝石加工向下游延伸，打造本土高端培育钻石品牌。河南聚力打造灵宝"中国铜箔谷"，目前，河南电解铜箔、压延铜箔在国内市场的占有率分别达40%、50%。重点企业金源朝辉生产的压延铜箔产品还被用于中国空间站"天和"核心舱，填补了国内压延铜箔在航空航天领域的空白。此外，还有立方氮化硼、尼龙新材料、氟基新材料、可降解塑料、纳米材料等在全国都具有重要影响力。

# 第四节　汽车产业

汽车产业的产业链条长、附加值高、带动力强，对区域社会经济发展具有重要意义。近年来，河南高度重视汽车产业发展，将其列为重点支持的五大优势产业之一，产业规模不断壮大、产品结构持续优化、产业集群度不断提升。当前，随着以电动化、智能化、网联化、共享化为趋势的汽车"新四化"加速渗透，汽车产业正在由传统技术密集型的机械制造逐步转变为与新能源、数字技术深度融合的新产业形态，河南也紧跟产业发展趋势，持续做大做强汽车产业，巩固客车优势、发展乘用车和专用车、加快新能源汽车发展、支持氢燃料电池汽车示范应用，全力打造新能源及智能网联汽车产业高地。

## 一　汽车产业持续蓬勃发展

1969 年，郑州生产出全省第一辆汽车郑州牌 130 汽车，河南汽车产业拉开发展序幕。经过多年发展积淀，河南汽车产业在新能源客车、专用车等领域走在全国第一方阵，2022 年汽车产量达到 58.6 万辆，居全国第 17 位，规模以上汽车及零部件企业 600 余家，产业规模在 2600 亿元左右，拥有宇通客车、比亚迪、上汽郑州、开封奇瑞、东风日产等 18 家整车生产企业，在动力电池、轮毂、气缸套、传动轴、转向器等关键零部件领域培育了多氟多、中创新航、戴卡轮毂、中原内配等一批行业龙头企业，拥有汉威科技、威科姆、华骏、拓普等 22 家知名物联网骨干企业，已经形成了从原材料到核心零部件，再到整车、配套设备、物联网的智能网联汽车产业链。

## 二　新能源汽车全产业链布局初步形成

近些年，河南紧跟"新四化"发展趋势，积极实施汽车产业换道竞争，在新能源汽车产业培育上持续发力，2022 年全省新能源汽车产量 8.7 万辆，同比增长 32.2%，新能源客车销量稳居全国首位，新能源环卫车、物流车、皮卡产销量位居国内前列，"原材料—核心零部件—整车—配套设备"全产业链发展格局初步形成。在产业链上游，洛阳钼业布局动力电池所需的钴资源，多氟多突破六氟磷酸锂技术并向动力电池环节延伸；在产业链中游，中创新航已经成为国内第三大动力电池生产商，天力锂能在小动力锂电池、三元材料出货量上稳居行业首位；在产业链下游，宇通客车、宇通重工分别稳居新能源客车行业第一、新能源环卫车行业第一。尤其自2021年以来，随着上汽集团、比亚迪、宁德时代、福耀玻璃等头部企业的项目落地达产，以及以盒子智行为代表的造车新势力企业入驻，河南汽车行业一改缺乏头部企业引领的发展痛点，汽车产业转型之路正在加速。

### 三　零部件企业抢占新能源赛道

多年来，河南集聚了众多汽车零部件产业，转向器、减振器、传动轴、动力电池等10多种零部件产品产量位居全国前列，汽车线束、电子插接件、车载视听娱乐系统等产品市场占有率位居全国前列，培育了正负极材料、隔膜、电解液、电池零部件、电池芯、电池组到电池生产检测设备、质量监督检验、回收等较为完整的动力电池产业链。面对传统汽车日渐式微及新能源汽车蓬勃发展的大趋势，省内多家汽车零部件企业积极调整产品结构，纷纷开始向新能源汽车领域进军升级。如信大捷安为比亚迪提供包括车载系统安全增强、车云安全通信、FOTA安全升级等业务的信息安全解决方案，天海电子新能源领域连接器占公司业务的42%，戴卡轮毂积极开拓铝合金零部件市场，飞龙股份"新能源冷却部件及模块"产品成为企业四大核心产品之一，远东传动于2015年开发了纯电动、混合动力汽车的新型传动轴产品，明泰铝业于2016年加大对动力电池壳用铝板带及锂电池软包铝箔等新产品的研发力度，中创新航连接器产品于2017年开始配套特斯拉。

### 四　汽车市场增量空间较大

汽车销量、保有量等数据直接体现了一个地区汽车产业的消费水平和消费前景，是整车产销、零部件生产和汽车后市场发展的条件，这方面河南基础较好，汽车销量位居全国前列。2022年河南销售新车115.71辆，其中新能源汽车32.23万辆，居全国第6位，渗透率为27.9%，超过了全国平均水平2.3个百分点。全省汽车保有量达到1765万辆，排在广东（3061万辆）、山东（2525万辆）、江苏（2193万辆）、浙江（1789万辆）之后，居全国第5位，但千人汽车保有量为178辆，居全国第22位。从以上数据可以看出，河南省汽车产业对零部件企业及汽车后市场具有较大市场规模优势，而汽车普及率处于全国下游水平，反映了河南省汽车行业销售市场还存在较大的增长空间。

### 五　汽车产业生态环境持续优化

近些年，河南省明确提出要实现汽车产业换道超越，新能源及智能网联汽车产业链被省委、省政府列为重点培育的产业链之一，围绕进一步激发汽车产业发展活力和创新能力，出台了优惠税收、土地供应等一系列产业扶持政策。组建了汽车产业投资集团，整合省内现有汽车资源，推动新能源汽车领域重大合作项目落地和重点项目建设。设立了总规模150亿元的新能源汽车产业基金，积极引领带动金融资本和社会资本参与河南省新能源汽车产业发展。这些政策措施的出台，为汽车企业发展提供了良好的环境和条件，更为河南汽车产业持续增长提供了生态保障。

# 第五节　电子信息产业

河南全面贯彻新发展理念，深入实施"十大战略"，在中国共产党河南省第十一次代表大会上，明确提出要加快发展数字经济核心产业，做强河南电子信息产业、软件和信息技术服务业。河南重点培育电子信息产业，采取多项举措推进重点项目建设，立足省情抢抓战略发展机遇，助推电子信息制造实现跨越式突破，持续提升电子信息产业能级，实现电子信息产业提质增效，推动河南制造业高质量发展。

### 一　河南电子信息产业发展现状

近年来，在省委、省政府高度重视和大力支持下，河南加快推进电子信息产业发展，并取得了一定成效，电子信息产业增加值增速保持平稳，产业规模发展壮大迈上新台阶，创新能力不断提升，产业能级持续提升，竞争力显著增强，电子信息产业发展未来可期，为推动河南制造业高质量发展打开了新局面。

### （一）生产增速稳中有升

河南电子信息产业的快速发展，对河南制造业的稳定增长起到了重要作用。2017~2022 年，河南规模以上电子信息产业增加值年均增速为 16.3%，高于全国 5.1 个百分点，比河南省规模以上工业增加值年均增速高 10.5 个百分点，比河南省高技术制造业增加值年均增速高 3 个百分点，比河南主导产业增加值年均增速高 9.3 个百分点。随着电子信息产业的快速增长，其占比持续提高，优势地位日益凸显。2022 年，河南省规模以上电子信息产业增加值在规模以上工业增加值中的占比为 8.5%，比 2013 年高 5.6 个百分点，增加值增速达到 16.7%，比河南省规模以上工业增加值增速高 11.6 个百分点（见图 4-9）。由此可见，河南电子信息制造业生产稳中有升，不断推动河南制造业高质量发展。

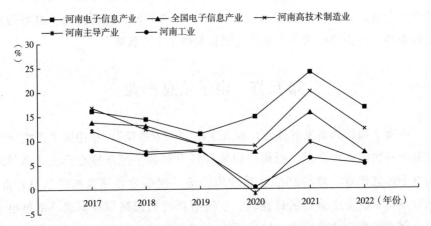

图 4-9 2017~2022 年河南省电子信息产业增加值增速情况

资料来源：相关年度《河南统计年鉴》。

### （二）产业规模迈上新台阶

河南电子信息产业在发展过程中出现了一定幅度的波动，总体保持增长趋势，经济效益逐渐转好，规模持续扩大。从图 4-10 可以看出，河南规模以上电子信息产业的营业收入总体呈上升趋势，2018 年有所下滑，但 2022 年增加到最大值 7935 亿元，实现了跨越式增长，营业收入从 2021 年的全国第九位上升至 2022 年全国第七位。河南规模以上电子信息产业的利润总额波动增长，从 2012 年的 56.73 亿元增长至 2021 年的 185.58 亿元，经济效益明显增加，资产总额整体上升趋势明显，从 2012 年的 1235.09 亿元增加至 2021 年的 4511.15 亿元，中间略有波动。2021 年规模以上电子信息产业利润总额比上年增长 54%，增速比全国高 10 个百分点。

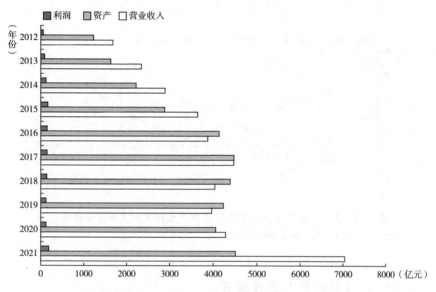

**图 4-10　2012～2021 年河南省电子信息产业规模情况**

资料来源：相关年度《河南统计年鉴》。

随着电子信息产业的快速发展，河南规模以上电子信息产业的企业数量不断增加，从 2012 年的 192 个增加到 2021 年的 371 个，平均从业人员从 32 万余人增加到 44 万余人，行业规模不断扩大。随着河南省电子信息产业企业数量占比逐渐增加，主要产品产量也不断增加，其中移动通信手持设备从 2012 年的 6853.56 万台增加到 2022 年的 15622.6 万台，产量约占全国的十分之一，中间略有下滑，但总体趋于平稳。2022 年，电子计算机整机产量达到 141.99 万台，比 2021 年的 57.16 万台增加了 84.83 万台，增长较快；微型计算机设备产量为 97.19 万台，集成电路产量也增加到 1277 万块，产品生产规模逐渐扩大。

在河南电子信息产业快速发展的过程中，固定资产投资也不断增长。2017～2022 年，河南电子信息产业固定资产投资年均增长 13.3%，高于河南工业固定资产投资年均增速 4.1 个百分点，占工业投资的比重逐年上升，对河南工业发展起到了重要作用。2022 年，河南电子信息产业固定资产投资同比增长 25.9%，比全国电子信息产业固定资产投资增速高 7.1 个百分比，两年平均增长 29.85%（见图 4-11）。从发展变化看，河南电子信息产业预期持续向好，投资速度持续加快，规模不断扩大。

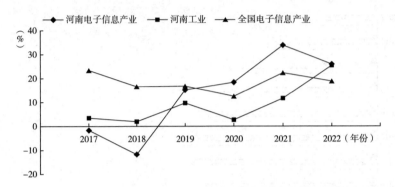

**图 4-11　2017~2022 年河南省电子信息产业固定资产投资增速情况**
资料来源：相关年度《河南统计年鉴》。

## （三）技术创新能力显著提升

随着发展和创新投入，河南电子信息产业创新能力持续提升，研发（R&D）经费投入增长较快，科研人员数量稳步增加。2015~2021 年，河南电子信息产业的研发人员从 8809 人增长到 22880 人，R&D 经费内部支出从 12.23 亿元增长到 51.05 亿元，年均增长 26.9%（见图 4-12）。新产品销售收入增减情况可以体现技术创新的投入与产出，2021 年河南电子信息制造业新产品销售收入达到 2434.34 亿元，同比增长 3.7%。河南电子信息制造业在技术研发产出方面的发展也较为迅速，取得了明显成效，专利申请数量和有效发明专利数量不断增加，2021 年河南电子信息制造业申请专利数量为 1817 件，有效发明专利数量达到 1373 项，河南省电子信息制造业技术创新能力显著增强。

## （四）对外贸易出口有所回落

近年来，河南电子信息产业快速发展，对外贸易出口不断上升，但受疫情和国际形势的影响，河南电子信息产业出口有一定程度下降。2022 年，河南电子信息产业主要出口产品是笔记本电脑、手机、集成电路等。据郑州海

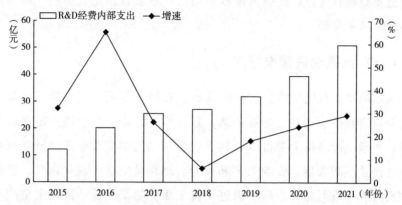

**图 4-12  2015~2021 年河南省电子信息产业 R&D 经费内部支出及增速情况**
资料来源：相关年度《河南统计年鉴》。

关数据，2022 年，河南省出口笔记本电脑 0.49 万台，同比下降 59.2%，出口额为 186 万元，同比下降 78.1%；出口手机 7042.55 万台，同比下降 13.2%，出口额为 2547.9 亿元，同比下降 6.6%，占全省出口总额的 48.8%；出口集成电路 5335 万块，同比下降 20.5%，出口额为 16.85 亿元，同比上升 9.4%（见表 4-3）。受疫情和全球智能消费电子产品需求下滑的影响，河南电子信息产业主要产品出口有所回落。

**表 4-3  2018~2022 年河南出口商品情况**

| 年份 | 笔记本电脑 | | 手机 | | 集成电路 | |
|---|---|---|---|---|---|---|
| | 数量（万台） | 金额（亿元） | 数量（万台） | 金额（亿元） | 数量（万块） | 金额（亿元） |
| 2018 | 5.22 | 0.280 | 12620.15 | 2115.8 | 1713 | 0.69 |
| 2019 | 2.20 | 0.056 | 12450.8 | 2183.5 | 655 | 0.28 |
| 2020 | 4.50 | 0.460 | 9210.9 | 2314.8 | 1102 | 3.64 |
| 2021 | 1.20 | 0.085 | 8111.34 | 2727.2 | 6715 | 15.40 |
| 2022 | 0.49 | 0.0186 | 7042.55 | 2547.9 | 5335 | 16.85 |

资料来源：郑州海关相关年度数据统计。

## 二  河南加快电子信息产业发展的做法与经验

河南高度重视电子信息产业的发展，将电子信息产业作为换道领跑战略的重要支撑，重点培育电子信息产业。近年来，河南采取各项措施，不断推进重点项目建设，使得河南电子信息产业实现跨越式突破，助推河南制造业高质量发展。

## （一）抢抓机遇精准招商

河南高度重视电子信息产业的发展，支持各地围绕重点领域，加大龙头企业培育和招引力度，抢抓机遇，通过精准招商、产业链招商和以商招商等，积极引进高精尖项目以及具有较强带动力的龙头企业，推动河南电子信息产业不断发展，影响力不断提升。郑州航空港区获批以来，紧抓机遇创新开展一系列招商，成功引进了富士康、超聚变等一批链主型产业项目，吸引领胜科技、郑州合晶、东微电子、华锐光电等企业，填补省市高科技项目的产业空白，形成了链式发展集群效应。在 2022 年豫粤电子信息产业对接活动中，与深圳签约 31 个项目，引进一批高端项目落户河南，给河南电子信息产业带来新的增长机遇。2022 年世界传感器大会在郑州举办，河南签约了 42 个项目，引进科技孵化和制造业类项目，加快传感器核心器件、科技成果转换和产业应用方面的发展，为河南传感器产业的发展增添新动能。随着电子信息产业的发展，河南加大开放招商力度，找准补链延链强链方向，以引进龙头企业为核心，抓项目落地为根本，引进了一批龙头型、基地型项目，精准招商工作成效明显，带动河南电子信息产业高质量发展。

## （二）精准施策补链延链

河南将电子信息产业作为换道领跑战略的重要支撑，先后出台智能传感器、智能终端、新型显示等行业行动方案，对行业发展多次做出批示；制定出台专门的电子信息产业链现代化提升方案，建立完善产业链协同推进机制；出台集成电路产业发展行动方案，成立河南省科学院集成电路研究所，加快建设全国新兴集成电路产业高地；出台《河南省鲲鹏计算产业发展规划》，布局完整生产链条，集聚产业链配套企业，打造形成协同发展的空间链区域布局，针对产业链短板，精准施策，推动产业链不断延伸。通过持续的政策发力和产业培育，狠抓项目开工投产达效，做好稳链补链强链，打造河南电子信息产业发展的良好生态。

## （三）构建平台强化优势

河南积极打造创新载体平台，强化发展优势，为电子信息产业的发展提供新动能。建设关键技术平台，高水平举办 2022 年世界传感器大会，建设微机电系统（MEMS）研发中试平台，推进智能传感器"一谷多点"快速发展。依托河南省科学院集成电路研究所等创新平台和龙头企业，创建一批集成电路特色园区，打造成为特色芯片制造基地以及全国重要的集成电路材料供给地。打造省级创新平台，河南省有很多高校、科研院所和创新机构，如中电科 27 所、嵩山实验室、郑州大学、河南工业大学、中原工学院等，理论研究优势明显，成立河南省智能传感器创新中心、河南省智能传感器产业研究院、河南省智能传感器中试基地等，着力打造一批创新平台，推动河南电子信息产业高质量发展。

## （四）打造集群聚链强链

河南大力推进电子信息产业集群建设，发挥中部地区先进制造业基地作用，聚焦电子信息产业优势，因地制宜推进制造业链式集聚、区域协调发展，加快形成区域产业差异化、特色化发展载体。河南大力培育黄河鲲鹏和超聚变等项目，产生集聚效应，吸引了产业链上下游加入，集群蓄能。郑州智能传感器产业集群进入全国百强产业集群，目前产业主要集中在郑州、洛阳、新乡、南阳等地，拥有汉威科技、新天科技、日立信等 20 家规模超亿元的企业，部分相关产品在行业内处于领先地位。河南省以郑州航空港智能终端产业（手机）集群为核心，带动形成周边各地市相关配套产业协同发展的产业格局，打造河南电子信息产业优势产业集群。

# 第五章　河南传统产业升级稳步推进

我国传统产业体量大，是制造业体系的重要组成部分，在制造业中占比超过80%，其改造升级直接关乎现代化产业体系建设全局。狠抓传统产业转型升级决不能搞"一退了之"，必须优化产业政策、实施产业基础再造工程、锻造新的竞争优势，从而提升其在全球产业分工中的地位和优势。河南是内陆大省，传统产业转型升级是促进内陆资源型城市可持续发展的必然之路。《河南省"十四五"制造业高质量发展规划》将材料、装备、汽车、食品、轻纺作为重点发展的五大传统产业，并印发《河南省加快传统产业提质发展行动方案》，要求充分发挥河南省资源、规模、劳动力等优势，推动材料、装备、汽车、食品、轻纺向高端化、智能化、绿色化、服务化转型，实现高位嫁接，加快短板产业补链、优势产业延链、传统产业升链、新兴产业建链，让传统产业向现代化转型、低端产业向高端化升级，构筑"以传统产业为基础、新兴产业为支柱、未来产业为先导"的先进制造业体系。

## 第一节　河南传统产业发展总体概况

河南自然资源丰富、劳动力密集，传统产业基础扎实、实力雄厚，但存在产业相对饱和、低成本优势渐失、内生动能不足等问题。面对传统产业"夕阳之殇"的困境，河南既要做大总量，又要做优结构，亟须对传统产业改造升级。通过高位谋划、长远布局，河南以制造业高质量发展为主攻方向，以深化供给侧结构性改革为主线，实施换道领跑战略，加快新旧动能转换，发展高端制造业和新兴产业，着力构建现代化产业体系。

# 一 河南传统产业发展现状

## (一) 体量庞大基础扎实

河南传统产业规模优势和基础优势突出,长期居于主导地位,是实体经济的中流砥柱,是制造业的核心。2022年,以食品、装备、汽车、材料、轻纺为重点的五大传统产业增加值占全省规上工业增加值的比重高达46%。其中,食品产业是河南第一大万亿元级产业,总量稳居全国第二。2022年,食品产业增加值占规模以上工业增加值比重达13.4%,对规模以上工业增长的贡献率达13.3%。规模以上食品工业企业实现营业收入7185亿元,占规上工业营业收入的11.9%。装备制造业是河南第二大万亿元级产业,2022年产业增加值占规模以上工业增加值的比重达12.1%,拥有电气装备、农机装备、矿山机械、盾构装备、起重机械五大领域优势。河南汽车产业规模不断扩大、产品结构持续优化、产业集聚度不断提升,2022年,产业增加值占规模以上工业增加值的比重达2.7%(见图5-1),规模以上汽车及零部件企业有600余家,年产整车超过58.6万辆,产业规模达到2600亿元。河南材料产业起步较早,主业突出,2022年规上企业6146家,主营业务收入17896亿元,占全省规上工业主营业务收入的29.7%。河南是有名的轻纺大省,全省有近50个县域在重点发展轻纺产业,2021年轻纺产业规上企业1990家,同比增长11.7%;营业收入2982.09亿元,同比增长8%;规上企业年产值超过4000亿元,占全国纺织工业年产值的9%,总量位居全国第六、中部六省第一。其中,棉纱产量位居全国第二,制革产量位居全国第五,服装、皮毛和制鞋产量位居全国第六,布和化纤产量位居全国第八,形成了包括纺纱、化纤、织布、染整、服装、家纺、纺织机械等较为完整的产业链。2012~2021年河南轻纺产业不同类别规上企业营业收入情况如图5-2所示。

## (二) 提质增效初见成效

随着产业规模不断扩大,河南实施换道领跑战略,依托新一代信息技术,采用延链补链、智能化改造等手段高位嫁接,推动传统产业改造升级,形成"新制造",实现质量效益双提升。例如,钢铁、焦化、纺织服装等产

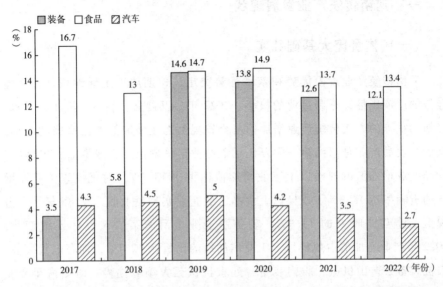

**图5-1 2017~2022年河南食品、装备、汽车产业增加值占规模以上工业增加值比重**
资料来源：2018~2022年《河南统计年鉴》。

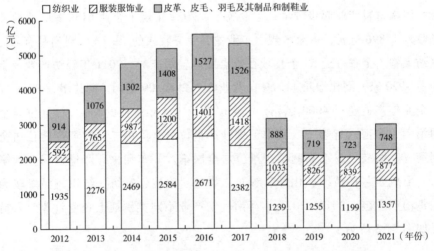

**图5-2 2012~2021年河南轻纺产业不同类别规上企业营业收入**
资料来源：2013~2022年《河南统计年鉴》。

业通过数字化转型实现"脱胎换骨"式升级；中信重工基于"5G+工业互联网"打造离散型重型装备智能工厂；中铁装备和大信整体厨房入选首批

服务型制造示范企业；万杰智能由面制主食装备生产企业成功转型为智能面馆服务商。2022 年，河南省食品产业利润总额为 423.46 亿元，利润率为 5.9%，位列五大传统产业第一；装备制造产业利润总额为 415.01 亿元，利润率为 5.5%，位列第二。从规模以上工业产品来看，河南提质升级传统汽车产业，加快布局发展新能源汽车，2022 年全省汽车产量为 55.31 万辆，同比增长 4.8%。其中，SUV 产量为 18.29 万辆，同比增长 26.2%；新能源汽车产量为 9.6 万辆，同比增长 58.7%（见表 5-1）。

表 5-1　2022 年河南规模以上汽车产量及增长速度

| 产品名称 | 2020 年 | | 2021 年 | | 2022 年 | |
| --- | --- | --- | --- | --- | --- | --- |
| | 产量（万辆） | 增速（%） | 产量（万辆） | 增速（%） | 产量（万辆） | 增速（%） |
| 汽车 | 54.66 | -23.5 | 52.79 | -3.4 | 55.31 | 4.8 |
| 其中：SUV | 18.61 | -38.5 | 14.49 | -22.1 | 18.29 | 26.2 |
| 新能源汽车 | 5.02 | -25.5 | 6.05 | 20.5 | 9.60 | 58.7 |

资料来源：2020~2022 年《河南省国民经济和社会发展统计公报》。

## （三）基础能力稳步提升

河南依托良好的产业基础和资源禀赋优势，形成了传统的资源型、初级加工型产业结构。以有色金属工业为例，河南栾川被誉为"中国钼都"，已探明有丰富的钼矿资源，钼储量占全国总储量的三成，成为我国钼工业最重要的生产基地。围绕能源、冶金、化工、建材、机械、轻纺、食品、汽车等领域，河南实施产业基础再造工程和重大技术装备攻关工程，产业基础能力大幅提升，基础配套领域形成一批创新成果；突破了一批基础零部件、基础电子元器件、基础材料、基础软件、基础工艺、产业技术基础等短板，部分重大技术装备达到世界领先水平，促进产品创新升级和规模应用。河南充分发挥区位和交通优势，布局产业链、谋划供应链，建设空中、陆上、海上、网上协同并进的对外开放新格局，支持老工业基地和资源型地区转型发展，全面推进产业集聚区"二次创业"，打造高能级产业载体，对传统产业进行"脱胎换骨"式改造升级，构建了先进制造业体系。

## （四）优势集群建设提速

河南传统产业经过多年快速发展，形成了比较完备的产业体系和一批特色优势集群。目前已建成食品和装备制造两个万亿元级产业集群和 18 个千亿元级产业集群。例如，食品产业形成了漯河肉类食品产业集群和郑州速冻食品产业集群；纺织服装形成了商丘睢阳童装、睢县休闲运动鞋、新乡长垣职业装、周口项城医护服、周口鹿邑羊毛衫、濮阳台前羽绒服等特色产业集群；材料产业形成了洛阳、巩义、鹤壁等有色金属基地，郑州、洛阳等耐火材料基地和半导体材料与元器件集群，郑州、许昌、商丘、南阳等超硬材料研发生产基地，濮阳、济源、平顶山、驻马店等高分子化工材料集聚区；汽车产业形成了以郑开汽车产业带为核心，以洛阳、安阳、焦作、商丘、许昌等地为支撑，从原材料到核心零部件，再到整车、配套设备、物联网的汽车产业链。河南充分发挥产业聚集效应，聚焦创新、人才、标准、品牌、设计、上市等，推动传统特色产业集群发展壮大、转型升级，拉动各地经济持续快速发展。2022 年全国纺织产业集群名单（河南省）如表 5-2 所示。

表 5-2　2022 年全国纺织产业集群名单（河南省）

| | | |
|---|---|---|
| 中国纺织产业基地市（县） | 河南省商丘市夏邑县 | 中国新兴纺织产业基地县 |
| | 河南省信阳市淮滨县 | 中国新兴纺织产业基地县 |
| | 河南省周口市太康县 | 中国新兴纺织产业基地县 |
| 中国纺织产业特色名城 | 河南省郑州市新密市 | 中国品牌服装制造名城 |
| | 河南省安阳市 | 中国针织服装名城 |
| | 河南省南阳市新野县 | 中国棉纺织名城 |
| | 河南省信阳市光山县 | 中国羽绒服产业名城 |
| | 河南省驻马店市西平县 | 中国服装制造名城 |
| 中国纺织产业特色名镇 | 安阳市北关区柏庄镇 | 中国童装名镇 |
| | 南阳市邓州市穰东镇 | 中国女裤名镇 |

资料来源：中国纺织工业联合会。

## 二 河南传统产业发展面临的制约因素

### (一) 资源依赖度较高

河南资源型城市较多，在全国 262 个资源型城市中，河南共有 15 个。在资源种类上，煤炭、钢铁产能居全国前列；钼、金、铝、银四大金属矿产丰富；超硬材料产量占到全国八成。河南长期依靠资源开采推动经济增长，产业结构存在明显的资源依赖特征，多是一些靠山吃山的粗放型资源加工产业和以廉价劳动力为基础的劳动密集型产业，产品停留在粗加工阶段，附加值较低，重工业和资源型工业占比较大，重型化特征明显，造成产业发展处于低端，高端终端产品少，生产性服务业支撑力弱，新兴产业发展缓慢。受资源过度开采和粗放发展的影响，单纯依赖资源的负效应逐步显现，河南面临资源枯竭、产业结构单一、污染防控压力较大、可持续发展动力不足的"瓶颈"，传统产业转型升级迫在眉睫。

### (二) 数字化转型处于初级阶段

近年来，受土地、劳动力、环境等多重因素制约，传统发展方式支撑作用明显不足，数字化转型成为发展趋势。河南大力实施数字化转型战略，以数字赋能传统产业发展，虽然取得了一些成效，但是与发达省份相比，传统产业数字化、智能化水平依然不高，仍处于起步探索阶段，具体表现为以下几个方面。一是数字基础设施薄弱，技术基础建设投入少，核心平台支撑能力不足，各类工业互联网平台较少，跨部门、跨层级的信息共享程度较低，开发利用不足，导致系统不同构、工具不互通、数据不共享等。二是区域间、行业间发展不平衡，除部分行业的头部企业取得了较明显的进展外，其他传统密集型低端产业、中小型企业受规模发展效益和数字化需求分布零散等影响，数字化转型步伐缓慢，数字化水平整体偏低。三是数字人才资源紧缺，相较于发达省份，河南对人才的吸引力不足，人才队伍结构性矛盾突出，复合型高端人才缺口较大，培养体系不健全，无法满足数字化转型的要求，发展数字经济的智力支撑亟待强化。

### （三）产业链韧性不足

河南省传统产业多位于产业链中上游、价值链中低端，产业延伸度不够，短链、断链现象普遍存在。以铝产业为例，河南铝产业发达，优势突出，但集中在氧化铝、电解铝上，深加工企业少，终端产品缺乏，且电解铝企业和深加工企业关联度低，产业链对接优势没有发挥出来。同时，省内产业链供应链联动协同水平不高，传统产业与新兴产业、制造业与服务业、中上游产业与下游产业等缺乏关联性，本地化适配率不高，阻碍了产业链供应链的发展。尽管有宇通集团、中信重工、中铁装备、郑煤机等一批优秀的头部企业，但带动效应有限，上下游关联度不够紧密，企业规模、创新能力、品牌影响力、国际竞争力与发达省份相比还有一定差距。市场以中小型企业为主，抗风险能力和产品、市场开发能力较弱。在产业链抱团发展的情况下，龙头企业资源整合、供需匹配、降本增效能力缺乏，难以发挥链主优势和掌控力。

### （四）创新要素匮乏

河南相比广东、浙江、江苏等工业强省，传统产业科技创新能力不强，主要体现在以下几个方面。一是研发投入不高，2021年河南R&D经费投入为1018.8亿元，位居全国第十，R&D经费支出占地区生产总值的比重为1.73%，低于全国平均水平（2.44%）。二是郑州市国家级研发机构、重点实验室、工程研究中心等创新平台与西安、武汉、长沙、合肥等同类城市相比差距明显，核心技术层次和技术装备总体水平不高，技术对外依存度高达70%以上。三是前沿技术人才、高层次创新领军人才不足，本土高端人才外流现象严重；产学研合作不够紧密，创新创业效能不高，科技成果转化率偏低。四是产业生态质量不优，现有创新政策体系不够健全，营商环境对创新要素的吸引不足，缺乏创新创业需要的风险投资、孵化服务、工业设计、数字创意、互联网平台等新要素，产业结构升级缓慢。

## 第二节　河南传统产业转型升级面临的机遇与挑战

新一轮科技革命兴起为产业换道领跑提供了历史机遇，传统产业得到革命性重塑。尤其是"十四五"时期，河南处于质量变革、效率变革、动力变革的关键期，处于数字赋能、智能提升、绿色低碳的加速期，处于产业基础高级化、产业链现代化水平提升的攻坚期，但也面临着"大而不强、大而不优、大而不新"的问题，产业转型升级面临严峻的挑战。二十届中央财经委员会第一次会议指出，坚持推动传统产业转型升级，不能当成"低端产业"简单退出，必须着力补强产业链薄弱环节，锻造新的产业竞争优势，提升传统产业在全球产业分工中的地位和竞争力。新形势下，河南紧抓发展机遇、主动迎接挑战，加快产业更新换代，推动传统产业高位嫁接、转型升级、提质发展，重塑竞争新优势。

## 一　河南传统产业转型升级新机遇

### （一）专项政策措施支撑传统产业转型升级

国家高度重视传统产业转型升级，出台了一系列专项政策和举措。国家层面上，"十四五"规划提出要改造提升传统产业，促进数字技术与实体经济深度融合，赋能传统产业转型升级。其中，在装备制造领域，相继出台了《"十四五"智能制造发展规划》《环保装备制造业高质量发展行动计划（2022—2025 年）》等规划纲要，以提升装备制造业数字化水平和智能化能力，加快高端装备制造业发展；在汽车领域，为推动新能源汽车产业高质量发展，加快建设汽车强国，国务院办公厅印发了《新能源汽车产业发展规划（2021—2035 年）》，并进一步出台关于车辆购置税、充电桩、动力蓄电池等的政策措施，扩大汽车消费；在食品领域，《绿色食品产业"十四五"发展规划纲要（2021—2025 年）》指出要全面提升绿色食品产业发展水平，《关于培育传统优势食品产区和地方特色食品产业的指导意见》立足区域资源禀赋和独特饮食文化，建设现代食品产业体系，培育发展新动能。

省级层面上，《河南省"十四五"制造业高质量发展规划》提出要提质发展 8 个传统产业、培育壮大 7 个新兴产业、前瞻布局 6 个未来产业，构筑以传统产业为基础、新兴产业为支柱、未来产业为先导的先进制造业体系。河南省政府为推动传统产业高位嫁接、转型升级、提质发展，发布了《河南省加快传统产业提质发展行动方案》，聚焦材料、装备、汽车、食品、轻纺五大产业，实施"六新"工程，为建设先进制造业强省提供坚实支撑。随后，各个产业又相继出台了一系列计划方案，如《河南省加快材料产业优势再造换道领跑行动计划（2022—2025 年）》《河南省农机装备补短板行动方案（2022—2025 年）》《河南省加快预制菜产业发展行动方案（2022—2025 年）》《河南省加快钢铁产业高质量发展实施方案（2023—2025 年）》《关于进一步加快新能源汽车产业发展的指导意见》《河南省数字化助力消费品工业"三品"行动方案（2023—2025 年）》等。同时，《河南省建设制造强省三年行动计划（2023—2025 年）》也进一步明确要加快传统产业转型升级和换道领跑，努力把河南省建设成为全国重要的先进制造业强省。

### （二）数字化、智能化赋能传统产业转型升级

数字经济时代下，人工智能、5G、云计算、区块链等数字化、智能化技术正成为我国经济高质量发展和生产力跃升的重要引擎，数字产业化和产业数字化正赋能传统产业转型升级，对经济发展的放大、叠加、倍增作用明显增强。河南作为经济大省，大力发展数字经济，实施数字化转型战略。2022 年，数字经济对河南经济增长的贡献率超过 70%，数字产业化规模突破 2800 亿元，推动河南省弯道超车、换道领跑、全方位振兴。河南省政府工作报告对打造 5G 精品网络、建设千兆网络示范省、发展算力基础设施、壮大数字经济核心产业等工作做出了具体部署。河南省第十一次党代会提出坚定把数字化转型作为赢得优势、赢得主动、赢得未来的战略之举，要求构建数字基建、数字产业、数字赋能、数字治理、数字生态"五位一体"的数字化转型新格局。在此背景下，河南省加快建设国家大数据综合试验区、大数据产业园，落地一批数字经济国家级创新平台，打造"5G+工业互联网"，依托智能化技术驱动产业链转型升级，运用数字技术不断改善制造业生产中的薄弱环节，推动产品迭代升级和技术创新，以数智化赋能传统行业全方位全链条改造，为建设数字强省提供强劲动能。

### （三）国家战略叠加引领传统产业转型升级

面对国家构建新发展格局战略机遇、新时代推动中部地区高质量发展政策机遇、黄河流域生态保护和高质量发展历史机遇这三大战略机遇在河南省的叠加布局，河南在全国大局中的战略优势明显上升，发展空间大大

拓展。全省上下把握新发展阶段，贯彻新发展理念，紧抓新发展机遇，立足产业基础和区位市场优势，以新型工业化为依托，统筹推进新产品、新技术、新商业模式为导向的新产业发展路径，数字化、网络化、智能化赋能的效率变革路径，双支柱创新体系支撑的技术创新路径，新人才、新知识、新型基础设施增加供给的要素升级路径，加快建设以实体经济为支撑的现代化产业体系。同时，随着国家对中部地区的扶持力度不断加大，河南聚力转型创新发展，坚持做大总量和调优结构并重、提升传统产业与培育新兴产业并举，全面打响转型发展攻坚战，初步形成错位发展、优势互补格局，促进中部地区加快崛起。此外，河南聚焦建设黄河生态经济带，强化各地产业支撑，推动产业基础优势向产业链供应链优势转变，承接新兴产业布局和转移，推动沿黄优势制造业绿色化转型、智能化升级和数字化赋能，加强制造业和服务业融合，为黄河流域高质量发展提供保障。

## （四）独特区位优势助力传统产业转型升级

河南处于连接东西、贯穿南北的战略腹地，是全国的区位中心和交通枢纽。河南拥有航空经济，郑州机场航线网络覆盖全球；拥有高铁经济，在全国率先建成"米"字形高铁网；拥有陆港经济，是全国五个中欧班列集结中心之一；拥有临港经济，钢铁、造船等临港产业集群蓄势崛起，形成贯通水陆空、连通境内外、辐射东中西的立体交通网络体系。同时，河南充分利用区位优势，布局一批高端前沿产业，推动传统产业升级。依托京港澳综合运输通道，以郑州、安阳、鹤壁、新乡、许昌、漯河、驻马店、信阳等枢纽城市为主要节点，加强与京津冀、粤港澳产业合作，建设以高端制造业和现代服务业为支撑的通道经济带；以洛阳为中心，带动三门峡、济源等老工业基地转型，加大技术改造力度，推动传统产业提质增效，促进优势产业链向高附加值环节延伸；凭借鹤壁、焦作等资源型地区发挥原材料基础优势，引进精深加工企业，实现产业整合和资源就地转化；依托郑州航空港区综合开放优势，集聚高端资源，建设全国重要的智能终端产业基地。河南努力把握变革中的历史机遇，通过推动交通区位优势向枢纽经济优势转变、内需规模优势向供需协同优势转变、产业基础优势向产业链供应链优势转变，力争在新一轮区域竞争中脱颖而出。

## 二 河南传统产业转型升级新挑战

### （一）技术升级与产业变革加速发展

随着科技的飞速发展，以大数据、互联网、云计算、人工智能等为核心的新一代信息技术正加速推动产业结构调整和生产方式变革，传统产业面临技术更新缓慢、关键核心技术依赖进口、高端产业基础能力薄弱等前所未有的挑战，亟须适应新的技术变化趋势。与发达国家完全机械化的现代化大生产相比，我国传统产业多依靠简单的机器生产和工人手工生产相结合，数字化、智能化与传统生产方式融合不够紧密，一些企业满足于自身发展现状，担心数字化转型投入太大影响当前效益，对推进数字化转型的积极性不高。河南传统产业发展一方面面临技术创新和改造升级的压力；另一方面，新兴产业以高科技为基础，凭借高效灵活的特点，逐渐改变产业结构，促使传统产业主动迎接挑战，通过科技革命进行现代化改造。

### （二）环境保护和可持续发展的要求

党的二十大报告提出，积极稳妥推进碳达峰碳中和，是破解资源环境约束、推动经济结构转型升级、实现可持续发展的迫切需要。当前，我国传统能源利用效率与发达国家相比仍有较大差距，石油、天然气和部分矿产资源对外依存度高，生产过程产生的大量废气、废水和固体废弃物造成严重的环境污染，生产生活方式绿色低碳转型存在多重困难挑战。河南工业经济增长主要依靠资源的消耗，工业发展质量效益较低，重型化特点使工业发展受资源与环境约束较为明显、生态环境保护压力更加突出，传统的发展模式已无法满足当代社会需求，需要适应环境保护和可持续发展的新要求。在节能减排和生态环境变化的挑战下，落实"双碳"目标，减少污染排放、降低能耗、推行循环经济和绿色制造、发展清洁生产，以及推动钢铁、有色、石化、化工、建材等传统产业向绿色低碳可持续发展势在必行。

### （三）消费习惯和市场需求不断变化

随着消费结构的不断更新和升级，大众消费习惯和需求也在加速变化，对于产品的个性化、差异化和定制化要求越来越高。一些传统行业一味追求简单粗放、面广式扩张，产品靠跟风模仿，缺乏创新性多样性，面临市场需求减少并逐渐被市场淘汰的危机。倘若传统企业缺乏敏锐的市场洞察力和快速应变能力，无法提供符合市场潮流和消费者需求的产品，对新技术、新产品的研发和应用缺乏投入，就会错过市场机遇，逐渐失去消费者的信任和市场份额。传统产业不意味着就是落后产业，关键是要认识到市场需求正从侧重产品数量转向侧重产品质量，从侧重物质消费转向侧重精神与服务消费，从侧重满足基本生存需求转向注重追求人的全面发展。需求的这种转变对传统产业在设计、生产、供应链、营销和商业模式等方面的创新转型带来巨大挑战。

### （四）比较优势弱化，区域间竞争升级

当前，我国经济发展进入新常态，由高速增长阶段转向高质量发展阶段。长期支撑我国经济高速增长的劳动力、土地、矿产资源等生产要素低成本优势开始减弱，依靠大规模增加要素投入、透支资源环境支撑经济增长已变得越来越困难。在原材料价格、劳动力成本、土地租金"三上升"和资金供给、环境资源、土地供给"三约束"的背景下，依靠资源禀赋发展工业的河南逐渐丧失比较优势，面临着上游投入缺乏、下游需求萎靡、加工制造分散转移的压力，导致河南省高端产品供给不足、低端产能过剩等供需结构失衡的问题。尤其是在经济全球化的趋势下，来自其他国家和地区的竞争对手进入传统制造业市场，发达国家以核心技术和资本积累长期占据价值链高端环节，国内沿海地区以及新兴工业大省在资本、人才、技术、交通领域的优势逐渐突显，造成了激烈的价格竞争和产品同质化竞争。尽管河南传统产业基础条件较好，但仍处于全球价值链末端，技术依赖进口、产品创新能力薄弱、产业链条不完整、品牌影响力不足，大多数企业仍以初级产品、代工组装为主，在国际竞争和区域产业竞争中处于不利地位，倒逼河南传统产业优化结构、转型升级。

## 第三节　河南传统产业转型升级的做法与经验

河南传统产业门类众多，包括能源、冶金、化工、建材、机械、轻纺、

食品等，为河南经济发展奠定了重要基础。近年来，传统产业原有的比较优势日渐丧失，面临巨大的转型压力。河南始终秉承新发展理念，实施换道领跑战略，通过高位嫁接形成"新制造"，大力培育新技术、新工艺、新赛道、新产品、新业态、新模式，推进传统产业向高端化、智能化、绿色化、服务化转型，依托数字技术对传统产业进行全要素、全流程、全产业链改造，以工业设计为载体、以产业发展为动力、以产业链集群为抓手，赋能传统产业结构优化、动能转换、方式转变，推动传统产业"老树发新芽"，重焕生机与活力。

## 一 依托传统产业培育壮大新兴产业

### （一）聚焦改造提升，推动新产品、新业态升级

在经济高质量发展的新形势下，传统产业改造提升是高质量发展的必由之路。河南突出传统产业改造与新兴产业培育并重，推进产业结构优化和发展能级提升。

一是依托基础材料发展高端"新材料"。河南在金属材料、超硬材料、尼龙材料等领域比较优势明显，引导钢铁、有色、化工等行业向先进金属材料、先进合金材料、精细化工和化工新材料等方向发展，形成了一批具有国际竞争力的产业集群和研发基地，增强了高精尖新材料产品供给能力，推动"原字号"向"新字号"材料转型升级。二是依托传统装备转型智能"新装备"。如我国农机龙头企业中国一拖，拥有国内农机领域唯一的国家级制造业创新中心，自主研发的无人驾驶拖拉机性能堪比国外同类产品。中信重工坚持"双轮驱动"，推动新旧动能转换，在夯实原矿山机械制造基础的同时，在工业CT、特种机器人等高新技术领域开辟新赛道，依托矿山装备工业互联网平台，实现了人、机、物全面互联互通，"核心制造＋综合服务"新型商业模式促使企业从主机供应商向成套服务商转型。三是依托汽车产业打造造车"新势力"。河南发挥客车整车企业优势，推动传统汽车产业向新能源和智能网联汽车转型，如引进比亚迪新能源汽车项目、建设宁德时代洛阳新能源基地、打造奇瑞汽车河南生产基地和研发基地，招商引资新能源汽车、电池和零配件项目，不断突破电池、电机、电控等共性核心技术，发展高品质汽车零部件，建立了完善的

产业配套体系，在产品端、制造端占据产业高位。四是依托轻纺食品创建时尚"新品牌"。河南大力提升服装、家纺创意设计能力，引进开发高技术高附加值新品种，提高家具、厨卫、小家电等产品的档次和知名度；打造肉制品、面制品、乳制品、冷链食品、休闲食品和特色功能食品六大产业链，实现由"国人厨房"向"世界餐桌"跨越，如三全从生产中国第一颗速冻汤圆、第一个速冻粽子开始，不断加强关键技术创新和生产、包装、堆码、储藏等关键环节智能化改造升级，快速扩张市场，已成长为全国最大的速冻食品企业。

**（二）聚焦品牌质量，推动高端化、绿色化转型**

聚焦高端化，河南以"三个转变"为引领，坚持高端制造，推动产业基础高级化、生产高质量产品、优化高品质服务，打造本土品牌，提升品牌价值和国际影响力；加强数据、设计、基金、高技能人才同步引育，建成完善的高端人才支撑体系。聚焦智能化，河南推进智能制造工程，大力发展智能终端、智能家电、智能网联汽车、智能服务机器人、智能玩具等智能新产品，以智能产品为载体促进跨行业跨领域交互融合，新增智能车间智能工厂150家、智能制造标杆企业10家，促进产业模式和企业形态根本性变革。聚焦绿色化，河南发布实施《河南省工业领域碳达峰实施方案》《河南省制造业绿色低碳高质量发展三年行动计划（2023—2025年）》，推进钢铁、有色、化工、建材等产业链绿色化改造；统筹推进省级碳达峰试点建设，示范引领制造业绿色低碳发展；提高资源的综合利用率，建立再生资源回收利用系统，推动传统产业绿色提质发展。

**（三）聚焦培育上市，推动资本化、集群化转型**

河南加快企业梯度培育，引导行业龙头企业、领军企业延链补链、做大做强、上市挂牌，引导中小企业走创新型、专精特新、"小巨人"发展之路。一是实施"头雁"企业培育行动，推动创新能力强、内生动力足的骨干企业和潜力企业成长为新的链主和"头雁"，引进一批国家级技术创新示范企业和"独角兽"企业、专精特新、隐形冠军企业等，壮大创新主体，加速晋档升级，引导传统企业对标世界一流成为行业领导者。二是推进全省企业上市工作，强化上市后备企业资源库建设、完善企业上市培育制度、推进企业股份制改革，充分发挥资本市场的优势，使河南省能源、冶金、建材、化学、轻纺等传统企业通过上市融资实现转型发展和提质增效，培育经济发展新动能。三是推动集群协同发展，支持老工业基地和资源型地区转型发展，如洛阳不断巩固传统产业基本盘、抢占"风口"产业新赛道，确定了耐火材料、智能农机装备、电子显示材料、新能源电池等 10 个重点发展的产业集群，引进宁德时代、大华科技、凯盛科技、深兰科技等一批"风口"产业龙头企业在洛布局，加速形成龙头引领、梯队协同、链群互动的产业集群发展格局。

## 二 依托数字技术助力新旧赛道转换

### （一）建好数字基础设施坚实底座

河南坚决夯实数字基础设施和数据资源体系，为传统产业数字化转型筑牢"数字底座"、打造"数字引擎"、锤炼"数字能力"。在"5G+"创新应用方面，截至 2022 年，河南 5G 基站总数达到 15.32 万个，居全国第 5 位，同比增长 57.8%。深入推进"5G+工业互联网"，开发了覆盖新材料、装备制造、冶金等十大行业的 139 个工业 App 和机理模型，建成安阳利源、郑州宝冶钢构、商丘新桥煤矿等智能车间、智能工厂，联合千业水泥、中信重工、中原内配等培育了一批 5G 示范标杆，形成"5G+无人矿山""5G+废钢判定""5G+智能盾构"等一系列国内首创解决方案，不断提升 5G 应用供给能力。在数据能力方面，河南建设国家超级计算郑州中心、中国（郑州）智能传感谷、洛阳大数据产业园等数据中心，依托郑州、洛阳、许昌、濮阳建设智能计算中心，搭建公共算力服务平台，以算力赋能和数据价值化为主体，推动传统基础设施智能化升级和数字化转型，全力打造绿色、低碳、集约、高效、智能的数字底座和算力"粮仓"。

### （二）推进数字产业生态融合共生

河南统筹推进数字产业化和产业数字化，为数字经济发展营造良好的产业生态和转型环境。一方面，河南立足计算终端和软件产业，大力发展物联网、云计算、大数据、数字内容等产业，拓展"数字+""智能+"应用领域，推动数据要素产业化、商业化和市场化发展；另一方面，河南突出数字化的引领、撬动、赋能作用，利用数字技术重塑传统产业生产流程、组织方式、商业模式和价值链分布，实现了传统产业全方位、全角度、全链条的改造，促进企业"上云用数赋智"全覆盖，打造了创新商业模式和平台的数字生态体系。卫华集团依托起重物流装备行业工业互联网向"装备+平台+服务"模式转型，构建起重行业新的后服务市场体系，促进起重行业向制造业服务化转型升级；万杰智能依托5G、物联网、大数据等技术，实现从面制主食装备生产企业向智能无人面馆服务商转型，推出智慧餐厅综合解决方案，创造了颠覆性场景和新产品。

### 三　依托设计赋能培育新品类新产品

#### （一）以设计平台优化产业生态

河南积极推动工业设计载体建设。一是发布实施了《设计河南建设中长期规划（2022—2035年）》《设计河南建设行动方案（2022—2025年）》《支持设计产业高质量发展的若干政策措施》等，营造了良好的发展环境，集聚设计创新资源、构筑设计发展高地、强化设计赋能应用，形成一套地域特色鲜明的设计产业新体系。二是在工业设计招商合作、供需对接、产学研合作等方面，河南积极开展产业转移对接活动、工业设计大讲堂、设计赛事、展会、行业交流等，培育产业创新思维、激发企业设计需求、遴选引领示范项目。三是建立了以工业设计中心为核心的创新体系，结合产业特点建设工业设计研究院，提升设计服务供给能力。如今，河南已培育认定了160家省级以上工业设计中心，规划建设了国家知识产权创意产业试点园区、中原工业设计城，聚集了郑州浪尖、飞鱼、一诺、沐客等200家设计类企业，重点传统产业研发设计能力明显提升。

#### （二）以设计创新带动产业创新

河南积极探索"设计+科技""设计+文化""设计+品牌"等新模式，通过工业设计赋能传统产业提质发展。一是坚持设计驱动创新发展，依托前沿科技、创新思维和创意内容，实现产业结构的优化，竞争优势的提升。例如，宇通客车通过设计引领，相继研发出高端商务用车"T7"、纯电动公交车"宇威"、自动驾驶巴士"小宇"等一批高颜值、高价值产品，用创新设计展现中国制造硬实力。二是深入挖掘传统文化资源,打造工业创意产品。以纺织服装为例,汝绣农民工返乡创业产业园通过生产大幅丝绣、双面绣、屏风、墙布、窗帘、鞋、包等创意产品,开拓国内外市场,提升汝绣品牌文化内涵,弘扬河南设计文化,助力汝绣纺织产业高质量发展。三是聚集设计力量,塑造特色品牌。全省基本形成以郑州为中心、其他省辖市多点支撑的设计产业集聚发展格局,涌现了一批创意设计园区,如郑州国家知识产权创意产业试点园区、芝麻街1958双创园、焦作市中原工业设计城等,打造一流设计品牌,实现产品设计、品牌培育、设计成果转化。

## 四 依托优势集群提升产业链竞争力

### (一)注重优势集群培育壮大

河南瞄准主攻方面,推进装备、食品、汽车、轻纺、钢铁、有色、建材、化工等传统产业集群化发展。一是立足各地市资源禀赋,找准定位,注重差异化、特色化。通过当地龙头企业带动一批专精特新中小企业和配套企业发展,实现"企业堆积"向"产业集群"转变,形成洛阳动力谷、中原电气谷、民权冷谷、长垣起重、郑州速冻食品等特色产业集群和"中国汝瓷之都"宝丰、"中国新兴纺织产业基地县"夏邑、"中国棉纺织名城"太康、"中国女裤名城"郑州、"中国针织服装名城"安阳等区域集群和知名品牌。二是创新赋能,布局新兴产业,优化集群培育生态。河南强化企业创新主体作用,实施新技术改造工程、攻克关键技术难关、建设高端创新平台、引育高层次人才、研发创新型产品,深入开展"万人助万企"活动,深化金融服务、用地保障、人才支撑、制度支持,营造市场化、法治化、国际化一流营商环境,推动传统产业向新兴产业转型升级。

### (二)强化传统产业链式发展

河南聚焦产业链实际,制定产业链现代化提升行动方案,着力培育重点产业链,构建了链式发展、产业聚力的良好格局。一是实行链长制,成立由省级领导任链长、省政府有关部门统筹推进的工作专班,确定产业链发展方向和目标任务,补齐产业链短板,突破关键领域,推动传统支柱产业优势再造。二是组织编制产业图谱、技术图谱、人才图谱和招商图谱,聚焦短板弱项，精准招商、链式招商、以商招商，多措并举招引好项目、大项目，串企成链、集链成群，激发产业集群新的增长点、突破点。三是贯彻落实《河南省制造业头雁企业培育行动方案（2022—2025 年）》，发挥头雁企业对重点产业链的引领带动作用，优化各类要素分工体系，促进上下游、大中小、产供销整体配套。如卫华集团和河南矿山起重机作为长垣地区起重装备产业链链主，找准关键环节，引进产业链上下游配套企业，与全球优秀的供应链建立战略联盟关系，推动长垣起重装备高质量发展。

## 第四节　河南传统产业转型升级的发展路径

河南工业体系以传统产业为主，占比近一半，产业体系存在结构性缺陷，面临着追兵渐近、标兵渐远的窘境，传统产业转型升级迫在眉睫。面对战略叠加的机遇期、蓄势跃升的突破期、调整转型的攻坚期，河南积极探索新发展路径，依托新动能、新引擎、新品牌、新模式，以数智技术推动产业数字化转型、实施换道领跑战略推动产业结构优化升级、通过产业转移形成集聚区链式发展、依靠创新驱动探索新业态新范式，让传统产业跑出"换道"加速度，构建现代化产业体系，实现由传统产业大省向新兴工业强省迈进。

### 一　激活新动能，促进数智技术与传统产业融合发展

#### （一）推进信息化与工业化深度融合

以信息化带动工业化、以工业化促进信息化，对促进新型工业化进程，提高制造业发展水平至关重要，河南具体应做到以下几个方面。一是贯彻落实《"十四五"信息化和工业化深度融合发展规划》，以两化融合为抓手，坚持问题导向，明确下一步发展的主要目标、关键思路和工作重点，构建现代化经济体系。二是统筹布局、分业施策，聚焦传统行业转型的痛点问题和实际需求，分企业、行业、区域系统绘制新时期两化融合路线图，协调各方力量，打好"组合拳"，构建开放融通的融合发展新生态。三是推动信息基础设施建设、融合应用和生态培育，支持工业企业建设智能化综合性数字信息基础设施，打造"5G+工业互联网"平台，开展新一轮信息技术

改造，构建不同层级、不同体系的算力融合，强化集约共建和开放共享，提升两化融合水平。

## （二） 实施数字化转型，推广智能制造新模式

一是要完善工业网络基础设施，聚焦一批资源集聚程度高、转型需求迫切的产业集群和数字基础好、带动效应强的龙头企业构建工业互联网平台，打造以平台为核心的生态圈，推动"企业上云上平台"，促进各类资源整合集聚和开放共享。二是要聚焦各传统细分行业，实施智能制造引领工程，支持企业围绕管理数字化和生产智能化两大核心，在研发设计、生产制造、经营管理、销售服务等环节进行数智化改造，推进机器换人、数字管理、数智决策，打造具有行业领先水平的智能产线、智能车间、智能工厂、智能制造标杆企业，引导智能制造链主企业向上下游企业推广成功经验、模式和解决方案，带动全产业链数字化转型。三是要围绕智能化制造、平台化设计、网络化协同、个性化定制、服务化延伸、数字化管理等方向，加快企业生产方式、商业模式变革，培育数字技术与传统产业创新融合应用的新模式新业态，形成一批可复制可推广的典型案例和应用场景。

## （三） 加强要素保障，提升产业能级

河南要加大对各类要素的支持力度。在资金方面，发挥省专项资金、产业基金和社会资本精准扶持作用，探索多元社会投入机制；落实好税收优惠政策，鼓励金融机构为中小微企业提供贷款、融资等服务。在人才方面，加大新能源、新材料、高端装备制造等领域创新领军人才引进力度；鼓励企业与科研院所联合，优化学科设置，通过订单制、现代学徒制等多元化模式培养符合数字经济和信息化发展需求的应用技术型人才；建立健全奖励补贴、社会保险、住房需求、创新创业等激励机制，优化人才发展环境。在数据方面，推进公共数据开放共享，打通信息壁垒，形成覆盖全国的大数据平台，实现跨地域跨行业跨企业的数据互联互通；建立数据保障体系，规范数据资源确权、流通、交易等相关制度，推进数据资产化管理和市场化运营；规划建设数据中心、云计算及边缘计算设施、超级计算中心、大数据平台等，构建完善的数据资源体系和数据价值体系。

## 二　打造新引擎，以产业结构调整助力传统产业提升

### （一）推动传统产业精深发展

河南着力推动传统产业高位嫁接，形成一批"新制造"优势产业链。在材料领域，依托河南省基础材料产业优势，强化原材料向新材料转型、向前沿新材料延链，拓展有色金属精深加工和高性能合金产品开发，塑造产业新优势。在装备制造领域，增强核心部件自主研发能力和国产化替代率，推动重点部件向高品质高性能、重点单机产品向系列化成套化、重点成套产品向高端化智能化持续跃升，拉长产业链、提升价值链，形成以精深加工、高端终端产品制造、服务化为代表的新优势。在汽车领域，规划布局新能源、智能网联汽车及零部件产业园区，提高动力电池、氢燃料电池、电机电控、车载视觉系统、激光雷达、惯性导航等技术研发和成果转化，完善产业链供应链配套能力，提升汽车产业规模和水平。在食品领域，以肉制品、冷链食品、休闲食品、酒饮品、预制菜等为重点，提高食品加工企业装备智能化水平和优质产品、精深加工产品比重，推进食品产业向品牌化、绿色化、高端化、融合化发展。在轻纺领域，基于原有优势，通过科技创新、创意设计，优化产品结构，增加产品种类、技术含量，推动传统纺纱向先进制造、高端制造转型，拓展纺织纤维生产、非织造等纺织产业链，培育自主品牌，建设纺织强省。

### （二）调整存量与做优增量并举

当前，经济结构从增量扩能向调整存量、做优增量并举转变，坚持"一手抓存量、一手抓增量"，改造提升传统产业，培育新兴产业新动能。在调整存量上，一方面，发挥好链主引领作用，在延长产业链、提升价值链、稳定供应链上下功夫，推动装备、汽车、材料等传统产业提层次强实力，优化全产业链供需格局；另一方面，聚焦本土企业增资扩产需求，针对性匹配载体资源，打造企业集聚区，推动产学研深度融合，支持链主龙头企业做大做强。在做优增量上，一方面推动传统产业向高端化、智能化、绿色化、数字化、服务化方向发展，加快培育新材料、新能源汽车、新一代信息技术、高端装备、新能源、节能环保装备等新兴产业，谋划落地一

批引领性和带动性强的重点项目，实现优中培精、协同联动、接续发展；另一方面，推动企业开展技术创新、管理创新、制造方式创新和商业模式创新，突破高精尖技术、发展高端生产性服务业、强化数字赋能、培育专精特新和"小巨人"企业，推动传统企业兼并重组、优化资源配置。

### （三）构建产业协同融合新格局

河南工业普遍存在传统产业与新兴产业、龙头企业与中小配套企业、制造业与服务业割裂发展的局面，强化不同产业、不同环节之间的交流合作，构筑产业融合发展、协同共生的格局，是推动河南传统产业转型升级、打造新的经济增长点的现实需要。一是要构建三次产业深度融合的现代化产业体系，促进产业间横向互动。坚持工业当先、制造为重，发挥新型工业化主导作用，扩大工业有效投资，着力打造一批千亿元级、百亿元级特色先进制造业集群，提升高端制造业占比；坚持以工促农、工农联动，发挥河南农产品资源优势，强化现代农业科技和装备支撑，实施农产品精深加工专项工程，促进农业产业化，构建农工贸产业链；坚持工业驱动、服务协同，推动制造业企业向服务环节延伸、服务业企业向制造领域拓展，实现制造业与服务业相互支撑、协同发展。二是推进工业融合重构。强化能源、原材料、装备制造等传统优势产业的支撑力，运用新一代信息技术开展精益生产、精品制造，推动产业链和价值链向高端延伸，引导生产要素向新兴产业集聚，抢占未来产业制高点，推动产业升级。

### 三 创建新品牌，推动传统产业集群化全链条式发展

### （一）以工业设计驱动品牌跃升

河南工业设计有一定的基础和规模，但存在诸多短板弱项。河南要把工业设计作为重中之重，以工业设计驱动产品、品牌、产业创新，为产业链、供应链提供支撑。一是要打造"赛、奖、会、周、论坛"高品质设计活动，支持各地区、各行业开展形式多样的设计交流活动，集聚国内外高端设计资源，宣传推广河南省设计品牌形象，提升设计河南影响力。二是要打造创意设计平台，依托郑州、洛阳建设"设计之都"，构建国家级、省级和市级工业设计中心梯次培育体系和工业设计园区（基地），提升传统主

导产业的"迭代"设计能力与技术体系，促进"设计+产业"协同升级。三是要推动规上工业企业研发设计活动全覆盖，支持制造业"头雁"企业、单项冠军企业、专精特新中小企业整合国内外优质资源，增强设计服务供给能力，建设世界一流品牌；支持省内骨干设计企业整合产业链上下游设计资源，打造跨界融合产业生态，实现专业化、品牌化发展。

## （二）提升承接产业转移的能力

河南要突破传统产业固有格局，探索承接产业转移新模式。一是要充分利用各地区独特的资源优势、现有产业基础以及综合成本优势，建设承接产业转移集聚区，承接与本地资源禀赋相适应的产业，发挥国家中心城市郑州、副中心城市洛阳和南阳、豫东承接产业转移示范区周口和商丘的引领作用，吸引产业链条整体转移和关联产业协同转移，提升产业配套能力。二是要搭建产业转移平台，完善省际、区际产业转移对接合作机制，定期开展大型综合性承接产业转移系列活动、高层次合作洽谈会以及专题对接活动，支持各地市打造一批具有特色和影响力的新平台，如郑州筹办国际智能网联汽车大赛和世界传感器大会、漯河举办食品博览会、驻马店发展"中国药谷"，促进河南省与发达地区在产业发展上互动互补和交流合作。三是要精准招商，探索产业链招商、产业转移招商、以商招商、飞地招商等新模式，支持各地市到沿海地区举办各类专项招商会，多渠道捕捉企业投资和项目信息，引进投资规模大、税收贡献强、成长性好的企业和项目，实现筑巢引凤。

## （三）调整优化产业空间布局

引导产业集聚区、开发区、工业园区、中心商务区和特色商业区等产业载体合理分工、错位互补。产业集聚区要推动企业堆积向产业集群转变，注重发展质量和效益，提升产业技术创新能力，培育创新引领型企业和优势品牌，建设区中园、园中园，实现企业合理布局。开发区要建立全省统筹、国家对口、职责明晰、协调联动的管理体系，集中精力抓招引、抓项目、抓服务，重点发展高技术产业和新兴工业，提高对周边区域工业转型的辐射带动力。传统工业园区要强化数字赋能，加快智能化改造和信息化建设，立足自身资源禀赋和产业基础精准定位，突出园区特色，防止同质化;已有的特色工业园区,如郑州曲梁服装工业园区、中牟汽车工业园,要根据需求和技术发展动态调整要素布局,使产业链条更完善、分工更精细、网络化协作水平更高,实现空间盘活和产业升级。中心商务区和特色商业区要培育形成一批业态先进、特色鲜明、支撑带动有力的服务业集群,构筑生产性服务业发展新体系,形成生产性服务业与制造业资源共享共生、良性互动的格局。

## 四 探索新模式,以开放创新带动传统产业提质增效

### (一) 从引进模仿向自主研发模式转变

传统产业依靠技术引进和模仿,存在被动性、跟从性的特点,很难适应快速变化的市场环境,只有采用自主研发、开放式创新,才能提升企业技术能力,掌握发展主动权。一是要培养企业领导者的战略思维和创新意识,通过顶层设计,突破传统线性增长思维和单一发展模式,从封闭式创新转向基于自主研发的开放式创新,加大研发投入和创新支持力度,减少对引进技术的依赖,培育自主可控的创新生态,实现颠覆性技术突破。二是要以市场需求为导向,聚焦重点产业技术创新需求,发挥产学研创新联合体集智攻关的重大作用,开展跨行业、跨领域、跨区域的协同创新和分工合作。三是要构建研发设计、中试熟化、创业孵化、检验检测认证、知识产权等各类专业技术转移服务环境和平台,开展产业化导向的专利布局,实施自主知识产权战略,提高科研成果转化质量和水平,为创新成果保驾护航。

### (二) 从生产型制造向服务型制造转变

一是要推动传统制造企业向服务领域延伸,由提供产品向提供全生命周期管理转变,由提供设备向提供系统解决方案转变,改善供给质量和效益,提升服务能力。二是要建设专业公共服务平台,除了提供研发、制造、销售和简单的售后服务外,还可提供个性化定制、融资租赁、信息增值、供应链管理等高附加值服务,鼓励制造业企业与上下游企业、第三方服务企业合作,成为完整的制造服务综合体,向价值链中高端攀升。三是要鼓励制造业龙头企业、生产性服务业领军企业双向进入服务型制造领域,培

育服务型制造企业，打造面向特定制造领域的开放式服务型制造网络，建立良好产业协作生态，提升服务效益。

### （三）从传统制造向智能制造转变

新一代信息技术的发展使传统产业面临巨大的挑战和压力，智能制造成为工业化转型的必然趋势。一是要引入先进装备技术和信息化系统，通过数字赋能，打造智能车间和数字化工厂，实现生产过程、现场运行、物料管控和质量控制的自动化管理，提高生产效率和质量。二是要加强创新和研发能力，开展跨界融合和协同创新，促进技术转移，共享知识资源，依托创新设计提高产品附加值和技术含量，打造区域联动、产业链协同、政产学研紧密结合的产业升级模式。三是要依据战略政策和定位，寻找新的市场机会，如转向高附加值产品制造、绿色环保产业，拓宽业务领域、扩大产品线、延伸产业链，实现多元化发展，通过资本运作和并购重组，促进技术、品牌、渠道等互补整合，提升企业竞争力。

## 第五节　河南传统产业转型升级的对策建议

传统产业是现代化产业体系的重要组成部分，传统产业转型升级关乎现代化产业体系建设大局。面对新形势新要求，河南要以供给侧结构性改革为主线，立足全省产业基础和发展优势，更新理念、抢抓机遇、超前谋划，依托传统产业发展新兴产业和未来产业、发挥企业主体作用、强化数智赋能、坚持先进技术创新引领、搭建开放合作平台、汇聚优质要素，构建有利于传统产业转型升级的体制机制和发展模式，加快河南传统产业在高质量发展的新轨道上提质进位。

### 一　转变发展理念，重构新型工业体系

传统产业虽然起点不高，但不代表就是夕阳产业、落后产业，也绝不能当成"低端产业"简单退出，而要通过转型升级，发展成为高端制造业和新兴产业，构建新型工业化体系和以实体经济为支撑的现代化产业体系。一是要转变传统发展理念，想明白为什么"转"，下定"转"的决心，找准"转"的方向，顺应产业发展新趋势，突破惯性思维，克服路径依赖，树立

改造提升传统产业和培育壮大新兴产业并重的发展理念，在跨界延伸、高位嫁接、场景融合中形成新的经济增长点。二是要优化产业政策实施方式，既要重视招商引资发展新兴产业，也要兼顾传统产业改造升级，将高端化、智能化、绿色化改造作为夯实产业基础的关键，减少无效供给和低端供给、创造有效供给，着力补强产业链薄弱环节，锻造新的竞争优势。三是要对河南产业体系再梳理、再聚焦、再提升，大力实施新技术嫁接、新模式提质、新链条重塑、新空间拓展、新品牌培育、新生态构建"六新"工程，深化产业链、创新链、供应链、要素链、制度链"五链"耦合，聚力打造新材料、新能源汽车、电子信息、先进装备、现代食品、现代轻纺、现代医药七大先进制造业集群，形成主导产业优势突出、传统产业加速升级、新兴产业高位引领、未来产业前瞻突破、生产性服务业高效协同的新型制造业体系，扎实推进新型工业化，以新型工业化支撑中国式现代化建设河南实践。

## 二 强化主体培育，加快企业提质扩能

企业是产业转型升级的主体，强化企业主体地位，要把培育龙头企业、骨干企业作为主要抓手，引导资源要素向企业集聚，充分调动企业家转型升级的主体意识，促进企业群体壮大、能级提升和活力迸发。一是要提升企业创新资源配置能力，围绕河南主导产业、优势产业中的重点企业，布局科技创新力量，整合利用各类资源，在生产组织、技术研发、市场经营等方面进行模式和制度创新；推动规模以上企业研发机构全覆盖，承担重大科技专项，构建龙头企业牵头、高校院所支撑、各创新主体相互协同的创新联合体，为产业转型升级提供有力支撑。二是构建优质企业梯度培育体系，培育一批具有市场影响力、产业链控制力和全球竞争力的链主企业，在细分领域具有话语权的专精特新中小企业、产业链配套专家以及"独角兽""小巨人"企业，形成覆盖专精特新中小企业、制造业单项冠军、产业链领航企业的梯度培育体系。三是充分发挥企业家引领作用，主动顺应市场变化，适应新环境新标准，提升综合素质，培养创新意识，以开明的心态紧盯国际技术前沿，推动企业发展模式转变；加大企业家培训力度，引领青年企业家以新消费、新国潮、新制造为核心，开发新产品、培育新品牌，彰显敢想敢干、创新创业、奋斗担当的企业家精神，为传统产业转型升级注入新动力。

### 三　聚焦数字赋能，推动产业数智转型

数字化、智能化转型已成为传统产业打破固有模式，提升竞争力，实现持续发展的必然选择。当前，河南正处在数字化转型的关键时期，必须加速推动数字产业化和产业数字化进程。一是要加强信息基础建设，积极部署以5G、人工智能、工业互联网、物联网、大数据为代表的基础设施，加快5G、IPv6等与工业互联网深度融合的网络升级改造，为工业网络提供低时延、高可靠、广覆盖的服务。二是要加快传统行业生产装备和业务流程智能化改造，推进企业内部各类网络、控制系统、管理软件和数据平台的集成整合，积极布局"5G+工业互联网"，推动数字化车间、智慧工厂、智慧仓储等智能化、自动化和数字化转型。三是要支持企业组织方式变革，建立扁平化、网络化、柔性化的新型组织架构，探索敏捷制造、共享制造、定制化制造等新工艺和新模式，推动企业开发新产品、开设新业务、开辟新市场，实现组织变革和创新。

### 四　坚持技术创新，发展绿色先进制造

传统产业要坚持高端引领、智慧赋能、绿色转型。一是要强化基础理论创新与绿色技术创新，瞄准"卡脖子"关键核心技术的基本原理和方法，推动前沿科学理论创新、开发和应用，加快低碳技术研发推广，推进下一代绿色材料及工艺技术的突破性创新，加强跨领域跨学科资源整合，切实提高科技成果转化水平，抢占绿色技术制高点。二是要深入贯彻绿色低碳发展理念，加大石化、钢铁、建材、电力等重点行业绿色化改造力度，积极发展节能环保、生物技术和新医药、新能源汽车等绿色战略性新兴产业，在企业全面推行生产清洁化、工艺绿色化、能源资源集约化等绿色改造工程，打造绿色工厂、绿色园区、绿色供应链，推广绿色产品、服务和解决方案，推动传统产业绿色化发展。三是要加大数据、人力、资本等新型要素投入力度，瞄准高端化，引进研发先进生产设备和生产技术，扩大智能制造技术的推广应用，加强关键领域重要零部件和整机设备技术研发和质量攻关，提升产品品质和性能，建设高端智能绿色的先进制造体系。

### 五 搭建开放平台，形成共建共享机制

无论是传统产业、新兴产业还是未来产业，都应秉持开放、合作、共享理念，在开放的环境下融入全球价值链。一是要创新招商模式，打好展会招商、产业转移招商、飞地招商等"组合拳"，积极举办大型高端产业展会，充分利用河南已有的中国（漯河）食品博览会、世界传感器大会、全球跨境电商大会等平台，对招商项目进行推介，带动区域投资和产业升级；依托产业转移系列对接活动，引进与本地主导产业契合、有自主研发能力的龙头企业和优势项目，搭建研究成果转化基地和产业转移促进平台；围绕本地产业发展需求，支持市县企业"走出去"，在郑州及沿海发达城市设立"科创飞地"，利用飞地人才、技术等资源，实现科创要素与产业要素对接，推动域外研发孵化、本地科研成果转化落地。二是要依托中欧班列等物流基础，与"一带一路"沿线国家在石化、钢铁、汽车、纺织等领域开展经贸投资合作，支持河南优势龙头企业积极拓展国际市场，建立国际技术转移中心、联合实验室和产业化基地等，争取世界500强企业在豫设立区域总部，吸引外商投资，推动本地企业与世界接轨。三是要建立跨部门跨区域信息共享平台、高端研发平台、引才引智平台等，为企业引进来、走出去提供全方位支持和服务，营造公平开放的营商环境。

### 六 集聚高端要素，优化产业发展生态

优化产业发展生态，需要高端要素支撑，通过产业、人才、资金、信息、数据等要素流动，畅通"省内循环"，推进资源要素优化配置。一是要强化高端人才要素供给，支持中国人民解放军战略支援部队信息工程大学、郑州大学围绕传统产业、新兴产业、未来产业重点领域，开设相关专业学科，并与企业联合建设实训基地，培养复合型人才；完善引才机制和激励机制，建立高端和急需紧缺人才动态数据库，重点引进掌握核心技术、拥有自主知识产权的创新型人才和团队；开展传统制造业从业人员技能提升行动，提高员工整体素质。二是要强化资源要素支撑，完善配套体系建设，优化工业用地制度，切实推动土地、人才、能源、数据等重点要素向优质企业集聚。三是要强化财税金融政策支持，发挥省创业投资引导基金、产业引导基金功能，构建传统优势产业发展基金平台，引导天使投资、风险

投资和产业投资；积极探索普惠性金融支持，完善与重大产业、项目、企业之间的金融对接机制，形成全周期、全类型、全覆盖的金融产品和服务保障体系；建立企业信用档案，开发多层次中小企业信用担保体系和信贷产品，健全中小企业信用评价制度，缓解传统制造业企业转型升级过程中的融资压力。

# 第六章 河南新兴产业发展重点突破

新兴产业竞争力强、增长速度快、市场潜力大，代表着新一轮科技革命和产业变革的方向，体现了产业发展水平与科技创新能力，已经成为世界各国打造竞争新优势的关键领域。随着中原经济区规划上升至国家战略，新兴产业也从沿海地区加快向中西部地区转移，河南紧抓这一发展机遇，加快布局新兴产业，聚焦重点领域，实施换道领跑战略，在新兴产业抢滩占先，全面提升产业竞争力。经过十年发展建设，河南部分新兴产业经历了从无到有、从 0 到 1 的发展历程，在新一代信息技术、新材料等新兴产业实现持续快速增长，并重点突破智能传感器、超硬材料、农机装备等细分领域，形成良好发展态势，为河南高质量发展注入新动能。

## 第一节 河南省新兴产业发展现状

近年来，河南深入实施创新驱动发展战略，持续优化新兴产业发展环境，推动新兴产业实现规模化、高端化、集聚化发展，新兴产业已成为全省经济高质量发展的重要引擎。

### 一 产业规模稳步增长，新旧动能转换加快

近年来，河南新兴产业经历了从培育壮大到引领发展的历程，已经逐渐成为河南经济发展的新增长极，而河南传统产业、高耗能产业发展速度放缓，亟须转型升级，新旧动能转换速度正在加快。

从产业增速来看，2017~2022 年，河南规模以上战略性新兴产业和高技术制造业增加值持续增长，除了 2020 年受疫情影响，河南规模以上战略性新兴产业增加值增速低于高耗能产业，其他年份河南规模以上战略性新兴产业和高技术制造业增加值增速均高于同期规模以上工业、传统产业和高

耗能产业。尤其是 2021 年，河南规模以上战略性新兴产业和高技术制造业迅速调整，增加值增速分别达到 14.2%、20%；河南省规模以上战略性新兴产业增加值增速分别比规模以上工业、传统产业和高耗能产业高 7.9 个、12.1 个、12.1 个百分点，河南省规模以上高技术制造业增加值增速分别高于规模以上工业、传统产业和高耗能产业 13.7 个、17.9 个、17.9 个百分点，均为近年来最大差值（见图 6-1）。

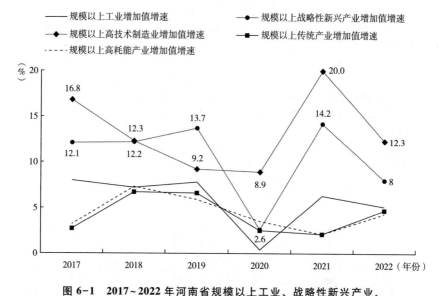

图 6-1　2017~2022 年河南省规模以上工业、战略性新兴产业、
高技术制造业、传统产业、高耗能产业增加值增速

数据来源：2017~2022 年《河南统计年鉴》《河南省国民经济和社会发展统计公报》。

从工业结构来看，2017~2022 年河南规模以上战略性新兴产业增加值占规模以上工业比重呈整体提升态势。2022 年河南规模以上战略性新兴产业增加值占规模以上工业比重已达 25.9%，较 2017 年提高 13.8 个百分点，是 2017 年的两倍多。反观传统产业和高耗能产业，虽然 2022 年规模以上传统产业和高耗能产业增加值占规模以上工业比重达 49.5% 和 38.6%，但两者比 2017 年分别仅高出 5.3 个、5.9 个百分点（见表 6-1）。此外，2021 年河南规模以上战略性新兴产业和高技术制造业单位数量均比 2017 年有所增加，而规模以上传统产业、高耗能产业单位数量均比 2017 年有所减少（见图 6-2）。由此来看，河南工业结构在持续优化。

表 6-1　2017~2022 年河南省规模以上工业指标构成（增加值占比）

单位：%

| 类别 | 2017 年 | 2018 年 | 2019 年 | 2020 年 | 2021 年 | 2022 年 |
|---|---|---|---|---|---|---|
| 战略性新兴产业 | 12.1 | 15.4 | 19 | 22.4 | 24 | 25.9 |
| 高技术制造业 | 8.2 | 10 | 9.9 | 11.1 | 12 | 12.9 |
| 传统产业 | 44.2 | 46.6 | 46.7 | 46.2 | 48.4 | 49.5 |
| 高耗能产业 | 32.7 | 34.6 | 35.3 | 35.8 | 38.3 | 38.6 |

数据来源：2017~2022 年《河南统计年鉴》《河南省国民经济和社会发展统计公报》。

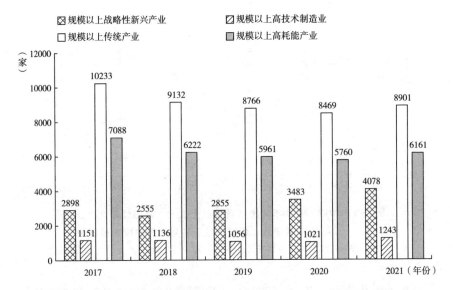

图 6-2　2017~2021 年河南省规模以上战略性新兴产业、高技术制造业、
传统产业、高耗能产业单位数量

数据来源：2017~2021 年《河南统计年鉴》。

从新兴产业细分领域来看，河南战略性新兴产业整体稳步发展的同时，重点细分领域也在蓬勃发展。一是各新兴产业的产业规模持续增长，2023年上半年河南省规模以上新一代信息技术产业、节能环保产业增加值分别增长 18.9%、12.4%。2022 年，河南省新材料产业和装备制造产业增加值占规模以上工业增加值的比重分别达 8.6%、12.1%。目前河南省生物医药产业规模稳居全国前 5 位，2021 年郑州市生物医药产业规模以上工业增加值同比增长 26%。二是新产品产量快速增长，2017~2022 年，新能源汽车产量及增速齐增，2022 年河南规模以上新能源汽车产量达到 9.6 万辆，比上年增长 31.8%，是 2017 年的三倍多。2023 年 1~5 月，河南省规模以上工业电子计算机整机、3D 打印设备、新能源汽车、光纤等产品产量分别增长 68.5%、52.6%、51.0%、41.1%；电子计算机整体产量为 141.99 万台，其中服务器产量为 42.05 万台，产量增长 1831.3%，液晶显示屏产量为 2170.16 万片，产量增长 25.4%。

## 二　创新引领作用增强，技术成果转化提升

近年来，河南持续加大对创新的投入力度。2017~2022 年，河南一般公共预算支出中的科学技术支出逐年增加，由 2017 年的 137.94 亿元增加到 2022 年的 411.09 亿元。2023 年上半年，河南省一般公共预算支出中的科学技术支出比上年同期增长 30.7%。2017~2022 年，河南省高技术制造业投资增速迅速提升，从 2017 年的最低点 -4.3% 猛增至 2020 年的 24.3%，此后一直较稳定。2023 年上半年，河南省高技术制造业投资比上年同期增长 23.3%，占工业投资的比重达 17.0%，较上年同期增加 2.5 个百分点。

2012~2022 年，河南创新平台建设加速推进。2022 年，河南省已创建国家级、省级工程研究中心（工程实验室）50 个和 914 个，国家级、省级企业技术中心 93 个和 1452 个，国家级、省级重点实验室 16 个和 249 个，省重大新型研发机构 16 个、省实验室 10 个、省中试基地 36 个、省技术创新中心 24 个。从单位数量上可看出，企业在研发活动中占据重要地位。2021 年，河南规模以上工业企业 R&D 有效发明专利数共为 42849 项，其中小型企业占比最高，为 47.2%，大型企业、中型企业占比分别为 28.8%、21.8%。值得注意的是，小型企业的有效发明专利数占比高于大中型企业，这是近年来河南省培育专精特新中小企业的成果，说明创新型中小微企业正在成长为河南自主创新的重要发源地。

技术成果转化效率明显提高。2012~2022 年，河南技术合同成交额不断攀升，2022 年，河南省技术合同成交额为 1025.30 亿元，约为 2013 年的 24.8 倍。这意味着河南技术交易活跃，技术转移体系初步成形。按技术领

域分，2021 年环境保护与资源综合利用、先进制造、生物医药和医疗器械、新材料及其应用的技术合同成交额增长迅猛，分别约为 2015 年的 50.5 倍、36.3 倍、22.5 倍、21.7 倍。按知识产权分，2021 年集成电路布图设计专有权、生物医药新品种权、计算机软件著作权技术合同成交额分别约为 2015 年的 14.8 倍、9.7 倍、4.6 倍。这些领域技术成果转化率的提升，为河南省新一代信息技术、生物技术、新材料、节能环保、高端装备、新能源、航空航天等新兴产业的发展提供支撑。

### 三 龙头企业示范带动，中小企业集聚共生

企业是产业发展的核心主体，产业由上下游不同环节的企业集聚构成，新兴产业也是如此，因此新兴产业的高质量发展离不开企业的高质量发展。近年来，河南陆续出台多项政策培育"独角兽"企业、创新龙头企业、"头雁"企业、"瞪羚"企业、创新型中小企业、专精特新中小企业和专精特新"小巨人"企业，并取得显著成效，助推建设先进制造业强省。

"独角兽"企业是新经济发展的一个重要风向标，代表着科技转化为市场应用的活跃程度。2020 年华兰疫苗上榜胡润研究院发布的全球"独角兽"榜，河南打破零的纪录，随后 2021 年、2022 年河南分别有 3 家和 2 家企业上榜，2023 年蜜雪冰城进入全球前 100。"头雁"企业具有较高创新水平，较好的质量效益和成长性，较强的带动力。《河南省制造业头雁企业培育行动方案（2022—2025 年）》提出加大力度培育"头雁"企业，并自 2021 年开始由河南省工信厅评选"头雁"企业，2023 年培育 100 家制造业"头雁"企业，115 家制造业重点培育"头雁"企业。

河南省建立完善创新龙头企业、"瞪羚"企业、高新技术企业和科技型中小企业的创新型企业梯次培育机制。其中，创新龙头企业核心竞争力强且具有显著的行业引领带动能力，河南省科技厅公布 2021 年河南省创新龙头企业，包括宇通客车、汉威科技、中信重工、许继集团等 116 家企业。"瞪羚"企业作为创新发展的典型代表企业，引领传统产业进行颠覆式变革和原创新型产业迅速发展。2020 年河南省首批认定 104 家"瞪羚"企业，2023 年新认定数量猛增至 350 家，主要分布在郑州（84 家）、洛阳（37 家）、焦作（35 家）、南阳（35 家）（见图 6-3），主要集中在新材料、新能源与节能等新兴产业（见图 6-4）。河南大力推进高新技术企业倍增计划与

科技型中小企业"春笋"计划，2022 年河南的高新技术企业、科技型中小企业数量已经分别突破 1 万家、2.2 万家，高新技术企业、国家科技型中小企业同比分别增长 29.6%、45.3%。

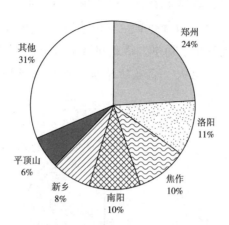

**图 6-3　2023 年河南省各地市第二批"瞪羚"企业占比**
数据来源：河南省科学技术厅官网。

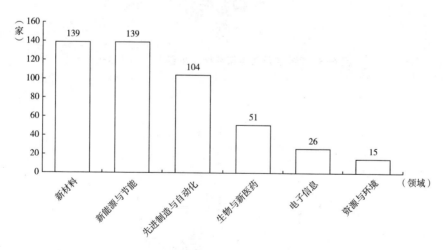

**图 6-4　河南省第二批"瞪羚"企业所在领域**
数据来源：河南省科学技术厅官网。

近年来，河南省加快开展专精特新中小企业的培育工作，持续推动中小企业走专业化、精细化、特色化、创新型发展之路，鼓励其深耕细分市场、增强创新能力，培育了一大批创新"生力军"。目前已构建由创新型中小企业、专精特新中小企业和专精特新"小巨人"企业三个层次组成的优质中小企业梯度培育体系。截至2023年6月，河南已累计培育10040家创新型中小企业。其中，2762家省级专精特新中小企业，370家国家级专精特新"小巨人"企业。从地市分布看，专精特新"小巨人"企业与省级专精特新中小企业均主要集中在郑州、新乡和洛阳（见图6-5、图6-6）。从行业分布看，165家"小巨人"企业所从事的细分市场均属于工业"四基"重点领域（见图6-7）。

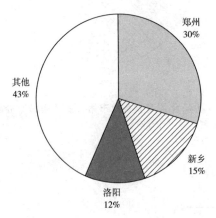

图6-5 河南各地市专精特新"小巨人"企业占比

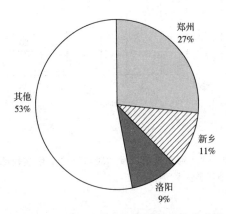

图6-6 河南各地市省级专精特新企业占比

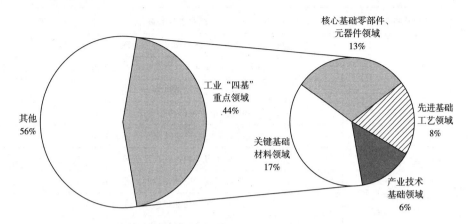

**图 6-7　河南专精特新"小巨人"企业细分市场占比**

数据来源：河南省工业和信息化厅官网。

## 四　产业链条持续完善，集群优势持续增强

近年来，河南加快新兴产业重点培育，积极引导新兴产业串珠成链、聚链成群，重点构建新型显示和智能终端、超硬材料、新能源汽车等产业链，培育壮大新一代信息技术、新材料、生物医药等新兴产业集群。河南已经培育了 4 个国家级战略性新兴产业集群，2022 年公布首批 15 个河南省战略性新兴产业集群（见表 6-2）。布局在 13 个地级市，涵盖新一代信息技术、节能环保、高端装备、生物医药、智能制造装备、新材料、新能源及智能网联汽车等多个新兴产业领域，初步形成错位发展、优势互补的格局。

**表 6-2　河南省国家级、省级战略性新兴产业集群**

| 产业集群类型 | 产业集群名称 |
| --- | --- |
| 国家级战略性<br>新兴产业集群 | 郑州市下一代信息网络产业集群 |
| | 郑州市信息技术服务产业集群 |
| | 平顶山市新型功能材料产业集群 |
| | 许昌市节能环保产业集群 |

续表

| 产业集群类型 | 产业集群名称 |
|---|---|
| 河南省战略性<br>新兴产业集群 | 郑州经济技术开发区新能源及智能网联汽车产业集群 |
| | 郑州经济技术开发区高端装备产业集群 |
| | 洛阳市智能制造装备产业集群 |
| | 平顶山市智能制造装备产业集群 |
| | 鹤壁市电子核心产业(电子电器)集群 |
| | 新乡市生物医药产业集群 |
| | 焦作市锂离子电池新材料产业集群 |
| | 濮阳市新型功能材料产业集群 |
| | 许昌市硅碳新材料产业集群 |
| | 三门峡市金属新材料产业集群 |
| | 南阳市生物医药产业集群 |
| | 南阳市光电信息产业集群 |
| | 商丘高新区生物医药产业集群 |
| | 周口市生物降解材料产业集群 |
| | 济源市纳米新材料产业集群 |

资料来源:河南省发展和改革委员会官网。

经过多年发展,河南各地市已形成一批具备较强竞争优势的新兴产业集群。郑州智能传感器产业集群入选"2023中国百强产业集群(民营经济集聚区)"。目前,集群内相关产业规模近330亿元,上市企业5家,规模超亿元的企业20家。其中,汉威科技气体传感器和新天科技智能水表在国内市场的占有率均排第一,郑州已经形成涵盖气体、气象、农业、电力电网、环境监测、轨道交通等多门类的传感器产业链。长葛再生金属及制品产业集群入选2023年河南省中小企业特色产业集群,以再生金属及制品为主导产业。长葛循环经济产业园再生金属产业快速发展,经营铝、不锈钢、锌、锰、铬等20多个品种,企业数量突破1000家,已成为全国最大的再生资源回收加工基地,并且已经初步形成了从回收、冶炼、简单加工、精深加工到销售废旧金属的完整循环经济产业链,和再生不锈钢、再生铝、再生铜等多个产业集群。新乡市的生物医药产业集群更是被科技部批准建立"国家火炬计划新乡生物医药特色产业基地",在生物产业等领域获得科研成果 400 余项，2020 年营收增速为 21.3%。依靠华兰生物等龙头企业带动，初步形成"研究院+企业+基地"的省内最完善产业链条，以重组蛋白、人用疫苗、血液制品、诊断试剂等领域为核心，对临床重大疾病治疗、重大传染病预防、诊断急需的生物产品进行开发。

## 第二节  河南省新兴产业重点领域发展情况

新兴产业类别繁多，《战略性新兴产业分类（2018）》中第一至四层分别有 9、40、189、166 个类别。因此，科学合理地选择所要重点发展的新兴产业非常关键，选对了可能实现跨越式发展，选错了也许就会错失发展机遇，甚至陷入被动和落后的局面。河南出台的《河南省加快新兴产业重点培育行动方案》明确了新一代信息技术、高端装备、新材料、生物医药、新能源汽车、新能源、节能环保七大新兴产业为重点培育对象。

### 一  新一代信息技术

新一代信息技术产业具有科技含量高、产业链长、辐射性强等特点，其应用领域涵盖农业、工业、服务业三大国民经济领域，是促进产业升级、科技进步的决定性力量。河南聚焦"补芯、引屏、固网、强端"，以集成电路、新型显示、智能传感器、人工智能、先进计算和 5G 等领域为重点，以建成全国新兴的万亿元级新一代信息技术产业高地为目标。

河南集成电路产业主要集中在郑州、洛阳、新乡、鹤壁等地，产品集中在集成电路设计、专用芯片制造、专用材料及设备等领域。河南新型显示主要集中在产业中下游环节，主要分布在郑州、洛阳、信阳、商丘等地，主要涉及显示面板、玻璃基板、显示模组、靶材等产品制造，骨干企业有旭飞光电、天扬光电、四丰电子等。河南智能传感器主要集中在郑州、洛阳、新乡、南阳等地，拥有气体、湿度、流量、红外传感等多门类传感器产业链，骨干企业有汉威科技、光力科技、南阳森霸传感等。河南"嵩山"人工智能公共算力开放创新平台、中原人工智能公共算力开放创新平台被列入科技部公布的第一批国家新一代人工智能公共算力开放创新平台筹建名单。河南培育了以郑州为核心，以许昌、鹤壁为重点的计算产业发展格局，重点企业包括超聚变、黄河信产、浪潮等，已初步形成由整机到芯片、主板、外围设备等关键配套的先进计算产业链。河南省 5G 产业在产业链上中下游环节均有分布,在全国的位次较为靠前,其中 5G 网络规模在全国排名第五,产业应用方面较为突出的是智能制造、智慧农业、智慧物流、智慧政府等领域,主要分布在郑州、鹤壁、新乡、安阳等地。

## 二 高端装备

十年间,河南由"制造"向"智造"转型。高端装备制造产业是引领整个装备制造产业转型升级的重要引擎,可为各领域新兴产业提供装备和服务保障。河南高端装备制造产业重点发展领域为智能制造、轨道交通装备、机器人及数控机床、关键零部件等领域,目标为到 2025 年打造一批具有国际竞争力的先进新装备。

河南高端装备制造产业主要布局在郑州、洛阳、新乡、平顶山等地。郑州市的发展重点为盾构装备、机器人、矿山装备、轨道交通装备、大型成套智能装备、核心零部件等,培育了一批骨干企业,如中铁装备、新大方重工、郑煤机、恒天重工、郑州机械研究所等,还有一批"小巨人"企业,如中原动力智能机器人、欧帕机器人、科慧科技、航天液压等。洛阳在智能装备制造研发生产领域目前已拥有 200 多家企业及科研院所,如中国一拖、中信重工、北玻公司、LYC 轴承、河柴重工、中色科技、轴研所等大型企业或集团;除此之外,洛阳在矿山救援、消防、巡检、管道焊接、智能成套矿山装备等领域已打造一批优势产品。新乡已形成以豫北转向、平原滤清器、胜达过滤、河南电池研究院、豫氢动力、豫氢装备等为重点的高端装备制造产业。平顶山依托平高集团、伊顿电气等重点企业,持续加强高压、特高压产品研发生产,积极研发智能电网,扩大中低压智能制造范围,延长产业链条。

## 三 新材料

新材料产业作为战略性、基础性产业,一直是高技术竞争的关键领域,既是河南五大主导产业之一,又是重点发展的战略性新兴产业。河南新材料产业的优势领域为尼龙新材料、超硬材料和新型耐火材料。

尼龙新材料产业是河南特色优势产业,部分产品产能在国内外居于领先地位。河南尼龙新材料产业主要集中在平顶山和鹤壁,以平顶山的平煤神马为龙头，由上游焦炉煤气制氢、粗苯等原料到包括己二酸、尼龙66盐、己内酰胺在内的中间体，再到下游开发应用工业丝、民用丝、工程塑料等深加工产品，已经形成国内外最完整的百万吨级尼龙产业体系。河南省已经成为超硬材料行业的辐射源，在超硬材料及制品、原辅材料、专用设备仪器、公共技术服务体系等方面呈现良好发展势头，拥有集中且完善的产业链条，河南超硬材料产业主要布局在郑州、长葛、柘城、焦作等地，有郑州三磨所、中南钻石、黄河旋风、富耐克、河南力量、柘城惠丰等一批行业龙头企业。新型耐火材料是河南省特色优势产业，相关企业主要布局在郑州、洛阳、濮阳、焦作、新乡等地，培育了濮耐材料、中钢洛耐院、中钢耐火等骨干企业。

## 四 新能源

近年来，河南着力发展新能源产业，能源结构明显优化，产业基础逐步夯实。2022年河南省风能、太阳能、生物质能等清洁能源发电量分别增长16.2%、51.7%、42.8%。河南新能源产业以发展风能、太阳能、生物质能、储能产业为重点，持续提升可再生能源发电量占全省发电量的比重。

河南光伏及风电产业在产业链上中下游均有布局，上游生产制造多晶硅等光伏材料和叶片材料以及叶片、轴承等零部件，中游制造晶硅光伏电池及组件和风机，下游是光伏电站和风电场运营商。河南光伏及风电产业主要在洛阳、郑州、许昌等地集聚。其中，洛阳拥有正成多晶硅、洛阳单晶硅等骨干企业，郑州拥有森源新能源、义鑫威新能源等骨干企业，许昌拥有平煤隆基、许继集团、许继风电科技等骨干企业。截至2020年底，河南地热能供暖面积突破1亿立方米，"周口地区地热清洁取暖项目"入选国家能源局中芬能源合作示范项目。郑州、新乡氢能产业集聚效应初显并着手打造郑汴洛濮氢走廊。

## 五 新能源汽车

新能源汽车已经成为世界各主要汽车大国争夺的战略制高点。近年来河南新能源汽车产销量和保有量逐年上升，新能源基础设施也逐渐完善。2022年河南能源汽车产量新增超32万辆，总量超过89万辆，累计建成公共充电站3967座，公共充电桩7.2万个。河南将继续以电动化、网联化、智能化为发展方向，继续保持新能源客车的领先地位，不断扩大新能源乘用车规模，大力发展智能网联汽车，加快推动氢燃料汽车研发和示范应用。

在新能源汽车整车和零部件制造方面，河南已形成以郑州为主，开封为辅，许昌、洛阳和三门峡等地共同发展的格局。截至目前，河南省已有宇通客车、比亚迪等 15 家新能源汽车整车生产企业。河南新能源汽车零部件生产主要集中在焦作、新乡、鹤壁等地，培育了洛阳钼业、多氟多、中航光电、远东传动等一批本土骨干零部件企业。在智能网联汽车发展方面，已经形成从原材料到核心零部件制造，再到整车、配套设备、物联网的智能网联汽车产业链，并拥有汉威科技、威科姆、华骏等 22 家物联网骨干企业，还拥有上汽集团全球云计算（郑州）数据中心、国家新能源汽车供能装置质检中心（河南）等平台，并于 2022 年在鹤壁组建成立河南省新能源及智能网联汽车电子电器产业研究院。在氢燃料电池汽车发展方面，河南以郑州城市群燃料电池汽车示范应用为引领，不断健全氢燃料汽车产业链。

## 六　生物医药

河南省紧抓生物医药产业的发展机遇，持续推进生物医药产业高质量发展。目前河南省已初步形成以化学药、中药、生物药等为主体的多链条协同发展的产业体系，2022 年，河南省全省医药产业总产值达到 2900.6 亿元，同比增长 1.5%。2025 年，河南将建成全国重要的生物医药及高端医疗器械研发生产基地。

河南省生物医药和现代中药产业主要集中在郑州、新乡、南阳、驻马店、周口。郑州已经把生物医药产业列为郑州六大工业主导产业之一，且拥有门类齐全的生物经济产业，已经形成医疗器械、高端仿制药、现代中药集群、现代医疗技术等生物医药集群，并培育了安图生物、润弘制药、以太龙药业、博睿医学等一批骨干企业。新乡生物医药产业有生物技术药物、医疗器械及卫材、化学原料药及制剂、现代中药四类，已拥有近 2000 个品种规格的血液制品、疫苗、中成药、抗生素、核苷系列化学原料药和制剂。新乡市培育了一批上市企业和知名企业，包括拓新药业、驼人集团、中杰药业、佐今明制药、百泉制药等。南阳生物医药产业主要包括生物制药、医药制剂、医疗器械等细分行业。驻马店生物医药产业基础坚实，是全球最大的金霉素预混剂生产基地，国内最大的抗生素原料药发酵生产基地。周口则已经形成了原料药、化学药、中成药以及中药饮片协同发展的良好态势。

### 七　节能环保

节能环保产业不同于传统产业，具有正外部性、公益性、关联性等特征，对相关产业的发展有带动作用。经过十年的发展，河南省节能环保产业已经具有良好基础，2022年河南省规模以上节能环保产业增加值增长9.4%。2016～2019年，河南省节能环保产业主营业务收入年均增长近15%，2019年达到3500亿元。

节能环保可分为高效节能产业、先进环保产业、资源循环利用产业，河南省对此三大产业均有布局，并主要集中在郑州、洛阳、平顶山、许昌、商丘和周口等地。郑州市在大气污染治理装备、大气监测仪器、节能锅炉、施工和服务领域具备领先优势。截至2022年6月，郑州市有规模以上节能环保企业60多家，节能环保产业总产值约400亿元，培育了以郑州锅炉、华夏碧水环保、康宁特为代表的重点企业。洛阳市在余热余压发电设备、烟气治理设备等领域占据优势地位，已形成包括节能环保装备制造、资源综合利用装备制造、节能环保服务业的产业配套及生产能力，代表企业有隆华科技、天誉环保、瑞昌环境等。商丘市在固废处理装备上具备优势，重点企业有瑞新环保、东和环保等。许昌市和平顶山市在资源循环利用领域具备优势，周口市在节能锅炉领域具备优势。

## 第三节　河南培育壮大新兴产业的做法与经验

十年前，河南新兴产业大多处于幼稚期或刚刚进入成长期，而新兴产业自身的"新"意味着无参照、无成熟上游产业链等特征，并由此带来不确定性，风险较高，其发展需要政府的引导与扶持。河南省根据本地实际情况及产业发展规律从产业规划、政策支持、招商引资、载体打造、创新平台建设等方面培育壮大新兴产业，初步形成错位发展、优势互补的格局。

### 一　产业规划

2012～2022年，河南立足自身技术优势和产业发展基础制定新兴产业规划，并对各新兴产业重点发展领域进行动态调整更新，河南分别在 2012 年、2017 年、2022 年发布战略性新兴产业发展规划，工作重点在不断变化，从"十二五"的培育到"十三五"的发展壮大，再到"十四五"的整体跃升。通过对新兴产业规划的不断完善，构建具有核心竞争力的战略性新兴产业体系，推动河南制造业高质量发展。

从新兴产业整体规划来看，《河南省"十二五"战略性新兴产业发展规划》，根据河南在血液制品和新型合金材料等领域的技术和产业基础，将新一代信息技术产业作为支柱产业，以生物、新材料、新能源、新能源汽车等产业为先导产业，以节能环保、高端装备制造产业为新增长点。《河南省"十三五"战略性新兴产业发展规划》依然把新一代信息技术、生物、高端装备、先进材料等领域作为重点。但是，随着信息技术对经济社会各个领域的全面渗透，产业结构和消费结构升级加速，河南在新型显示、大数据、智能制造等细分领域实现重要突破。《河南省"十四五"战略性新兴产业和未来产业发展规划》提出高位嫁接四大优势主导产业，抢滩占先五大高成长产业，实现战略性新兴产业整体跃升。

从新兴产业细分领域培育重点来看，2010 年《国务院关于加快培育和发展战略性新兴产业的决定》发布，战略性新兴产业成为引导未来经济社会发展的重要力量。各省纷纷推进新兴产业的发展并进行布局，为避免发展方向和重点出现雷同，河南省加强统筹规划，明确各新兴产业的细分领域发展重点。其中，新一代信息技术产业以智能终端、新型显示、半导体照明、高端软件、新兴信息服务、新一代信息网络等领域为重点，并加快建设信息基础设施，加快发展高端智能信息产品，实施"互联网+"行动和大数据发展战略，与其他行业全面融合发展；高端装备制造产业先以轨道交通装备、智能电网装备、智能制造及新能源装备、航空装备及卫星应用产品为重点发展领域，后以智能化、绿色化、服务化、高端化为方向，发展先进机器人、智能制造成套装备、高档数控机床、航空航天装备、增材制造装备、人工智能等；新材料产业依托河南资源和原材料传统优势，以高性能化、专用化、绿色化为主要发展方向，重点发展新型和高端合金材料、新型功能材料，积极发展纳米、石墨烯等前沿新材料，引导河南材料行业结构调整；新能源产业重点提高生物质能、太阳能产业的技术和成本优势，积极发展风电、核电、地热能产业，加速发展智能电网、"互联网+"

智慧能源；新能源汽车产业以动力电池产业链为重点进行培育，以电池突破来推动整车发展，建设新能源汽车产业基地；生物医药产业重点突破生物制造产业关键技术，增强生物育种企业育繁推一体化发展能力，构建先进现代生物产业体系，重点发展生物医药和高性能医疗器械领域；节能环保产业在资源循环利用、高效节能、先进环保方面均有布局。在每个重点发展领域，河南省都对优先发展的产品与用数字量化的主要任务进行了详细说明。

## 二　政策支持

为抢抓新兴产业发展机遇，河南省持续强化顶层设计，先后出台《河南省"十二五"战略性新兴产业发展规划》《河南省推动科技创新培育战略性新兴产业专项工作方案》《河南省"十三五"战略性新兴产业发展规划》《河南省加快新兴产业重点培育行动方案》《河南省"十四五"战略性新兴产业和未来产业发展规划》等，从融资、土地、政府采购等方面为新兴产业发展提供政策支撑。

拓宽融资渠道，加大对新兴产业的财政支持力度。一是以新兴产业专项基金为切入点，积极争取国家战略性新兴产业专项资金，并在河南各地设立战略性新兴产业发展专项资金，2017年河南省设立战略性新兴产业投资基金，总规模达1000亿元，开发知识产权质押融资、科技保险、绿色金融等创新产品。二是鼓励银行增加对战略性新兴产业的信贷投放，金融机构推广"信易贷"新型融资模式，提供长期限、低成本信贷资金支持。三是建立完善新兴产业企业上市"绿色"通道制度，支持企业上市融资。

保障土地及环境容量，将战略性新兴产业重大项目用地纳入土地利用总体规划，设立审批"绿色"通道，全力保障战略性新兴产业重大项目用地需求。对具备资格的新兴产业项目，优先纳入省、市重点项目，优先安排土地指标、环境容量指标，优先协调煤、电、油、气、宽带等要素，加强运输等相关保障服务。

加大政府采购支持力度，建立新兴产业与省内重点项目和重大工程对接机制，大力支持政府投资建设项目采购并使用本地产品，推动省内新兴产业产品列入国家节能产品和环境标志产品政府采购清单。加强金融法治和基础设施建设，建立并严格执行创新产品政府首购制度。

### 三 招商引资

招商引资对于优化新兴产业的产业结构、培育增长新动能具有重要作用,自 2012 年以来,河南省深入开展战略性新兴产业的招商引资工作,先后出台《河南省人民政府关于加强新形势下招商引资工作的意见》《河南省招商引资三年行动计划（2020—2022 年）》《河南省"十四五"招商引资和承接产业转移规划》等推动河南省新兴产业高质量发展。

河南主要通过创新招商引资方式、完善招商引资支持政策、搭建招商引资平台等来推进招商引资。一是创新招商引资方式,采取以市场为导向的招商方式,拓展驻地招商、以商招商、线上招商等方式方法,探索创新头部企业招商、核心节点企业招商、"技术团队+资本+项目"招商、产业集群招商、资本招商、"飞地"招商等新模式。实施产业链招商,编制新兴产业产业链招商图谱和路线图,并建立招商引资重点项目储备库。"十三五"期间,益海嘉里、百菲萨、华为、浪潮、海康威视、新华三、上汽集团大数据中心、格力（洛阳）智能工厂等项目陆续在河南省布局。二是完善招商引资支持政策,从资金、土地、奖励、人才等方面为招商引资提供政策支持。充分发挥政府性产业发展基金的作用,为重大招商项目融资提供支持,对新签约的省重点招商项目用地需求进行全省统筹、优先保障、量身定制,在河南各地设立招商引资专项资金,对落地项目给予不同等次奖励,保障招引企业各类人才享受奖励补贴、薪酬、税收优惠等政策。三是搭建招商引资平台,打造高水平招引活动品牌。截至目前,河南共成功举办十三届中国河南国际投资贸易洽谈会,该洽谈会已经成为河南招商引资、对外开放的一张亮丽名片。此外,河南还打造了全球豫商大会、豫粤合作交流会、全球跨境电商大会、中国·河南招才引智创新发展大会、中国·河南开放创新暨跨国技术转移大会等品牌。

### 四 载体打造

近年来,河南致力于打造以产业示范区和产业集群为主的载体,助力新兴产业聚力发展。《河南省"十二五"战略性新兴产业发展规划》提出要建设示范园区,培育产业集群。具体措施包括加快示范园区主导产业发展,推动示范园区基础设施和公共服务平台建设,有序建设示范园区科研、生产、仓储物流等功能区。制定扶持示范园区发展的优惠政策，优先保障示范园区的土地、能源、环境容量等。2016年郑洛新国家自主创新示范区成为国务院批准的第十二个国家级自主创新示范区，河南加快推进郑洛新国家自主创新示范区建设，将其打造成我国重要的装备制造、新能源、新能源汽车、生物医药、现代物流创新中心和产业基地。《河南省"十三五"战略性新兴产业发展规划》提出将郑洛新国家自主创新示范区作为核心载体，加快推进郑州航空港经济综合实验区国家双创示范基地建设。以省级双创基地、高新技术开发区和重点产业集聚区为依托，完善配套服务功能，强化开放创新，加快企业集中集聚，培育壮大一批具有鲜明特色且优势明显的战略性新兴产业集群，形成与核心区各有侧重、各具特色、协同发展的格局。《河南省"十四五"战略性新兴产业和未来产业发展规划》提出要突出开发区主阵地、主战场、主引擎作用，支持每个开发区选择1~2个主导产业、1个新兴产业或未来产业，集中要素资源进行培育，加快形成特色优势。

## 五  创新平台建设

创新平台是集聚高端创新要素的"强磁场"，建设创新平台有利于河南省吸引高层次人才和高端创新资源。十年来，河南积极探索并不断深入和完善创新平台的建设。河南"十二五""十三五""十四五"战略性新兴产业发展规划均强调对创新平台的建设。

河南省创新平台建设围绕重点产业发展需求，主要包括实验室体系和各类创新平台。一是实验室体系，该体系包括国家实验室、国家重点实验室、省实验室、省重点实验室等。2021年，河南首个省实验室嵩山实验室揭牌成立，随后神农种业、黄河、龙门、中原关键金属、龙湖现代免疫、龙子湖新能源、中原食品、天健先进生物医学、平原等省实验室相继揭牌成立。在新一代信息技术、生物农业、新材料、智能装备、新能源、生物医学等新兴领域注入创新发展的动力。二是各类创新平台，主要包括技术、产业、制造业创新中心以及中试基地、产业研究院、新型研发机构。截至目前，国家超级计算郑州中心已成功创建并投入运营，国家农机装备创新中心、国家生物育种产业创新中心、食管癌防治国家重点实验室、作物逆境适应与改良国家重点实验室等国家级创新平台获批建设。河南已累计揭牌3批共36个省中试基地，打通科技成果转化的堵点，形成科技创新从研到产的全链条闭环。河南省建设了高温新材料、动物疫苗与药品、高端轴承等产业研究院，涵盖了新材料、高端装备、生物医药、新能源汽车等战略新兴领域，为河南制造业高质量发展提供技术支撑和动力引擎。

## 第四节　河南省新兴产业发展面临的问题

在新兴产业成为各地争相布局的"香饽饽"的形势下，河南新兴产业需加快形成核心竞争力，目前还面临新兴产业规模偏小、创新驱动能力不强、龙头企业有待培育等问题。

### 一　新兴产业规模偏小

2017年以来，河南省战略性新兴产业和高技术制造业增加值虽然持续快速增长，但与规模以上传统产业和高耗能产业相比仍有巨大的空间，与其他省份相比也存在一定的差距。2017~2022年，河南省规模以上战略性新兴产业和高技术制造业增加值占规模以上工业比重逐年上升，2022年分别为25.9%、12.9%。但2017~2022年，河南省规模以上传统产业、高耗能产业增加值占规模以上工业比重也在逐年上升且维持在高位，2022年分别为49.5%、38.6%，远高于战略性新兴产业和高技术制造业。另外，河南省新兴产业与国内发达省份相比存在较大差距。2022年江苏省战略性新兴产业和高技术制造业增加值占规模以上工业比重分别为40.8%、48.5%，广东省高技术制造业增加值占规模以上工业比重为29.9%，均处于高位。河南省新兴产业与同为中部六省的安徽相比也存在一定的差距。2022年安徽省战略性新兴产业增加值占规模以上工业比重达到40%以上，远高于河南的25.9%。

### 二　创新驱动能力不强

近年来，河南虽然致力于建设创新平台，着力推进产业与科技深度融合，但是科技创新整体实力仍然不强，制约着河南经济高质量发展。与广东省相比，河南在研发投入、有效发明专利、创新平台等方面还有待加强。2022年河南省研发经费投入突破1100亿元，远低于广东省的4200亿元；2022年河南省有效发明专利67164件，占全国有效发明专利的1.59%，仅为广东省的1/8；2022年河南省有国家重点实验室16个，国家工程技术研究中心 10 个，省级工程技术研究中心 3335 个，而广东省分别有 30 个、23 个、7589 个。由于创新驱动能力较弱，河南省产业链上下游企业无法紧密衔接，产学研创新体系建设步伐缓慢，科技创新力量主要分布在高校和研究院所，创新成果难以与产业发展有效连接，研发成果难以共享，导致关键技术缺失，高端产品供给能力不足，产业处于价值链中低端。

### 三　龙头企业有待培育

虽然河南近年来加大力度培育龙头企业，但河南仍然缺乏龙头企业，且龙头企业对产业链上下游带动力不强，战略性新兴产业要成为河南新的支柱产业，还需加紧培育龙头企业。目前河南没有一家企业入选"中国战略性新兴产业领军企业 100 强"，根据中国企业联合会、中国企业家协会发布的"2022 中国制造业企业 500 强"榜单，河南共有 24 家企业入选，远低于浙江的 78 家、山东的 75 家、江苏的 58 家和广东的 45 家。2022 年，河南虽然有 6 家上榜"中国新经济企业 500 强"，但仍远低于广东的 94 家、浙江的 63 家，江苏的 57 家。上榜的 6 家企业有 5 家属于新材料、生物医药等战略性新兴产业。

## 第五节　河南省新兴产业发展的对策建议

当前国际国内发展环境发生了深刻变化，给新兴产业发展提出新问题、带来新挑战，也带来新机遇、指明新方向，河南抢抓新兴产业发展机遇，应着重从以下几点发力。

### 一　坚持市场导向，加强政策引导

本土市场需求是新兴产业发展的基础和动力，河南应该坚持以市场为导向，以政策为引导，加快推动新兴产业高质量发展。一是各级政府的重点工作应围绕完善新兴产业发展的市场机制和培育市场需求展开，引领企业技术创新、产品研发、生产制造，抢占科技制高点，打造市场竞争优势，尽可能减少使用直接扶持方式及扭曲市场的产业政策。二是注重发挥政策引导协调作用，政府投资性资本可加大对新兴产业的投资力度，引导社会投资向新兴产业聚集；还应完善新兴产业治理评价体系，构建新兴产业统计监测指标体系，定期跟踪评估新兴产业的重点企业与先进集群，根据评估结果评选优胜者和授予不同星级，在创新平台建设、重大项目布局和基金融资等方面对评估结果优异的企业和集群给予倾斜支持，并将优质企业和先进集群建设的做法经验在全省范围内复制推广。

## 二 优化创新生态，增强发展动力

河南应坚持以创新驱动新兴产业发展，加快建设多级创新平台和创新型企业。一是要建设重点实验室、产业研究院、中试基地、创新中心、技术中心、研究中心等创新平台，增强创新平台载体对新兴产业的赋能效应，有效激发知识溢出效应，切实提高科技供给的质量和效率，夯实新兴产业技术创新的基础设施建设。二是要积极培育创新型企业，持续加大对国家技术创新示范企业、国家高新技术企业、创新型企业的研发投入力度，努力实现量质齐升，加快推动规模以上工业企业研发机构、研发活动全覆盖。三是要鼓励引导该领域内的创新型企业、知名高校、科研院所和其他社会组织开展产学研合作，打通新兴产业创新平台和创新型企业技术共享渠道，推动创新链产业链有效对接，并对产业链进行梳理，明确薄弱环节，制定关键核心"卡脖子"技术清单，进行联合攻关。四是要吸引国内外行业龙头企业、知名高校、科研院所在河南设立区域研发中心，吸引高端创新要素在河南集聚。

## 三 培育优质企业，打造产业集群

优质企业是促进新兴产业长期持续健康发展的主力军，产业集群是区域经济竞争的主要力量，两者很大程度上代表了河南新兴产业的综合竞争力。但是，河南新兴产业重点领域面临缺乏龙头企业和集群度低等问题，对此，应积极培育优质企业，打造重点新兴产业集群。一是培育优质企业。做强龙头企业，聚焦电子信息、新材料、生物医药等新兴产业重点产业链，分级培育链主企业、"头雁"企业和"独角兽"企业，建立创新型中小企业、省级专精特新中小企业、国家级专精特新"小巨人"企业、制造业单项冠军企业四级跳的优质中小企业梯度培育体系。二是加速打造新兴产业集群，聚焦新一代信息技术、新材料、生物技术、节能环保四大优质主导产业，高端装备、新能源、新能源及智能网联汽车、航空航天、新兴服务业五大高成长产业，积极引进一批创新型龙头企业，吸引相关配套企业和机构聚集，推动集群内部协同创新，提升集群产业价值链，培育不同能级的新兴产业集群。

## 四　引育高端人才，形成智力保障

新兴产业具备高技术含量、高附加值、资源集约的特点，这些特点决定了其发展需要高端人才和专业人才，而河南省目前高端人才缺口较大，专业人才储备也不足。对此应该完善高端人才引育机制，按照新兴产业重点产业链图谱清单和关键核心技术"卡脖子"清单，制定新兴产业紧缺人才清单，精准引育高端创新人才、技术人才、领军人才和高水平创新团队。一是引进人才，河南可建立与国内外知名院校和科研院所的定向联系，落实高端人才引进的购房补助等各项激励政策，并根据河南社会发展情况及时调整完善，保持对高端人才的吸引力。二是培育人才，依托河南省内知名高校、创新平台与龙头企业等加强高端人才与技术人才的培育。可设立新兴产业技术人才联合培养基地，从知名高校和重点企业挑选优秀人才，通过高校线上线下开班授课、重点企业及创新平台多岗位实践等理论与实践相结合的培养方式，优中选优纳入河南省优秀人才资源库，为新兴产业高质量发展持续提供高水平人才支撑。

# 第七章　河南未来产业布局逐步展开

　　未来产业代表着新一轮科技革命和产业变革的方向，已经成为衡量一个国家或地区科技创新和产业竞争力的重要标志，发达国家依托科技优势纷纷布局未来产业，各地立足自身特色均在谋划发展未来产业。面对新一轮产业竞争，2021年底河南发布《河南省"十四五"战略性新兴产业和未来产业发展规划》，强化前沿领域跟踪突破，谋篇布局氢能及储能、类脑智能、前沿新材料、生命健康、未来网络、量子信息六大未来产业，全力争创国家未来产业先导试验区。

## 第一节　氢能及储能产业

　　氢能及储能产业是通过氢气和氧气的化学反应来产生能量，并借助介质或设备把氢能存储再释放出来的相关行业，广泛应用于交通、工业、能源、建筑等领域。氢能及储能产业从产业链构成看，主要包括上游制氢、储氢、运氢、加氢等环节，中游氢能及储能系统和零部件研发制造，下游氢能及储能的行业应用。

### 一　国外氢能及储能产业发展趋势

　　在全球积极应对气候变化、能源紧缺和环境污染的大背景下，能源行业正经历以低碳化、无碳化、低污染为方向的第三次能源变革，氢能以其清洁灵活高效和应用场景丰富等优势受到全球瞩目，欧盟、美国、日本、韩国等均已将氢能纳入发展战略，纷纷出台政策、投入资金，抢跑氢能赛道。

### （一）先进国家相继更新氢能战略，但发展侧重各有不同

　　截至2021年底，全球氢能项目总数达到了359个。日本于2017年12

月提出了氢战略，2020 年更新了新的氢能和燃料电池战略路线图。韩国于 2018 年将氢能经济确定为三大创新增长战略之一，并以燃料电池和燃料电池车为两大支柱。欧盟于 2020 年 7 月发布《欧盟氢能源战略》，概述了包括制氢、储氢、运氢全产业链以及现有天然气基础设施、碳捕集和封存技术等的投资计划。加拿大于 2020 年 12 月发布国家氢能战略，计划通过加强氢能基础设施建设及促进终端应用，成为全球主要氢能供应国。美国于 2021 年 6 月宣布 "氢能源地球计划"，提出在 10 年内实现绿氢成本降低 80% 的目标。但各国氢能产业发展模式不尽相同。日本、韩国将氢能作为新兴产业制高点，重视产业应用；美国将氢能作为战略储备能源，优先重视基础技术研发，缓推应用；欧盟将氢能作为深度脱碳能源转型的重要工具，注重氢能基础建设；澳大利亚、加拿大将氢能作为未来重要的出口资源。

**（二）氢能及储能产业关键技术更新迭代加快，但各国精选赛道各具优势**

在制氢环节，碱性电解水技术已发展成熟并实现大规模应用，质子交换膜纯水电解制氢技术发展迅速，在国外已成功实现商业化；在储运环节，高压气态储运氢技术成熟，70 兆帕车载储氢系统实现商用，90 兆帕技术正在研究；在加氢环节，70 兆帕加注技术已成功应用于加氢站，美国开发的新型 PCR 氢气加注技术使设备成本降低 25%~30%；在燃料电池关键核心技术方面，美国、日本、德国等技术成熟并进行商业化推广，耐久性达 5000 小时以上，功率密度为 4.2 千瓦/升。综观全球氢能产业发展，主要国家氢能产业技术优势领域各有不同。例如，美国的储氢瓶、膜电极、双极板等关键零部件制造以及氢燃料电池系统制造全球领先，加拿大的制氢、储氢装备制造及燃料电池系统制造优势突出，德国、英国在储气瓶、加氢站、压缩机、催化剂、膜电极等领域占据优势地位，日本、韩国在交通运输应用、绿氨、液氢和有机液态储氢项目方面实力雄厚。

**二　我国氢能及储能产业发展现状**

在我国，加快发展氢能产业也成为保障国家能源安全、实现绿色发展的必然要求，从 2019 年氢能源首次写入《政府工作报告》，到 2021 年 8 月氢燃料电池"示范城市群"落地，再到 2022 年 3 月《氢能产业发展中长期规划（2021—2035 年）》发布，我国氢能产业坚持顶层设计、高位推动，实现了快速发展。

## （一）重点区域示范叠加央企入场，加速推动氢能产业发展

截至 2022 年，全国已有 20 多个省（市）以及 40 余家央企积极布局氢能产业，启动了北京、上海、佛山、郑州、张家口"3+2"氢燃料电池"示范城市群"，打造了京津冀、长三角、珠三角、成渝、山东及环武汉等一批产业创新发展高地，氢气总产能约 4000 万吨，建成加氢站 324 座，氢燃料电池汽车保有量达到 12305 辆，成功在氢能制备、储运、燃料电池系统集成、加氢设施等主要技术和生产工艺方面取得突破。

## （二）技术创新取得突破，加快推动进口替代

在制氢方面，我国大型煤制氢、天然气制氢技术及装备世界领先；碱性电解槽技术达到国际先进水平；质子交换膜电解槽（PEM）技术进步较大，但仍跟跑国际先进水平。在储运方面，我国仍以 20MPa 压缩氢气运输为主，液氢、固态储氢、50MPa 压缩气体运输技术及装备取得显著进步，但与国际一流水平差距明显；98MPa 固定储氢容器和 45MPa 及以上固定储氢瓶组性能指标基本达到国际先进水平；车载三型瓶技术成熟并实现全国产化，四型瓶初步具备量产水平。在加氢站技术及装备方面，45MPa 隔膜式和液驱式氢气压缩机已具备产业化能力；90MPa 氢气压缩机核心技术取得突破；加氢机整机开发实现国产化，但阀门、流量计等关键部件仍依赖进口。在燃料电池及零部件方面，质子交换膜和气体扩散层（碳纸）技术水平显著提升，但产业化仍有待突破；催化剂已实现量产，但仍跟跑国际先进水平；膜电极、空压机、双极板等国产化进展迅速，正在快速缩小与国际先进水平的差距；电堆与系统集成技术水平与国际并跑，并向高功率、高集成、低成本方向发展。

## （三）燃料电池汽车将是主流，引领氢能需求快速增长

从当前需求结构来看，氢气需求端的工业色彩依然很浓，主要应用于合成氨、合成甲醇、石油炼化等领域，民用氢气比例极低，可以想象，未

来氢气最大的应用场景便是氢燃料电池，燃料电池汽车也将成为燃料电池市场的增长主力。据中国汽车工业协会统计，2022年我国氢燃料电池汽车累计生产3626辆，全国氢燃料电池汽车保有量达到12305辆。据《中国氢能产业发展报告2020》预计，2025年氢能源汽车保有量到达10万辆、2030年保有量达到80万~100万辆。

### 三　河南省氢能及储能产业发展基础

当前，河南省以推动郑州城市群燃料电池汽车示范应用为引领，以打造郑汴洛濮氢走廊为支撑，已经实现涵盖氢气制备、加氢装置、燃料电池、氢能源整车的全产业链布局。

#### （一）从全产业链布局看，优势企业集聚发展格局基本形成

以示范应用为引领，以郑州为带动，河南省燃料电池汽车产业快速发展，已初步形成了涵盖整车、燃料电池、核心零部件、加氢装备等领域优势企业的产业链。在整车领域，宇通客车、德力汽车、新飞专汽等已具备燃料电池汽车整车制造能力；在关键零部件领域，豫氢装备、正星科技、亚普汽车等优势企业在加氢核心装备、车载供氢系统、燃料电池关键零部件等细分领域处于国内领先地位；在氢能供应领域，东大化工、华久氢能源、鑫磊集团、心连心、焦作伟祺等企业积极推动工业副产氢提纯、光伏发电制氢、生活垃圾发电制氢等项目。与此同时，全省燃料电池汽车关键部件产业加速布局，上海重塑、江苏清能、北京亿华通、氢氙科技等优势企业纷纷落地省内示范城市，新乡氢能产业园、洛阳氢能电机装备产业园、濮阳氢能产业园等氢能产业链集聚发展格局初步形成。

#### （二）从氢能供给看，工业副产氢仍是主要供给、绿氢制备有所探索

河南省是全国重要的化工大省，氯碱、焦化、合成氨工业基础较好，氢气供给主要还是依赖工业副产氢。焦作具有较大规模的氯碱、二氧化钛、合成氨工业副产氢，其中氯碱、二氧化钛副产氢气每年约3.6亿立方米。安阳拥有省内最大规模的焦炭产业，年产能超过1000万吨，每年副产氢气超过25亿立方米。濮阳依托丰富的资源禀赋和扎实的基础条件，氢气年产能

26 亿立方米。同时，焦作、开封、新乡合成氨工业每年制备氢气 77 亿立方米。河南省已经开始探索绿氢制备，中原油田兆瓦级可再生电力电解水制氢示范项目、河南平煤神马东大化学有限公司 16 兆瓦光伏制氢示范项目、华久氢能屋顶光伏发电制氢项目三大绿氢项目正在全力推进，未来河南省氢气供应将逐步实现多元化。

### （三）从场景示范应用看，郑州奋勇当先的发展态势突出

截至 2023 年 2 月，在郑州牵头带动下，郑州城市群共计推广 675 台燃料电池汽车，累计纯氢运行里程 530 万公里，建成加氢站 21 座。从城市分布来看，郑州 541 台、新乡 71 台、开封 30 台、安阳 33 台，洛阳和焦作均未实现推广示范车辆的突破，郑州一马当先、率先示范的态势十分突出。从示范场景看，城市群实施方案中共策划了 9 类示范应用场景，目前已开展公交、冷链、环卫、渣土/搅拌、重型牵引 5 类应用场景，示范应用效果良好。

### 四　河南省氢能及储能产业培育方向

当前正是氢能产业发展的风口期、窗口期，河南省氢能及储能产业基础较好，政策优势明显，河南省应突出以郑州城市群燃料电池示范应用为引擎，进行氢气制备、氢能及储能系统以及关键零部件研发制造、燃料电池汽车及工业氢气应用等全产业链布局。

### （一）推动"一群一廊"错位联动发展

统筹郑州燃料电池汽车应用示范城市群和郑汴洛濮氢走廊协同布局、联动发展，引导郑州、新乡、洛阳、开封、安阳、焦作、濮阳七市强化统筹规划，发挥各自产业既定优势，支持各地错位发展，加快打造各地市产业互通互用、协同错位发展的联动发展格局。

### （二）推动燃料电池汽车产业链与氢能供给产业链双向协同发展

充分发挥郑州燃料电池商用车率先批量应用的先发优势，用好整车规模示范和产业龙头带动效应，以"补链、强链、延链"为重点，培育和吸引燃料电池汽车和氢能产业上下游重点企业在郑州城市群集聚，协同发展、

协同联动，加快打通氢能制取、提纯、运输、基础设施、氢能装备等氢能产业链，提升整车、系统、膜电极、基础材料等为核心的燃料电池汽车产业链薄弱环节。

### （三）持续发挥郑州城市群燃料电池应用示范引领作用

围绕出行、物流等应用场景，加快研发冷链物流车、自卸搅拌车、重型牵引车、大中型客车等车型产品，用好整车规模示范和产业龙头带动效应，加快打通氢能制取提纯、高压氢气存储运输、氢能装备等氢能产业链，提升膜电极、催化剂、双极板、空压机等燃料电池汽车产业链薄弱环节。发挥省会创新高地作用，依托省燃料电池与氢能工程技术研究中心、省氢能与燃料电池汽车产业研究院、燃料电池发动机系统河南省重点实验室，联动省内优势企业、科研院所，聚焦大功率燃料电池电堆、高适应性长寿命膜电极及双极板、大容积高集成度车载储氢系统等燃料电池关键技术和专用装备开展创新突破。

### （四）加快完善氢能基础设施

探索非化工园区制氢，借鉴广东、河北等省份具体做法，探索允许在非化工园区制氢，降低终端用氢价格。完善加氢站建设和管理，简化加氢站行政审批手续，建设一批集加油、加气、加氢、充换电等综合能源服务于一体的综合充能项目站，并引入氢能"一体化运维管理云平台"，对氢气供需进行预测与平衡分析，对加氢站负荷进行实时监控、灵活调度。

## 第二节　类脑智能产业

类脑智能是以计算建模为手段，受脑神经机制和认知行为机制启发，并通过软硬件协同实现的机器智能，实现了人工智能从感知智能向认知智能演进、从弱人工智能向强人工智能升级，是人工智能发展的重要方向和终极目标。从产业发展看，具体包括基础理论层（研究大脑可塑性机制、脑功能结构、脑图谱等大脑信息处理机制）、硬件层（神经形态芯片）、软件层（核心算法和通用技术）、产品层（交互产品和整机产品）。

## 一　国外类脑智能产业发展趋势

世界主要国家积极布局类脑智能研发，日本于 2008 年提出了"脑科学战略研究项目"，美国于 2013 年启动"创新性神经技术大脑研究"计划，欧盟于 2013 年实施"人脑计划"，韩国于 2016 年发布"脑科学研究战略"，以求在大脑机理、类脑算法、计算架构和硬件能力方面实现率先突破。与此同时，全球类脑智能发展主要体现在两个方面：一是脑机接口及混合现实，就是在大脑和外部机器之间构建接口和互联通路，以实现信息的直接交换，脑机接口技术可以更好地集成现实世界和虚拟世界；二是神经计算及类脑芯片，通过借鉴脑神经结构和信息处理机制，模拟大脑神经系统，构建以计算为基础的"虚拟人脑"，使机器以类脑的方式实现人类认知能力及协同机制，实现"机制类脑、行为类人"。全球顶尖高校和技术公司均布局类脑芯片，英国曼彻斯特大学的 SpiNNaker 芯片、德国海德堡大学的 BrainScaleS 芯片、美国斯坦福大学的 Neurogrid 芯片以及 IBM 公司的 TrueNorth 芯片、英特尔公司的 Loihi 芯片等都在类脑芯片领域持续探索。微软提出了意识网络架构，声称是具备可解释性的新型类脑系统。谷歌在现有谷歌大脑基础上结合医学、生物学积极布局类脑智能。

## 二　我国类脑智能产业发展现状

我国高度重视类脑智能发展，与发达国家同步谋划类脑智能技术研发，2017 年成立了中国科学技术大学类脑智能技术及应用国家工程实验室，2018 年成立了北京脑科学与类脑研究所，形成了"南脑北脑"共同快速发展的格局。与此同时，发达地区纷纷布局类脑智能研发及产业化，2019 年 2 月上海发布类脑芯片与片上智能系统研发与转化功能型平台，2020 年 11 月广东设立广东省类脑智能计算重点实验室，2021 年 3 月南京启动脑与类脑产业计划及南京脑科学与类脑智能创新中心。

## 三　河南省类脑智能产业发展基础

当前，河南省人工智能产业已经具备一定的基础。在基础研究方面，中国人民解放军战略支援部队信息工程大学承担科技部 863 课题"面向大规模图像分类的脑机交互技术"和国家"十三五"重点研发计划课题"多模态脑信号解析与脑活动认知状态判读"，申请并获得相关国家发明专利 4 项，已建成高场磁共振成像科研专用实验平台；郑州大学河南省脑科学与脑机接口技术重点实验室以"生物感知、认知与行为神经信息的获取、解析和调控研究"为核心，在微型高相容神经接口、神经计算模型、脑功能康复与增强等方面形成了一批具有自主知识产权的创新性成果。在产业发展方面，在智能图像处理、小语种翻译、智能语音、智能家居平台、智能医疗辅助诊断等领域，河南拥有一定的产业基础，人工智能软件、产品和服务等核心产业规模约 50 亿元。在算力基础设施方面，河南实施超算与智算协同发展，建设了国家超级计算郑州中心，建成投用许昌鲲鹏计算中心等一批新型数据中心，中原人工智能计算中心、"嵩山"人工智能公共算力平台入选科技部首批 16 个国家新一代人工智能公共算力开放创新平台，为类脑智能提供强大数据算力基础。

## 四　河南省类脑智能产业培育方向

河南省培育发展类脑智能产业，应以提升类脑智能科技创新能力为主攻方向，坚持研发攻关、产业培育与应用开发"三位一体"推进，依托中国人民解放军战略支援部队信息工程大学、郑州大学加强与国内研究机构战略合作，推动类脑芯片与系统、类脑计算机、类脑智能机器人、脑控设备、智能假体等研发和产业化。

### （一）加快类脑智能关键技术攻关

支持中国人民解放军战略支援部队信息工程大学、郑州大学等开展类脑智能、人机混合增强智能等前沿技术研究和感知识别、知识计算、认知推理、运动执行等关键共性技术攻关，支持河南大学"空间信息处理工程实验室"研发基于类脑智能的处理时空大数据的高性能复杂系统，加强与中国科学技术大学类脑智能技术及应用国家工程实验室、北京脑科学与类脑研究所、复旦大学类脑智能科学与技术研究院等机构战略合作，推动类脑芯片与系统、类脑计算机、类脑智能机器人、脑控设备、智能假体等研发和产业化在河南落地。

## （二） 依托优势企业打造产业集群

积极打造郑州、洛阳、新乡等地类脑智能产业集群，重点突破图像识别感知、数字图像处理、语音识别、智能判断决策等核心应用技术，引育一批类脑智能龙头企业，做强智能网联汽车、智能机器人、智能无人机、智能计算设备等智能产品，加快推进中原人工智能计算中心、中原昇腾人工智能生态创新中心建设。重点依托中信重工、中原动力、新松机器人（新乡）等优势企业，突破跨媒体感知计算、大数据智能、群体智能、自主协同控制与优化决策等技术，研发具备复杂环境感知、智能人机交互、灵活精准控制、群体实时协同等特征的智能化设备。依托河南讯飞等优势企业，突破模式识别、智能语义理解、智能分析决策等技术，研发智能理解产品或模块。

## （三） 开发应用场景形成示范效应

发挥河南省数据资源优势，构建行业大数据训练库和标准测试数据集，建设提供知识图谱、算法训练、产品优化、安全可控等共性服务的开放性云平台。依托智慧城市建设，推动类脑智能技术和设备在医疗、教育、交通、物流、金融、文化、旅游、安防、灾害预警等领域应用，推进无人驾驶、智能家居、智能农机、智慧物流等示范应用。举办国际智能网联汽车大赛，支持郑州、洛阳、新乡等地创建国家级人工智能创新应用先导区，打造"中原智谷"。

# 第三节　前沿新材料产业

前沿新材料是具有战略性、前瞻性和颠覆性的新材料，目前主要包括硼墨烯材料、过渡金属硫化物、4D 打印材料、超导材料、仿生材料等。

## 一　国外前沿新材料产业发展趋势

目前，发达国家仍在全球新材料产业中占据领先地位，世界上新材料龙头企业主要集中在美国、日本和欧洲各国。美国在国家层面上围绕先进材料、纳米材料、碳纤维复合材料等领域提出多项计划，受益于强有力的政策支持、资本投入、雄厚产业基础以及全球顶尖科研机构等优势条件，美国在新材料领域处于全面领先地位。欧洲在光学光电材料、结构材料、纳米材料上具有明显优势，其中英国聚焦生物材料、海洋材料、低碳产业相关材料以及高附加值制造业相关材料等出台了一系列战略规划；德国则围绕电动汽车相关材料、可再生能源材料、生物材料等强化政策引领；俄罗斯主要针对新能源材料、节能环保材料、纳米材料、生物材料、医疗健康材料等强化技术研发和产业布局。日本依托强大的材料科技基础，在纳米材料、电子信息材料、碳纤维材料、半导体材料上具有绝对技术优势。韩国在显示材料、存储材料上具有较强竞争力。世界各国前沿新材料领域相关发展计划见表 7-1 所示。

表 7-1　世界各国前沿新材料领域相关发展计划

| 国家或地区 | 出台的计划 | 涉及的新材料相关领域 |
|---|---|---|
| 美国 | 先进制造业国家战略计划、重整美国制造业政策框架、先进制造伙伴计划、纳米技术签名倡议、国家生物经济蓝图、电动汽车国家创新计划、"智慧地球"计划、大数据研究与开发计划、下一代照明计划、低成本宽带半导体晶体发展战略计划 | 新能源材料、生物医药材料、环保材料、纳米材料，先进制造、新一代信息与网络技术和电动汽车相关材料，材料基因组，宽禁带半导体材料 |
| 欧盟 | 欧盟能源技术战略计划、能源 2020 战略、物联网战略研究路线图、欧洲 2020 战略、可持续增长创新、欧洲生物经济、"地平线 2020"计划、彩虹计划、旗舰计划 | 低碳产业相关材料、信息技术（重点是物联网）相关材料、生物材料、石墨烯等 |
| 德国 | 能源战略 2050、清洁可靠和经济的能源系统、高科技战略行动计划、2020 高科技战略、生物经济 2030 国家研究战略、国家电动汽车发展规划、工业 4.0 | 可再生能源材料、生物材料、电动汽车相关材料等 |
| 法国 | 环保改革路线图、未来十年投资计划、互联网：展望 2030 年 | 可再生能源材料、环保材料、信息材料、环保汽车相关材料 |
| 英国 | 低碳转型计划、英国可再生能源发展路线图、技术与创新中心计划、海洋产业增长战略、合成生物学路线图、英国工业 2050 | 低碳产业相关材料、高附加值制造业相关材料、生物材料、海洋材料等 |
| 日本 | 新增长战略、信息技术发展计划、新国家能源战略、能源基本计划、创建最尖端 IT 国家宣言、下一代汽车计划、海洋基本计划 | 新能源材料、节能环保材料、信息材料、新型汽车相关材料 |

续表

| 国家或地区 | 出台的计划 | 涉及新材料相关领域 |
|---|---|---|
| 韩国 | 新增长动力规划及发展战略、核能振兴综合计划、IT韩国未来战略、国家融合技术发展基本计划、第三次科学技术基本计划 | 可再生能源材料、信息材料、纳米材料等 |
| 俄罗斯 | 2030年前能源战略、国家能源发展规划、2025年前国家电子及无线电电子工业发展专项计划、2030年前科学技术发展优先方向 | 新能源材料、节能环保材料、纳米材料、生物材料、医疗和健康材料、信息材料等 |
| 巴西 | 低碳战略计划、科技创新行动计划 | 新能源材料，环保汽车、民用航空、现代生物农业相关材料 |
| 印度 | 气候变化国家行动计划、国家太阳能计划、科学技术与创新政策 | 新能源材料、生物材料等 |
| 南非 | 国家战略规划绿皮书、新工业政策行动计划、2030发展规划、综合资源规划 | 新能源材料、生物制药材料、航空航天相关材料等 |

## 二 我国前沿新材料产业发展现状

我国自"十三五"以来，先后出台一系列新材料产业相关政策，从发布《"十三五"国家战略性新兴产业发展规划》明确加快新材料等战略性新兴产业发展，到成立国家新材料产业发展领导小组，再到发布《新材料产业发展指南》，不断为新材料产业发展提供政策支持，在部分领域实现了与国际先进水平"并跑"甚至"领跑"。当前，我国新材料产业区域集聚态势明显，初步形成了东部沿海集聚、中西部特色发展的空间格局。环渤海地区在稀土功能材料、磁性材料、硅材料、特种纤维等领域技术驱动效应明显，长三角在电子信息材料、新能源材料、新型化工材料、航空航天材料等领域具有较强优势，珠三角在电子信息材料、改性工程塑料、高端陶瓷材料等领域产业集中度较高。此外，湖北的高端金属材料、电子信息材料、化工新材料，湖南的先进储能材料、新型合金材料、碳基材料，广西的有色金属新材料，重庆、陕西、山东等的航空航天材料、能源材料及重大装备材料都已经形成各自的区域特色。

### 三 河南省前沿新材料产业发展基础

河南是材料大省,在超硬材料、耐火材料、有色金属、建筑材料等领域优势明显,拥有平煤神马、多氟多、中南钻石、黄河旋风等一批龙头企业。尤其近些年,积极推动材料产业向前沿、新型材料升级,河南省已经在尼龙新材料、氟基新材料、生物可降解材料、可降解塑料、纳米材料、金刚石等领域展现了良好发展态势。打造郑州、洛阳、许昌等地第三代半导体材料产业集群;依托南乐国家级生物基材料产业园,以及金丹乳酸等优势企业,完善聚乳酸生物基材料产业链。

大力开展前沿新材料生产企业与设计、应用单位供需对接,支持前沿新材料生产企业面向应用需求研发新材料,探索供应链提前介入研发(EVI)模式;谋划建设前沿新材料生产应用示范平台,推动前沿新材料应用验证和示范推广;建立新材料首批次应用保险补偿机制,大力推进新材料首批次应用;在汽车及零部件、轨道交通、高端装备、航空航天、电子信息、装配式建筑等领域,开展先进功能材料产业化示范,提高碳基新材料、特种金属材料、第三代半导体材料产品组合和生产能力。

## 第四节 生命健康产业

生命健康产业以改善、维护和促进健康为目标,通过大数据和人工智能技术赋能多个细分领域,主要包括生命科学和生物科技研发、生物医药、基因工程、脑科学、人类增强、智能康养、精准医疗等领域。

### 一 国外生命健康产业发展

近年来,全球生命健康产业规模稳步增长,2021年全球市场规模达到4.7万亿美元,预计到2031年将增长到12.8万亿美元。从区域分布看,美国处于世界领先地位,是全球最大的市场,2020年美国生命健康产业经济总量达到1.2万亿美元,占全球生命健康产业经济总量的28%,且美国是全球现代生物技术的发源地,拥有辉瑞、强生、默克、惠氏等一批世界级生物技术巨头。中国是生命健康产业第二大市场,虽然在经济规模上与美国还有较大差距,但增长率表现较好,发展潜力巨大(见表7-2)。

表 7-2 生命健康产业市场全球前 20

| 国家和地区 | 生命健康产业经济规模（10 亿美元） | | | 年均增长率（%） | | |
|---|---|---|---|---|---|---|
| | 2017 年 | 2019 年 | 2020 年 | 2020 年排名 | 2017~2019 年 | 2019~2020 年 |
| 美国 | 1198.1 | 1409.7 | 1215.7 | 1 | 8.5 | -13.8 |
| 中国 | 583.2 | 700.2 | 682.7 | 2 | 9.6 | -2.5 |
| 日本 | 288.6 | 323.0 | 303.6 | 3 | 5.8 | -6.0 |
| 德国 | 224.4 | 244.4 | 223.9 | 4 | 4.4 | -8.4 |
| 英国 | 149.6 | 167.8 | 158.4 | 5 | 5.9 | -5.6 |
| 法国 | 136.9 | 150.5 | 133.1 | 6 | 4.8 | -11.6 |
| 加拿大 | 90.0 | 104.2 | 95.1 | 7 | 7.6 | -8.8 |
| 韩国 | 90.0 | 101.8 | 94.1 | 8 | 6.4 | -7.5 |
| 意大利 | 100.9 | 107.5 | 91.8 | 9 | 3.2 | -14.5 |
| 澳大利亚 | 81.3 | 91.0 | 84.4 | 10 | 5.8 | -7.3 |
| 巴西 | 122.9 | 112.6 | 82.6 | 11 | -4.3 | -26.6 |
| 印度 | 69.9 | 87.3 | 77.6 | 12 | 11.8 | -11.2 |
| 俄罗斯 | 78.6 | 86,8 | 71.4 | 13 | 5.1 | -17.7 |
| 西班牙 | 69.9 | 74.9 | 62.6 | 14 | 3.5 | -16.4 |
| 墨西哥 | 52.9 | 60.4 | 46.5 | 15 | 6.8 | -23.1 |
| 荷兰 | 36.4 | 40.3 | 41.0 | 16 | 52 | 1.7 |
| 中国台湾 | 36.8 | 39.1 | 38.4 | 17 | 3.0 | -1.8 |
| 瑞士 | 39.6 | 44.6 | 38.2 | 18 | 6.2 | -14.4 |
| 印度尼西亚 | 34.9 | 40.6 | 36.4 | 19 | 7.9 | -10.3 |
| 土耳其 | 39.4 | 39.9 | 34.6 | 20 | 0.6 | -13.4 |

资料来源：全球健康研究院（GWI）。

从消费结构看，高收入国家生命健康产业消费支出大多分布在医药器械、生物药、化学药、中医药、医养健康等领域，而低收入国家主要集中在健康饮食、个人护理、公共卫生和预防等，消费结构差距较大。从产业融资看，虽然 2022 年融资活跃度有所下降，但全球生命健康产业融资仍然是活跃领域，美国、中国、英国、以色列和印度是全球生命健康产业融资事件发生最多的五个国家，其中，中国和美国的融资总额占全球的 75%、融资事件数量占全球的 81%。在细分赛道和交易轮次上，高潜力初创生物制药企业表现突出，根据动脉橙数据，2022年近五成融资发生在早期阶段，其中生物制药、医疗信息化、"互联网+"医疗健康、研发制造外包等赛道热度较高，融资事件数量占2022年全部融资事件的46%。

## 二 我国生命健康产业发展现状

在市场需求扩大的助推下，近些年我国生命健康产业发展进入快车道，艾媒数据显示，2021年我国生命健康产业营收规模达8万亿元（见图7-1），已经培育出长三角、粤港澳大湾区、京津冀和成渝都市圈四大产业高地。其中，长三角地区主要以生物医药为主，医药制造和服务全国领先，贡献了全国近30%的产值、30%的药品销售额、拥有全国三分之一的生物医药产业园区，以及西门子医疗、罗氏制药、上海医药、美迪西等一批知名企业。粤港澳大湾区在医疗器械尤其是医疗设备领域相对领先，打造了中新广州知识城、广州科学城、广州国际生物岛等知名园区，同时因区域内集聚两种制度、三种关税、三种货币，是全国最具创新活力的高地，境内外生物健康产业人才、资本等要素高效流通。京津冀地区产业整体发展较为成熟，依托北京在医药健康领域的基础研究和前沿技术科研优势，培育了中关村生命科学园、亦庄生物医药园、大兴生物医药产业基地等产业园区，已经形成北京、

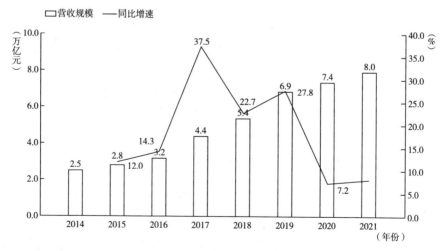

**图7-1 2014~2021年我国生命健康产业整体营收规模情况**

资料来源：艾媒数据中心。

天津、河北三地互补协作、集群式发展的格局。成渝都市圈产业发展逐步加强，自 2017 年起一大批外企陆续入驻成都，西门子在成都建立数字化工厂，赛诺菲中国西部运营与创新中心和赛诺菲全球研发运营中心落户成都，美敦力在成都建立了第二个创新中心，阿斯利康在成都建立西部总部。

作为抗周期的长青行业，尤其在深化医改、产业升级、创新加速的大背景下，我国生命健康产业显示了强大的活力，投融资蓬勃发展。据戴德梁行不完全统计，专门成立生命健康基金的机构数量已超 300 家，而投资过生命健康产业的机构达上千家。从各细分领域来看，创新药品和医疗器械两大主力赛道投融资活跃，医疗服务投资持续升温。2021 年生命健康产业各领域投融资占比情况如图 7-2 所示。

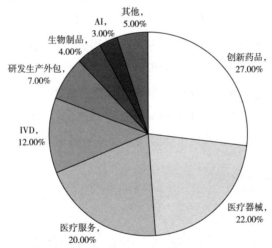

**图 7-2　2021 年生命健康产业各领域投融资占比情况**

资料来源：《2021 年医疗健康与生命科技领域投融资报告》。

### 三　河南省生物健康产业发展基础

河南省生命健康产业具备一定的规模，2018 年 12 月，河南省政府办公厅印发《河南省现代生物和生命健康产业发展行动方案》，重点发展生物医药领域、生命健康服务、生物制造等领域。在生物医药领域，河南拥有血液制品行业龙头华兰生物、国内体外诊断试剂和仪器领域主力厂家安图生物、国内兽用疫苗行业龙头普莱柯生物等一批优势企业；在基因技术领域，郑州大学建设华大基因学院,河南省基因检测技术应用示范中心是首批 27 个国家级基因检测技术应用示范中心之一,在肿瘤基因检测、遗传病基因检测、产前筛查及出生缺陷基因检测等领域有较好的基础。在生物制造领域,周口郸城、濮阳南乐等生物新材料产业园建设取得阶段性成效。

## 四 河南省生命健康产业培育方向

河南省培育壮大生命健康产业,应重点聚焦生物医药、基因技术、生物设备和产品制造、医疗服务及健康管理等领域,支持建设产品应用示范基地,组织实施重大产业创新项目和应用示范工程,形成"示范应用—临床评价—技术创新—辐射推广"的良性循环。

### (一)全力提速优势技术研发

加快建设郑州大学一附院、河南省人民医院等健康领域应用基础研究重大平台,开展基因细胞、疫苗、高性能影像设备、精准快诊试剂及临床治疗新技术研发,提升临床研究水平和医疗技术临床应用试验能力。加快河南省基因检测技术应用示范中心、河南省精准医学大数据工程实验室、郑州大学基因测序与转化工程研究中心等机构建设,建立河南基因数据库,开展常见高发病基因大数据研究。

### (二)全力提升产业集群能级

聚焦恶性肿瘤、重大传染性疾病、心脑血管疾病、神经精神疾病、慢性病等领域防治需求,加强医疗机构、临床医学研究中心、医药企业等联动协作,推动细胞技术临床应用、细胞工厂建设和合成生物学技术工业应用,开展新型疫苗、基因工程药物、细胞治疗产品、体外诊断产品、高端医用耗材和先进医疗设备等研发,打造郑州、许昌、新乡、南阳等地生命健康产业集群。

### (三)全力做强公共服务平台

集中力量做强生命健康产业技术研发与转化功能型平台,促进创新资源开放协同和研发成果的转移转化。强化临床前研究支撑服务体系建设,进一步提升新药筛选、新药安评、实验动物等一批临床前公共平台的服务能力。大力培育生命健康产业成果转化中介服务机构，对药物非临床安全性评价机构、药物（含医疗器械）临床试验机构、有特殊专业要求的临床研究医院、生物医药（含现代中药）产业中试平台、数据中心等重要公共服务平台建设给予资金补贴。

# 第五节　未来网络产业

未来网络是未来新一代网络技术，是集连接、感知、计算和数据服务为一体的网络，具备超级安全、自主优化、进化更新三大能力。

## 一　国外未来网络产业发展趋势

近年来，发达国家重点围绕网络体系架构设计和网络试验平台构建两个方面提前布局并主导全球未来网络发展。在探索研究未来网络体系架构上，美国实施未来互联网设计（FIND）和未来互联网架构（FIA）两个计划，探索新型网络体系结构、网络虚拟化、网络感知测量、内容中心网络架构、分布式数据中心互联等领域。欧洲开展第七框架计划（FP7），旨在发展以信息为中心的全新架构。日本实施研究新型网络体系架构的未来互联网研究计划，重点关注未来新型网络的核心技术。在未来网络试验设施发展上，全球已经建立 10 个大规模网络试验设施，其中美国的 GENI 是分布式试验平台，CloudLab 是支持各类云计算研究的大规模、多样化实验平台。欧盟的 OneLab 提供异构网络试验环境，Fed4Fire+旨在构建全球最大的下一代互联网联合试验平台。与此同时，6G 及卫星互联网作为下一代互联网技术，各国均在争先抢占战略性技术高地，国际电信联盟、电气与电子工程师协会（IEEE）均启动了 6G 技术研发，美国的太赫兹、空天海地一体化、卫星互联网等技术领先，日本的太赫兹、轨道角动量、光半导体等技术具有一定优势。

## 二　我国未来网络产业发展现状

作为互联网大国，我国在未来网络技术上部署较早，2009 年中国工程院与中国国家自然科学基金委员会联合设立了"新一代互联网体系结构和协议基础研究""未来互联网寻址机制与节点模型"等有关未来网络的研究课题。2013 年，中国未来网络试验设施项目（CENI）列入国家重大科学基础设施中长期规划（2012~2030 年），首个未来网络小规模试验设施在南京未来网络谷建成。2019 年，CENI 在国内 12 个主干节点城市建成连通，并发布全球首个大网级网络操作系统 CNOS。我国未来网络技术研发重点集中在 6G 和卫星互联网方面。

### （一）6G

2019 年，工信部牵头，联合科技部和发改委成立了"IMT-2030"推进组，下设中国 6G 无线技术组，负责组织成员单位围绕 6G 技术开展一系列工作。2020 年 11 月 6 日，全球首颗 6G 试验卫星"电子科技大学"号成功升空，标志着中国航天正式进入 6G 探索时代。根据 2021 年 4 月国家知识产权局知识产权发展研究中心发布的《6G 通信技术专利发展状况报告》，我国是 6G 通信技术专利申请的主要来源国，专利申请量有 1.3 万余项，占全球的比重达 35%，居全球首位。该报告认为太赫兹技术、空天海地一体化技术、确定性网络技术和基于 AI 的空口技术等 6G 关键技术是 6G 未来发展重点。

### （二）卫星互联网（北斗）

多地在卫星互联网产业领域开始积极布局，多个近地轨道卫星星座计划相继启动，目前华东、华北和中南地区领跑国内卫星互联网产业发展，而东北、西北和西南地区则在产业链重点环节建设方面具备了优势特色。2021 年 5 月，武汉国家航天产业基地及卫星产业园首颗"武汉造"卫星成功下线，标志着我国即将迈进卫星批量化生产时代。随着民营商业航天的起步，我国在软件定义卫星、星上 5G、标准化、星间链路技术、创新卫星构型、地面终端应用、通导遥一体化等方面赶超国际先进水平，形成具有中国自主可控核心技术的新一代卫星产品谱系。中国卫星互联网产业群区域布局如表 7-3 所示。

表 7-3　中国卫星互联网产业群区域布局

| 区域 | 产业链环节 | 代表城市 |
|---|---|---|
| 华北 | 卫星制造 | 北京市、天津市、石家庄市 |
| | 卫星发射 | |
| | 地面设备 | |
| | 卫星运营及服务 | |

续表

| 区域 | 产业链环节 | 代表城市 |
|---|---|---|
| 华东 | 卫星制造 | 上海市、杭州市、南京市、合肥市、宁波市 |
| | 卫星发射 | |
| | 地面设备 | |
| | 卫星运营及服务 | |
| 中南 | 卫星制造 | 深圳市、武汉市、广州市、长沙市、珠海市 |
| | 卫星发射 | |
| | 地面设备 | |
| | 卫星运营及服务 | |
| 东北 | 卫星制造 | 哈尔滨市、长春市 |
| | 卫星发射 | |
| | 地面设备 | |
| | 卫星运营及服务 | |
| 西南 | 卫星制造 | 成都市、重庆市、贵阳市 |
| | 卫星发射 | |
| | 地面设备 | |
| | 卫星运营及服务 | |
| 西北 | 卫星制造 | 西安市、兰州市 |
| | 卫星发射 | |
| | 地面设备 | |
| | 卫星运营及服务 | |

## 三 河南省未来网络产业发展基础

河南省网络建设基础较好，5G 基站总数达到 15.32 万个，全省 100 兆以上宽带用户占比达到 99%，1000 兆以上占比达到 21.2%，分别居全国第一位、第二位。产业方面，基础优势主要集中在卫星及北斗导航产业，河南省高度重视北斗应用产业的发展，率先在全国建成覆盖全省的北斗地基增强系统，统一规划建成 254 个基站组成的地基增强网，成立了河南省空间大地基准与位置服务中心。建成北斗（河南）综合信息服务平台，依托该平台开发了地壳变形监测、黄河滩区生态环境综合监管、煤矿采空区基坑监测、高速省界 ETC 收费系统、禁毒设备位置跟踪系统等各种应用系统。同时，河南在北斗产业方面早有布局，郑州高新区的北斗产业园、郑州航空港区的北斗智能终端产业园和信阳北斗卫星产业园初具规模，集聚了威科姆、天迈科技、全能科技等北斗应用相关企业 100 多家，基本形成国内领先的北斗创新型产业集群和北斗技术创新及产业化基地。

## 四 河南省未来网络产业培育方向

面向未来网络产业培育，河南省应重点围绕 6G、卫星互联网、智能终端等领域进行布局，包括技术研发、元器件及设备制造以及行业应用等。

### （一）积极引进培育未来网络创新平台

加强与清华大学、电子科技大学、北京邮电大学、紫金山实验室、中国信息通信研究院、江苏未来网络创新研究院等对接合作，争取在河南设立分支研究机构，超前谋划发展第六代通信、碳基芯片、空天信息、虚拟（增强）现实等细分领域，强化太赫兹、通信感知一体化、通信与人工智能融合、安全隐私计算、跨链互联互通等核心技术研发，建立未来信息网络技术研发、生产制造、示范推广、应用服务等发展体系。持续推进嵩山实验室建设，支持中国人民解放军战略支援部队信息工程大学、郑州大学、中电科 22 所、中电科 27 所等参与国家重点研发计划，构建未来网络前沿技术群。

### （二）积极培育未来网络特色集群

依托河南省电子信息产业基础，支持基础电信运营商、信息服务企业、电子信息制造企业超前谋划，开展基于 6G 的网络基础设施、智能终端、电子元器件等探索和储备，加快数据中心内部网络和出口设备、内容分发网络、云服务平台、域名系统等 IPv6 改造，支持 IPv6 业务接入和承载。整合北斗产业重要创新和生产要素，打造基础产品、数据挖掘、终端制造、应用系统和运营服务的全要素产业链，重点突破位置信息挖掘与智能服务、高性能组合导航等关键技术，研发芯片、模块、天线等关键部件。

## （三）积极打造未来网络应用场景

聚焦感知互联网、智慧车联网、工业互联网、空天智联网、全息通信等未来网络应用场景，支持基础电信运营商、信息服务企业、制造业企业开展前瞻性合作，探索现有设备和系统向未来网络升级路径。扩展北斗卫星导航系统商业化应用场景，推动省自然资源卫星应用技术体系建设，发展高中空飞机、低空无人飞机、地面遥感等遥感系统，探索"北斗＋5G"示范应用，推进地理信息技术和产品在社会治理、国土空间规划、生态保护、乡村振兴、智慧城市等领域深度应用。

# 第六节　量子信息产业

量子信息是指通过量子系统的各种相关特性，进行计算、编码和信息传输的全新信息方式。量子信息产业包括量子计算、量子通信和量子测量三大领域。

## 一　国外量子信息产业发展

持续加强量子信息技术领域科研规划与布局投入，掌握关键核心技术、促进应用探索、加快产业培育，成为全球主要国家在科技政策领域的焦点。目前，美国已经在量子信息技术的学科建设、量子计算硬件设备等方面完成战略布局。欧盟主要围绕量子通信、量子计算机、量子模拟器和量子传感器等细分领域进行突破。印度采取了联合其他国家、借助外力的发展路线，先后和IBM、微软、霍尼韦尔量子解决方案公司、新加坡国立大学量子技术中心、莫斯科罗蒙诺索夫国立大学和软件开发外包公司Russoft建立合作关系，通过共享量子科学研究进展的方式带动本国量子信息产业的后续发展。

从产业研发重点看，量子计算机是当前量子技术的核心投资领域。全球各国资本市场的投资数据显示，量子计算机的硬件研发获得投资最多，达到10.88亿美元。其次是建立全栈量子计算机的投入，即构建量子计算机硬件、软件以及应用程序等，投资总额达4.72亿美元。量子应用排名第三，投资总额达到4.36亿美元（见图7-3）。量子应用即将量子技术应用于特定的行业。

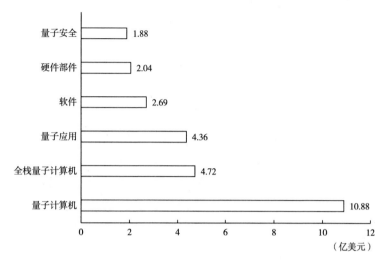

图 7-3　量子技术投资行业分布

数据来源：THE QUANTUM INSIDER。

## 二　我国量子信息产业发展现状

我国高度重视量子信息产业的发展，量子通信的科研基本与国际同步，"祖冲之"号量子计算机、"墨子"号量子卫星、世界首条量子通信骨干网络"京沪干线"等一系列项目取得重大突破，阿里巴巴、腾讯、百度和华为等企业成立了量子实验室。国内多个省份也在前瞻布局探索量子信息产业发展，如安徽着力打造量子科技成果策源地产业发展集聚区，推动量子通信、量子计算、量子精密测量以及基础理论方面涌现了多项具有国际影响力的重大成果，"墨子"号世界首颗量子科学卫星发射成功，世界最快量子计算机"九章"在合肥诞生。山西依托山西大学量子光学与光量子器件国家重点实验室，开展用于高端光刻机的深紫外和极紫外激光光源研制。湖北依托武汉量子技术研究院、中科院武汉精密测量院等交叉前沿研究平台，加快发展新型计算芯片、智能语音识别芯片、量子芯片、光子芯片、太赫兹超高速芯片等，努力打造世界级光量子信息产业带。上海与中科院合作共建上海量子科学研究中心，推进重大基础前沿科学研究、关键核心技术突破和系统集成创新。广东全力建设"量子谷"，全力推进量子精密测量、量子计算、量子网络等新兴技术的研发与应用。

## 三　河南省量子信息产业发展基础

近年来，河南省围绕量子信息进行了一系列探索。在基础研究领域，中国人民解放军战略支援部队信息工程大学在量子计算、量子通信方面具备优势，提出了量子计算模拟的新算法，在"天河二"号超级计算机上完成量子优越性验证实验，测试性能达到国际领先水平；建设的河南省量子信息与量子密码重点实验室，在量子密码基础理论研究、核心设备研制和组网试验应用等方面拥有一定积累。在产业发展领域，目前正在加快建设"一网一中心一基地"（量子通信网络、研发创新中心、应用示范基地），积极引进国科量子等优势企业，立足郑州全力建设星地一体量子通信枢纽。

## 四　河南省量子信息产业培育方向

河南省培育发展量子信息产业，应重点聚焦量子计算、量子通信、量子测量三大领域的技术研发、元器件及设备制造、产业应用。

### （一）加强技术研发

以中国人民解放军战略支援部队信息工程大学河南省量子信息与量子密码重点实验室、河南国科量子通信技术应用研究院等机构建设为抓手，集中突破量子通信、量子计算、量子精密测量的相关材料、共性技术、核心器件和装置制备关键技术。筹建河南省量子信息技术创新中心和量子通信、量子计算重大研究测试平台，构建行业领先的新一代量子卫星平台、量子制备中心、量子精准测量控制中心、量子通信器件检测平台、量子技术应用探索平台、量子通信郑州卫星地面站等基础科研设施。

### （二）加速产业布局

引进国科量子等行业头部企业，以中国人民解放军战略支援部队信息工程大学为重点加强军民融合，围绕核心设备、传输干线、系统平台等关键环节，加快培育量子通信等新兴产业，推动基础研究、应用研究与成果转化一体化衔接发展。支持国科量子在郑州建设星地一体量子通信网络枢纽与调度中心，并与信大捷安、中航光电等本地优势企业共同研发量子通信应用产品与核心装备，打造全国性量子通信产品基地。

## （三）加快应用推广

建设国家广域量子保密通信骨干网络河南段及郑州量子通信城域网。探索量子安全政务、量子安全移动办公、量子安全财政支付等创新应用，逐步打造"量子+智慧城市""量子+工业互联网""量子+金融服务"为核心的量子通信应用示范区。推动量子成像技术科技成果转化，探索开展测量产品在重力测量、地震预警、目标探测、大气参数遥感测量、气候监测、地下勘测、排污监控、空中交通管制等领域创新应用。

# 第八章　创新驱动河南制造业高质量发展

创新是引领发展的第一动力，是推动技术进步的重要力量，技术进步是实现制造业高质量发展的重要抓手。创新催生新的技术链条，进而催生新的产业生态，弥补或者延伸传统的产业链条，对于制造业高质量发展水平的提升具有正相关关系。河南制造业高质量发展水平的提升需要借助创新来实现新的突破，通过当代科学技术来改造传统制造业，使制造业具备高端链接能力、自主可控能力和领先于国内外市场的竞争力水平。

## 第一节　创新驱动制造业高质量发展的时代内涵

当前，创新发展已经成为时代发展的主旋律。制造业是国民经济的基础，是反映一个国家和地区创新综合实力的重要指标，推进制造业创新发展是我国实现高质量发展的重要任务。随着技术的不断革新，科技领域竞争日益激烈，制造业逐渐成为科技竞争的主战场，创新驱动赋予了制造业高质量发展新的时代内涵。

### 一　创新驱动是推动制造业高质量发展的本质要求

当今时代，以智能化、大数据、互联网为代表的新技术革命正在爆发，世界主要发达国家纷纷开展智能革命，积极进行产业变革。近年来，我国在创新驱动战略的指引下，新一代先进制造业和新兴产业发展迅速，但在国民经济中的占比仍然较小，部分产业的核心技术以及高端产品价值链核心环节都掌握在美、德、日等发达国家手中。随着我国面临的国际环境更加复杂，任务更加艰巨，单靠部分企业或科研机构无法推动制造业高质量发展，单靠技术、产品等某一环节的散点式创新也无法推动制造业高质量发展，必须将各主体有机联合起来进行系统性创新，才能不断迭代，不断保持制造业的发展活力和先进性。

## 二  创新驱动是推动制造业高质量发展的重要动力

科学技术是第一生产力。当前，科技创新能力已成为综合国力的决定性因素，深刻影响着世界发展格局，改变着人类生产生活方式。随着我国经济进入高质量发展阶段，科技创新已经成为创新驱动战略的重要组成部分。高质量发展的重中之重是产业转型，而产业转型主要依赖科技创新的力量。实践证明，坚持以创新引领经济转型发展是全方位推动高质量发展的根本出路。高质量发展是生产力发展的重要体现，科技创新则是生产力发展的必然要求。科技创新可以为生产力发展扫清诸多技术障碍，进一步聚合全社会的资源和力量，并充分调动科技创新主体的积极性、主动性和创造性，从而为高质量发展奠定坚实基础。

## 三  创新驱动是应对区域产业竞争的重要抓手

当前，区域竞争不断加剧，国际国内都紧抓新一轮科技革命和产业变革的机遇。在国际上，美国等国家通过限制出口和限制投资等方式维护其在先进核心技术领域的统治地位。科技领域和高端产业领域的国际竞争日益激烈，我国必须加快创新步伐，实现科技自立自强。在国内，北上广深以及沿海先进省份不约而同地把科技创新提到更重要、更关键的地位，全力打造区域性科技创新中心。在区域发展竞争压力增大、竞争层次拔高的背景下，河南必须加强科技创新，打造创新发展的新引擎，培育新的经济增长点，开辟发展的新空间。

# 第二节  推进河南先进制造业强省建设

制造业是工业经济的压舱石，国内一些地区通过换道领跑，建成全国乃至全球产业发展新高地，构筑了区域竞争新优势。作为全国经济大省之一，河南在全国制造业发展中一直处在非常重要的位置，是大国重器研发与重大工业装备重要生产基地，在全国高质量发展的新形势下，河南建设先进制造业强省势在必行。

## 一 构建先进制造业体系

在新一轮科技革命和产业变革中，河南正在把制造业高质量发展作为主攻方向，大力实施换道领跑战略，加快构建"以未来产业为先导、新兴产业为支柱、传统产业为基础"的先进制造业体系。一方面，河南正在致力于推动传统产业提质发展，重点推进基础材料向先进合金材料、绿色建材、精细化工等高端、终端环节升链，加快河南省的传统汽车向新能源汽车转型，推进食品、轻纺等行业向绿色健康、时尚品牌提升，提高传统产业新型化率，再造传统产业新优势，做优传统产业"基本盘"。另一方面，河南在新兴产业培育壮大上也持续发力，加快培育电子信息、新材料等一批万亿元级产业和新能源汽车、生物医药等 5000 亿元级产业，开展重大技术装备攻关，通过加快发展工业母机、医疗装备、高端仪器仪表等高端装备，积极布局区块链、元宇宙等新兴前沿领域，推动全省新兴产业规模化发展。2023 年 8 月，《河南省建设制造强省三年行动计划（2023—2025年）》发布，其中提出到 2025 年，形成 1~2 个世界级、7 个万亿元级先进制造业集群和 28 个千亿元级现代化产业链，初步建成以"能级高、结构优、创新强、融合深、韧性好"为鲜明标识的先进制造强省。

## 二 建设制造业创新高地

制造业是实体经济的中坚力量，制造业发展的根本是创新。河南要加强关键核心技术攻关，全面激发企业创新活力，建设一批制造业创新中心，培育一批先进制造业集群，促进创新链、产业链、资金链、人才链深度融合。一是建设高能级创新平台。深度嵌入国家创新战略体系，系统布局重点实验室、制造业创新中心、产业研究院、中试基地、新型研发机构等创新平台。在此基础上，推动省级及以上研发平台重点产业领域全覆盖和规模以上工业企业研发平台全覆盖。同时，培育技术创新企业，强化企业创新主体地位，完善"微成长、小升高、高变强"梯次培育机制。二是不断推动创新成果转化。结合开展"万人助万企"活动，落实好国家和省装备首台（套）、材料首批次、软件首版次等相关支持政策，加快推进创新型特色优势集群培育，强化产业链上下游新品供需对接，推进科技、人才、金融的融通衔接，推动更多"河南制造"向"河南创造"转变。此外，河南正在强力实施产业基础再造工程，围绕新装备、新应用、新材料、新技术、新场景"五新"领域，依托行业龙头企业和重点研发平台，实施专项攻坚，加快提升重点产业链、供应链、创新链的基础能力。

## 第三节　创新发展顶层设计逐步优化

河南根据党中央和习近平总书记的指示精神，从全局出发，高度重视创新发展，大力实施创新驱动、科教兴省、人才强省战略，加速构建高能级创新平台、引进高层次人才、培育壮大一流创新主体，拥抱数字化、赋能新发展，推进河南经济转型升级，坚定走好创新驱动高质量发展之路。当前，创新发展已成为现代化河南建设的主旋律、最强音，河南制造业强省建设、国家创新高地建设正在积极推进。

### 一　创新发展主体责任不断落实

党的十八大以来，党中央高度重视实体经济发展，习近平总书记在多个场合强调发展实体经济，尤其是制造业的重要作用。习近平总书记多次视察河南，为河南发展做出重要指示，他指出制造业是实体经济的基础，实体经济是我国发展的本钱，是构筑未来发展战略优势的重要支撑，要把制造业高质量发展作为主攻方向，把创新摆在发展全局的突出位置。今天的河南，比以往任何时候都重视创新。河南省委、省政府高度重视创新驱动高质量发展，省委书记楼阳生和省长王凯主动肩负起创新发展主体责任，亲自部署和统筹推进河南的创新发展事业。河南省第十一次党代会提出把创新摆在发展的逻辑起点、现代化建设的核心位置，明确提出河南要打造一流创新生态，积极推进建设国家创新高地和全国重要人才中心。同时，省委、省政府大力推动科技创新事业发展，2021 年 7 月河南省科技创新委员会在省委、省政府的推动下正式成立，由河南省委书记楼阳生和省长王凯担任双主任，党政一把手亲自谋划、主动担责、亲身推动河南创新发展事项。截至 2023 年 9 月，河南省科技创新委员会已组织召开 12 次正式会议，每次会议均对河南创新发展事业做出重要谋划和部署，为河南国家创新高地建设和现代化建设提供了重要指导和战略部署。

## 二 创新成为现代化河南建设的主旋律

习近平总书记指出，一个地方、一个企业，要突破发展瓶颈、解决深层次矛盾和问题，根本出路在于创新，关键要靠科技力量。河南省第十一次党代会提出锚定"两个确保"、全面实施"十大战略"，其中，创新驱动、科教兴省、人才强省战略居"十大战略"之首。在该战略推动下，河南在创新发展方面持续发力，快速组建河南省实验室，重塑省实验室体系；支持郑州大学、河南大学"双一流""双航母"建设，遴选省内7所高校的11个学科作为"双一流"创建学科；重建重振河南省科学院，做大做强河南省农业科学院；建立省中试基地、省产业研究院，推动规上工业企业研发活动全覆盖；与中国科学院、中国工程院、教育部、国家科技部、中国科协等对接，获得国家战略科技力量支持；开工建设超短超强激光实验装置，积极引进高端人才，协调支持超聚变服务器量产，参加国际性高端学术研讨会，推动省属事业单位重塑性改革，参加"中原大讲堂"科技创新主题学习报告会，通过《人民日报》等主要新闻媒体为创新驱动高质量发展发声，推进"智慧岛"双创载体实现省辖市全覆盖，省人大常委会审议通过《河南省科学院发展促进条例》，创新发展已经成为现代化河南建设的主旋律、最强音。

## 三 创新发展政策体系不断完善

2021年以来，河南相继出台了《河南省"十四五"科技创新和一流创新生态建设规划》《关于加快构建一流创新生态建设国家创新高地的意见》《实施"创新驱动、科教兴省、人才强省"战略工作方案》等重磅政策，绘就了建设国家创新高地的"规划图"、"路线图"和"施工图"。2022年11月，《河南省创新驱动高质量发展条例》表决通过，条例从科技创新平台、创新主体、创新人才、成果转化等创新体系的各个方面把河南省委"创新驱动"的重大战略部署，以法治的形式固定下来，为河南创新驱动高质量发展提供法律和长期的机制保障，为进一步加强科技创新平台建设提供了更加有法可依的动力。

在河南的发展历史上，当前的诸多政策、条例的发布和实施将河南的创新发展提升到了前所未有的战略高度，河南创新发展的目标、路径更加清晰。

## 第四节　科技创新实力不断增强

在河南省委、省政府的高位推动下，河南开启了国家创新高地建设的新征程，各项科技政策措施亮点频出，扎实落地，科技创新事业取得全面发展。科技创新资源配置得到进一步优化，研发投入逐年持续增加，创新成果丰富，关键技术领域取得诸多重大突破，科技创新实力显著增强。科技创新能力的不断提升强有力地支撑了河南制造业高质量发展。

### 一　科技创新资源配置不断优化

科技创新是制造业高质量发展的重要保障和动力来源。河南高度重视科技创新发展，科技创新实力逐步增强。在科技创新人力资源配置方面，河南 R&D 人员数量整体呈增长趋势，2011 年河南 R&D 人员折合全时当量为 118266 人年，2021 年达 222433 人年，同时企业成为 R&D 活动人员配置的重点单位，2021 年规模以上工业企业 R&D 人员折合全时当量高达 162562 人年，占比达 73.08%。在创新投入和产出方面，河南省 R&D 经费投入从 2011 年的 264.49 亿元增长至 2021 年的 1018.84 亿元，增长了 2.85 倍；全省财政 R&D 经费支出从 2019 年的 69.6 亿元增长至 2021 年的 351.2 亿元，增长了 4 倍，占一般公共预算的比重由 1.39% 增长至 3.37%；从成果产出上看，2011~2021 年，河南专利授权量呈逐年递增态势，尤其是 2017 年之后，专利授权量出现大幅增长，2021 年高达 16909 件；有效发明专利数从 2011 年的 4049 件增长到 2021 年的 70366 件；2011~2021 年，河南科技论文发表数量总体呈上升状态，2021 年科技论文发表数量为 70665 篇。此外，河南科技创新工作两次获得国务院办公厅督查激励表彰，截至 2022 年，河南共有 176 项科技成果获得国家科学技术奖励，其中特等奖 5 项、一等奖 22 项、二等奖 149 项。

### 二　关键核心技术取得诸多突破

河南主动融入国家战略科技力量体系，参与国家重大项目和重大工程，部分技术、产品在"神舟"飞船、航空母舰、大飞机、"蛟龙"号、"天眼"、高铁等"大国重器"，以及奥运会、冬奥会等重大活动上得到应用，彰显了河南创新力量。在关键核心技术突破方面，河南通过实施省重大科技专项，突破了一批关键核心技术，有效提升了企业的自主创新能力和核心竞争力，为河南战略性新兴产业的培育壮大和传统优势产业的转型升级提供了有力的科技支撑。在先进制造领域，恒天重工突破了纤维素预混合浆制备等 5 项关键技术，达到国际先进技术水平，实现了成套装备国产化，打破国外技术垄断；在新材料领域，中船重工七二五所突破了焊接工艺工程化应用难题，高品质冷轧钛带卷产品实现了国产化替代，补齐了河南钛产业链短板。在科技成果转移转化方面，河南逐渐意识到科技成果转化的重要性，开始以各种方式推进科技成果转化，相继出台了推动科技成果转移转化的系列政策措施，逐步完善技术转移政策体系。通过设立河南省科技成果转移转化公共服务平台，积极开展先进技术成果、关键共性技术需求征集发布，推动科技成果供需对接，助力一批科技成果成功实现落地转化，技术合同成交额屡创新高，2022 年河南省技术合同成交额达到 1025 亿元，同比增长 68%，首次突破 1000 亿元大关。

## 第五节　创新平台建设全面推进

创新平台是集聚高端创新要素的"强磁场"，河南聚焦对接国家战略和全省重大产业需求，建设全周期、全链条、全过程的开放式创新平台，积极推进国家级创新平台落户河南，重塑河南省实验室体系，加快省产业研究院、省中试基地等平台建设，撸起袖子塑新局，为构建一流创新生态、建设国家创新高地打下坚实基础。

### 一　推进国家级创新平台落户河南

在国家级创新平台建设方面，2016 年国务院批准郑州、洛阳、新乡 3 个国家高新区建设国家自主创新示范区，郑洛新国家自主创新示范区成功申建，2020 年《郑洛新国家自主创新示范区条例》通过施行，同年河南省委、省政府印发《关于促进郑洛新国家自主创新示范区高质量发展的若干政策措施》，对自创区体制机制进行了一系列改革，在科研项目和经费管理、股权激励、科技金融结合、知识产权运用与保护、人才培养与引进、科技成果转化、科技评价等方面进行了一系列探索和体制机制创新，赋予了自创区更大的自主权。国家技术转移郑州中心、国家超级计算郑州中心、国家农机装备创新中心、国家生物育种产业创新中心、郑州国家新一代人工智能创新发展试验区等平台载体先后落户河南。截至2022年，河南已建有国家产业创新中心1个、国家制造业创新中心1个、国家超级计算中心1个、国家企业技术中心92个、国家工程研究中心（工程实验室）50个、国家重点实验室16个、国家工程技术研究中心10个。

## 二　推进河南省实验室体系建设

建设河南省实验室是构建河南省科创体系的重要组成部分，是河南打造国家创新高地的重要战略抓手，重塑实验室体系是河南省补齐科技创新短板，提升在全国科创版图中战略位势的重要手段。2021年以来，河南聚焦国家重大战略需求以及当地产业转型升级需求，统筹推进河南省实验室体系建设，加强与国家战略科技力量体系对接、与产业转型升级融合，谋划建设一批省实验室，把省实验室作为一个一流的创新平台，围绕河南省的重点领域、重点产业发展中的关键难题去攻坚克难，为产业的发展助力赋能。2023年7月10日，随着河南省第四批、第五批省实验室集中揭牌仪式举行，嵩山、神农种业、黄河、龙门、中原关键金属、龙湖现代免疫、龙子湖新能源等14家省实验室相继揭牌成立，河南已初步形成以省实验室为核心、优质高端创新资源协同创新的"核心+基地+网络"的创新格局（见表8-1）。

表8-1　河南省实验室基本情况

| 序号 | 名称 | 方向 |
|------|------|------|
| 1 | 嵩山实验室 | 新一代信息技术 |
| 2 | 神农种业实验室 | 种业振兴 |
| 3 | 黄河实验室 | 黄河流域生态保护和高质量发展战略 |
| 4 | 龙门实验室 | 智能装备 |
| 5 | 中原关键金属实验室 | 关键金属 |
| 6 | 龙湖现代免疫实验室 | 现代免疫领域 |
| 7 | 龙子湖新能源实验室 | 新能源及其智能化转型 |
| 8 | 中原食品实验室 | 食品产业转型升级中的重大科技需求 |

续表

| 序号 | 名称 | 方向 |
|---|---|---|
| 9 | 天健先进生物医学实验室 | 代谢重塑和细胞命运决定 |
| 10 | 平原实验室 | 抗病毒药物研发 |
| 11 | 墨子实验室 | 光芯片全产业链 |
| 12 | 黄淮实验室 | 环境保护和绿色低碳循环领域 |
| 13 | 中州实验室 | 生物代谢稳态调控与健康、生物代谢过程调控与适应、生物代谢途径优化与制造 |
| 14 | 牧原实验室 | 粮食安全、生物降解材料、营养健康及可持续农业发展 |

### 三　加速布局各类创新平台

河南省第十一次党代会指出，要着力建设国家创新高地，打造一流创新生态。河南省围绕这一目标，面向未来、前瞻布局，加快推进高能级创新平台建设，提升科技创新体系化能力。近年来，河南省委、省政府不断建设完善省实验室"梯队"，重建重振省科学院，一大批省产业研究院、省中试基地、省创新联合体加快建设，不断构建一流创新生态、打造国家创新高地。在产业研究院和中试基地方面，截至 2023 年 8 月，河南已完成组建 40 家省产业研究院和 36 个省中试基地，产业研究院作为新型创新机构，将在关键共性技术上实现突破，引领产业升级，形成产业集聚效应和示范效应，推动一大批科研成果产业化。中试基地作为打通实验室和产业化之间的重要通道，将极大地推动实验成果的调试和验证，提高成果转化效率。随着创新平台加速布局，高校、科研院所、龙头企业之间建立了新型合作关系，加速了优势领域、共性技术、关键技术的重大突破。

## 第六节　创新主体培育成效突出

企业、高校、科研院所都是创新主体的中坚力量，特别是企业在创新发展中发挥着重要作用。河南聚焦市场主体培育，一方面，做好规上工业企业的研发活动全覆盖，推动企业成为创新活动的主导力量，激发企业创新发展活力；另一方面，做好高新技术企业、科技型中小企业、"瞪羚"企业、"独角兽"企业的培育工作，打造了一富有创新能力和创新活力的企业。

## 一　推进研发活动全覆盖

为提高企业的研发积极性，推动河南创新能力再上新台阶，河南积极推行研发活动全覆盖，推出一系列举措为企业研发创新创造条件、保驾护航。一是力争实现重点产业集群研发全覆盖，促进科技成果中试熟化。河南力推中试基地建设，以期以中试基地建设为契机，推进政产学研各个创新主体的有效衔接，最大限度推动重点产业创新成果的转化和产业化，尤其是促进企业与科研团队的有效沟通，为企业营造积极的创新氛围。二是推动全省规上工业企业研发活动全覆盖。完成现有规上工业企业研发活动的覆盖，对全省工业企业的研发活动进行专题研究、专题部署、专项推进，同时引导支持和帮助规上工业企业开展研发活动，把这项活动纳入"万人助万企"活动，以此作为重要抓手，规上工业企业研发活动覆盖率从2019年的24%增长至2021年的34.4%，增幅居全国首位。

## 二　推进创新型企业培育

近年来，河南持续优化企业创新发展环境，不断优化高新技术企业认定和评审的流程，推进高新技术企业申报工作开展，培育更多科技型中小企业。2012~2022年，河南高新技术企业从不到800家发展到8387家，增长了近10倍，高新技术产业增加值占规上工业增加值的比重由2012年的21.5%大幅提高到2022年的45.1%。同时，积极推动科技型中小企业发展，科技型中小企业技术含量高、创新能力强，是科技企业发展的基础，是"瞪羚"企业、高新技术企业、规上企业的优秀后备队，更是培育发展新动能、推动高质量发展的重要动力源。近年来，河南省高度重视企业创新主体培育工作，不断健全"微成长、小升规、高变强"创新型企业梯次培育机制，2022年河南省科技型中小企业全年入库企业总数达2.2万家，同比增长45.65%，从最初的不足1000家发展到目前的2万余家，稳居全国第一梯队。

## 第七节　人才强省战略持续推进

河南以超常规的手段推进河南人才强省战略，通过大力引聚高端科技人才，实施人才引进专项行动，完善人才服务体系，科技创新人才政策体系不断完善，科技创新队伍引进和培育成效突出，人才培育高端载体不断涌现，为河南建设国家创新高地和重要人才中心提供了重要的智力支撑。

### 一　大力引培高端科技人才

2021 年 10 月河南省第十一次党代会以来，河南经过实践探索深刻认识到创新驱动高质量发展必须要依靠引聚科技人才，包括两院院士、国家杰青，以及学术技术带头人等高端人才，也需要大量引聚中青年人才。河南加大招才引智力度，不断完善、优化、升级人才政策体系，2022 年河南制定出台《关于加快建设全国重要人才中心的实施方案》，积极实施人才强省"八大行动"，通过近几年的努力初步建立了规模较为宏大、结构较为合理、素质较为优良的科技创新人才队伍。截至 2021 年底，河南全省人才资源总量为 1201.23 万人，较 2012 年的 940.74 万人增长 27.7%，其中河南省农科院许为钢研究员成功当选为中国工程院院士，35 名专家入选国家重点人才计划。在人才引进方面，2021 年河南引进海内外高层次人才 2950 人，2022 年河南继续加大高层次人才引进力度，聘请中国科学院院士李蓬、张锁江分别担任郑州大学、河南大学校长，并聘请李蓬、张锁江等 8 名顶尖科学家担任河南省实施"创新驱动、科教兴省、人才强省"战略首席科学家。截至 2022 年底，河南省全职引进高层次人才 3600 余人，其中院士等顶尖人才 7 人，国家杰青、长江学者等国家级领军人才 54 人，海内外博士 3600 余人。在人才培育方面，大力实施"中原英才计划（育才系列）"，309 名科技创新人才入选"中原英才计划（育才系列）"，其中中原学者 80 人、中原科技创新领军人才 121 人、中原科技创业领军人才 108 人。在海内外高层次人才引进方面，河南组织实施"高端外国专家引进计划"，建设了一批杰出外籍科学家工作室、高校高等学科创新引智基地等引才平台，河南省人社厅积极支持海外归国留学人员开展创新创业活动，为海内外高层次人才来豫创新创业提供了更加广阔的空间和舞台。

## 二　实施人才引进专项行动

为了深入推进人才强省战略，河南加快推进实施了一系列专项行动，为实现"两个确保"提供强有力的人才支撑。一是实施高端人才引进培养专项行动。一方面，坚持引育并举、以用为本，实施"中原英才计划（引才系列、育才系列）"等重大人才项目，通过"中原英才计划（育才系列）"遴选中原学者、中原领军人才、中原青年拔尖人才；另一方面，加大柔性用才、项目引才力度，实行高端人才引进"一事一议""一人一策"，落实更具吸引力和含金量更高的支持政策，力争在培养引进顶尖人才、领军人才上实现突破。二是实施重点创新平台服务保障专项行动。河南围绕省实验室、国家重点实验室、国家制造业创新中心、重建重振河南省科学院、"双一流"建设高校、河南省农科院等重点创新平台开展人才引进工作，制定年度拟引进高端人才对象清单，明确引才方向、引才路径、引才数量，推行首席专家负责制，以一流创新平台引育一流人才团队。三是开展大规模常态化招才引智专项行动。通过中国·河南招才引智创新发展大会平台作用，突出科技创新、高端人才、项目引领等重要元素，大力引进高校优秀硕士、博士毕业生等潜力人才，打造青年人才"蓄水池"。截至2022年，中国·河南招才引智创新发展大会已召开五届，自2019年起通过大会组织用人单位"走出去"引才已累计引进2.5万名省外人才，其中博士1016人、硕士1.3万人。

## 三　完善人才服务体系

河南也在积极探索人才服务保障体系建设，赋予高校、科研院所更大自主权，为科研人员减负增效，完善"全生命周期"人才服务体系，积极响应国家对科研管理的一系列文件、指示和倡议，推行科研人员减负增效活动，减少行政事务对科研人员的干预，激发科研人员干事创业的热情等。另外，河南围绕让人才安心、安身、安业，积极开展"一站式"服务、"保姆式"服务，在省政务服务中心、河南政务服务网、"豫事办"App和一体机"四端"设立人才服务专区（专窗），以人才服务"一件事"为先导，设立"一件事"专窗。开发河南省"一站式"人才服务平台，逐步构建功能完善、资源集约、"线上+线下"相结合的"一站式"服务体系，提供人才认定、项目申报、子女入学等包含 38 个事项的全方位、"保姆式"服务，大大方便了各类人才入豫。此外，河南积极推进"双一流"高校创建。2021 年 9 月 26 日，河南召开全省高校"双一流"创建工作座谈会，根据国家重大战略需求和河南经济社会发展需要，对全省高校"双一流"建设提出新的要求。河南省给予极大的人力、物力、财力支持，积极推进"双一流"高校创建，加强学科专业与产业对接，不断提高高校在基础研究、原始创新、人才培养上的贡献，通过"双一流"高校创建为河南持续输送人才。

# 第九章　数字赋能河南制造业高质量发展

数字经济为制造业发展提供增长新动能，注入发展新动力，创新增长模式，成为开启制造业高质量发展新时代，引领、撬动制造业高质量发展的变革性力量。2022 年，我国数字经济规模首次突破 50 万亿元，占 GDP 的比重超 40%，连续 11 年增速显著高于同期 GDP，党的二十大报告明确指出要促进数字经济和实体经济深度融合，打造具有国际竞争力的数字产业集群。河南高度重视数字经济对制造业高质量发展的赋能提升作用，积极抢抓数字机遇，陆续出台专项工作方案与智能制造等一系列发展规划，持续推进数字技术与制造业深度融合，把深入实施数字化转型作为建设现代化河南的引领性、战略性工程加以推进，在数字赋能制造业高质量发展上开展了一系列积极有效的河南实践。

## 第一节　数字赋能河南制造业高质量
## 发展的基础优势

河南具有独特的经济、人口、产业、区位等资源禀赋，是发展数字经济与制造业不可或缺的要素条件，经过多年谋划布局，进一步构筑形成数字赋能河南制造业高质量发展的产业基础优势。

### 一　市场规模巨大空间优势

截至 2022 年底，河南省实有各类市场主体 1034.5 万户，居全国第 4 位，比上年提升一位，居中部六省第 1 位，同比增长 21.4%，组成了数量可观的市场主体。2022 年河南互联网用户达到 1.33 亿户，居全国第 4 位，普及率为 91.9%；全省互联网业务经营单位新增 1152 家，总数达到 8986 家，同比增长 14.7%（见图 9-1），增速虽然较 2021 年有所下滑，但在全国位次继续上升来到第 3 位。在消费能力上，2022 年河南省常住人口 9872 万人，居全国第三位；社会消费品零售总额 2.44 万亿元，规模居全国第 5 位；城镇化率仅为 57.07%，新型城镇化潜力巨大，有望进一步释放制造业产品投资、消费需求。

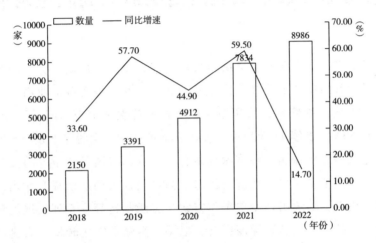

图 9-1　2018~2022 年河南互联网业务经营单位数量（家）及同比增速

数据来源：《2022 河南省互联网发展报告》。

## 二　应用场景丰富潜力优势

河南拥有完备的工业体系，优良的基础配套，制造业总量多年来稳居全国第 5 位、中西部地区第 1 位，装备制造、现代食品、化工等传统优势产业领先全国，新材料、新能源、电子信息等新兴产业加速崛起，具有较强的产业链、供应链协同配套能力。近年来，河南积极推进以实体经济为支撑的现代化产业体系建设，推动传统产业向战略性新兴产业转型，培育壮大新一代信息技术等新兴产业，前瞻布局类脑智能、未来网络等未来产业。制造业无可取代的体量规模加上高端化、智能化、绿色化转型的巨大需求，为数字赋能制造业高质量发展酝酿了不可估量的丰富应用场景。

## 三　数字赋能后发赶超优势

数字经济特有属性赋予河南制造业数字化转型后发赶超的难得机遇。

一是数字技术迭代更新方向对后发者友好。随着当前云计算、云原生、大数据等数字技术日趋成熟，轻量化、移动化、云化、低代码封装等成为主流趋势，从技术角度降低河南数字化转型的基础架构门槛和成本，通过直接引进、对接相关需求，河南更易应用数字技术全面推动制造业转型升级。二是成熟的平台和方案提高后发者转型效率。制造业数字化转型个体差异巨大，具有一定的风险。河南能够引培经验丰富的数字化转型服务平台和一体化解决方案供应商，构建良好的转型生态，充分降低制造业数字化转型试错成本，推动制造业驶入平稳高速发展快车道，也可以通过嫁接已经探索成功的新模式和新打法，发挥自身基础优势，拓展新赛道，把旧赛道上的传统优势转化为新赛道上的竞争优势，形成加快制造业转型升级的引爆点。

## 第二节 数字赋能河南制造业高质量 发展政策环境逐步优化

发展数字经济是把握科技革命和产业变革的新机遇，是实现制造业发展质量变革、动力变革、效率变革的必由之路。各级地方政府把握产业运行规律，在国家大方向指引下，结合自身发展实际制定政策规划，河南也进行了一系列积极有效的探索，为数字赋能制造业高质量发展提供了良好的政策环境。

### 一 国家顶层设计充分引领

《中华人民共和国国民经济和社会发展第十四个五年规划和 2035 年远景目标纲要》涉及数字赋能制造业高质量发展的最高总体性设计。"深入实施制造强国战略"提出要推动制造业优化升级，深入实施智能制造和绿色制造工程，实施制造业降本减负行动，支持建设中小企业数字化转型综合服务平台等。"打造数字经济新优势"从数字经济视角列出大量数字赋能制造业高质量发展的相关内容。党的二十大报告就加快构建新发展格局，着力推动高质量发展提出推动制造业高端化、智能化、绿色化发展以及加快发展数字经济，促进数字经济和实体经济深度融合，打造具有国际竞争力的数字产业集群。2021 年 12 月，国务院印发《"十四五"数字经济发展规划》，提出优化升级数字基础设施、充分发挥数据要素作用、大力推进产业数字化转型等八项重点任务，并就大力推进产业数字化转型任务，针对制造业企业、重点行业、产业园区数字化转型等明确了更为具体的路线。

## 二 河南整体纲领规划不断完善

河南省在深入领会中央重要文件的基础上，立足河南实际发布相关政策。《河南省"十四五"数字经济和信息化发展规划》提出六大发展体系，对培育壮大新型显示和智能终端、网络安全、物联网优势产业，攻坚发展先进计算、5G、半导体等基础产业，积极布局新一代人工智能、量子信息、区块链等前沿产业分类说明，并对深化推进工业数字化转型，建设工业互联网、发展智能制造等做出详细部署。2022 年 3 月，河南发布《河南省"十四五"制造业高质量发展规划》，将推动数字化转型作为实现制造业高质量发展的六大战略任务与导向之一，提出发挥数字经济引领作用，聚焦新型基础设施建设，发展数字核心产业，全面提升数智赋能水平，促进信息化与工业化、制造业与服务业深度融合。2023 年 8 月，河南省人民政府印发《河南省建设制造强省三年行动计划（2023—2025 年）》，对加快制造业智能化发展提出与时俱进的更为精确的目标，为河南省数字赋能制造业高质量发展擘画蓝图。

## 三 细分行业发展路线日益清晰

在纲领性文件的总体框架下，《河南省推进"5G+工业互联网"融合发展实施方案》《河南省 5G 产业链现代化提升方案》《河南省大数据发展创新平台体系建设工作方案（试行）》《河南省元宇宙产业发展行动计划（2022—2025 年）》《河南省加快工业互联网创新发展专项行动方案（2023—2025 年）》《河南省新型显示和智能终端产业发展行动方案》《河南省新一代人工智能产业发展行动方案》等系列政策文件陆续发布。为推进数字经济与实体经济深度融合，河南发布实施了《中小企业数字化赋能专项行动方案》《河南省"互联网+"行动实施方案》《河南省深化制造业与互联网融合发展实施方案》等方案措施，并落实国家发布的《5G 应用"扬帆"行动计划（2021—2023 年）》，为数字经济发挥赋能、撬动、引领作用擘画蓝图。

## 四　政策执行组织保障全面强化

为确保各项政策有力贯彻落实，河南积极调动各方积极性，推动组织架构多主体建设，为政策执行提供保障。相关部门共同参与的省促进数字经济发展部门联席会议制度和协调联动机制正式确立。河南省人民政府连续五年牵头举办数字经济峰会，为河南数字产业化发展引进了一批重大重点项目。2021 年 6 月，河南省国资国企信息和数智化发展中心揭牌。2022 年 1 月，整合全省信息产业资源的豫信电子科技集团有限公司正式成立。2022 年 8 月，联合 300 多家企业参与的河南省数字经济产业协会正式成立，搭建起有效的行业交流共促平台。2023 年 1 月，豫信电子科技集团有限公司组织牵头成立河南数据集团，进一步壮大数字豫军核心力量。

# 第三节　数字新基建夯实河南制造业高质量发展底座

数字新基建是做大做强数字产业化集群，深入推动产业数字化转型，充分发挥数据资源对于制造业高质量发展巨大价值的底层支撑。在河南省委、省政府的高度重视和大力推进下，河南数字新基建取得了长足进步，根据国家互联网信息办公室的报告，2021 年河南数字基础设施建设水平排名全国第八，进入第一梯队。2023 年 8 月，《河南省重大新型基础设施建设提速行动方案（2023—2025 年）》发布，河南省数字新型基础设施建设迈入新征程。

## 一　5G 等通信网络基础设施加速融合应用

根据《2022 年河南省互联网发展报告》，2022 年河南百兆以上宽带用户占比达 99%，居全国第一位，万兆无源光网络（10G-PON）及以上端口总数大幅增长 97.7%，达到 85.03 万个。移动互联网用户总数达到 9400.9 万户，居全国第三位；5G 终端用户达到 3184 万户，同样居全国第三位。2022 年，河南省累计建设 5G 基站 15.32 万个，总数居全国第五位，同比增速 57.8%，实现县城及以上城区、农村热点区域 5G 网络全覆盖。在这个基础上，5G 应用场景广度与深度不断拓展，5G 应用项目复制推广达 1470 个，项目建设投资广泛分布在装备制造、化工、钢铁等 16 个重点行业。2022 年，河南省物联网终端用户数量达到 8827.3 万户（见图 9-2）

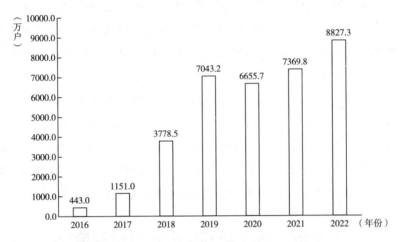

**图 9-2　2016~2022 年河南物联网终端用户数量**

数据来源：河南省通信管理局网站。

## 二　信息通信区位枢纽优势不断巩固

河南省超大容量光传输系统建设有力推进，依托国家光缆骨干网搭建的"四纵四横"信息高速公路基本框架已经完成。郑州国家级互联网骨干直联点总带宽同比增长 18.5%，扩容达到 1920GB，居全国第七位，其中互联网网内与网间平均时延数据表现出色，在全国位列第一和第三。郑州、开封、洛阳互联网国际专用通道建设实现自贸区全覆盖。郑州、洛阳、焦作、许昌等 9 市被工业和信息化部评为千兆城市。信息通信枢纽与集散中心地位不断提升，搭建起新时代河南制造业高质量发展的数字化通道，与传统交通禀赋形成"双枢纽"叠加效应，夯实河南制造业高质量发展的区位优势。

## 三　算力基础设施加速布局突围新赛道

算力是发挥数字赋能作用的关键生产力，成为各地聚焦竞争的热点领域。2022 年河南发布《河南省大数据产业发展行动计划（2022—2025 年）》，提出完善算力基础设施，推动中原人工智能计算中心建设，提升国家超级计算郑州中心算力,拓展其在精准医学、生物育种、高端装备等领域的特色应用等。2023 年 8 月,河南在加快重大新型基础设施建设"19 条"中,为支持建设中部地区算力高地,提出建立以"算力券"为核心的算力平台运营结算分担机制,每年发放总规模不超过 5000 万元的"算力券",真金白银的政策为河南省算力产业发展注入新的强劲动力。目前河南正在全速打造云、边、端协同的多层次算力服务体系,在中国移动等大型通信服务商的协助下,立足低时延全光网,构建"省会城区 1ms、中心城市 3ms、全省5ms"算力时延圈。统筹推进全省数据中心建设,中国移动、中国联通、中国电信等在河南部署的 6 个超大型数据中心稳步建设,现已安装服务器机架3.7 万个,出口带宽达到 47TB,算力规模达到 437.3P。同时积极发展多元化算力服务,以"算力+工业互联网""算力+人工智能""算力+区块链"等融合创新模式,赋能传统制造业转型升级,支撑新兴产业做大做强。

## 第四节　数字产业化增强河南制造业
## 高质量发展支撑

数字产业化生产制造计算机、智能设备、电子元器件等数字类相关产品、设施,自身构成制造业高质量发展的一部分,同时输出数字技术、数字服务等,支撑制造业数字化转型顺利实现。

### 一　集聚效应初步显现,注入增长新动能

河南数字经济核心产业起步较晚,随着数字化转型进程加快,核心产业加速布局,呈现优势逐步凸显的集聚发展态势。2018~2022 年,以智能传感器、集成电路、新型显示等为代表的电子信息产业主营业务收入从 4491亿元增长至 7935 亿元,年均增长率约为 15%,居全国第七位。中国(郑州)智能传感谷、紫光智慧计算终端全球总部基地、黄河鲲鹏生产基地、超聚变服务器、中光学光电侦察与光电显示产业园等牵引性项目高水平推进。新华三智慧计算终端全球总部基地、中国长城(郑州)自主创新基地等重大项目开工建设,在全国率先布局华为鲲鹏生态创新中心。河南省传感器行业经过多年布局,2022 年产业规模接近 300 亿元,基本形成了以中国(郑州)智能传感谷为核心,开封、洛阳、鹤壁、新乡、三门峡、南阳

六地产业园区共同发展的"一谷六园"格局，拥有以汉威科技为代表的一批行业龙头企业，部分技术水平与产品市场占有率领先全国。2022 年 8 月，全省首个元宇宙产业园区在中原科技城鲲鹏软件小镇二期落地；9 月，《河南省元宇宙产业发展行动计划（2022—2025 年)》印发，提出要建成 1 个元宇宙核心园区及 3~5 个特色园区。

## 二 科技创新加速突破，提高产业竞争力

数字产业是典型的技术密集型产业，提高科技创新水平是推动高质量发展的核心动力。部分电子信息产业企业专注于主营业务，瞄准行业国际领先水平，从科研端深耕发力取得成功。河南日立信股份有限公司在气体传感器赛道上经过 20 多年的发展积累，持续在气体传感器技术与应用方面展开研究，成果多次打破国外垄断，其中六氟化硫气体的安全监测和循环利用技术逐步实现国外品牌替代，在国内市场的占有率达 70%，并在韩国、新加坡等地推广应用。传统领域企业积极延链补链强链，加大科技研发力度，在数字新兴产业领域寻求转型突破。洛阳中硅高科技有限公司向集成电路材料领域进军，加大研发投入，以"关注一批、研发一批、突破一批"的滚动发展思路，陆续突破电子级多晶硅等产品关键制备技术，多款产品打破国外垄断，实现规模化生产和稳定供应，2022 年营业收入同比增长 104%，利润达到 4.3 亿元，同比增长 269%。焦作多氟多承建河南省氟基新材料产业研究院等创新平台，攻克超净高纯电子级氢氟酸技术，六氟磷酸锂（电解液）市场占有率全球第一，其自主研发的用于芯片清洗剂、蚀刻剂的电子级氢氟酸打破国外技术垄断，为中芯国际、台积电等国际集成电路龙头企业所采用。

## 三 互联网企业蓬勃发展，主体队伍成长壮大

河南省互联网企业主体不断培育壮大，数字技术服务能力快速提升。2022 年，河南互联网业务经营单位 8986 家，居全国第三位，其中规模以上互联网企业总数新增 14 家，达到 56 家。龙头企业实力进一步提高，河南中钢网、中原大易科技营业收入超百亿元，名列中国互联网企业综合实力百强榜单。全省注册区块链业务的企业达到 339 家，中盾云安进入全国区块链百强企业名录。河南在专精特新企业梯队培育上也取得了显著的成绩。郑

州畅威物联网科技有限公司、信大捷安等 56 家互联网企业入选河南专精特新中小企业，河南众诚信息科技股份有限公司、中电云科信息技术股份有限公司等 8 家企业入选工业和信息化部专精特新"小巨人"企业。

## 四　网上丝路强势崛起，跨境电商打开新局面

互联网经济在河南扎根并取得了长足发展，为数字赋能河南制造业高质量发展搭建了四通八达的"网上丝路"。河南"网上丝路"发展水平在全国居第三位，2022 年河南省跨境电商交易额达到 2209.2 亿元，同比增长 9.5%（见图 9-3）。从 2012 年郑州被确定为国家首批跨境贸易电子商务服务试点城市开始，河南在跨境电商上的实践探索逐步驶入快车道，跨境电商产业生态不断完善。河南首创"1210"网购保税进口模式并取得巨大收效，依托该模式，河南省进口额 8 年间增长了 160 多倍，率先探索"网购保税+线下自提"等各类创新模式，跨境电商零售进口退货中心仓等在全国推广。截至 2022 年 10 月，河南已经拥有郑州、洛阳 2 个国家级电子商务示范城市，7 个国家电子商务示范基地，培育了 16 家国家电子商务示范企业，全省规上企业超 80% 应用电商，共有 77 家企业分别在 43 个国家和地区自建或租赁 183 个海外仓，组成服务海外的销售网络，为河南制造业创造了开放发展新局面。

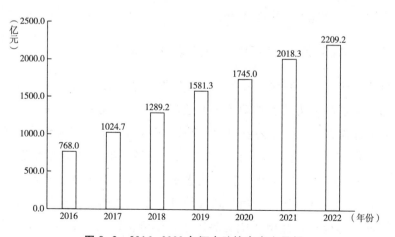

图 9-3　2016~2022 年河南跨境电商交易额
数据来源：河南省商务厅网站。

## 第五节 数实融合驱动河南制造业
### 智改数转升级上新阶段

以5G、人工智能、大数据等为引领的新一代信息技术与制造业深度融合是新时代制造业高质量发展的必由之路，河南经过多年布局推动，制造业数字化已经进入广泛赋能、融合创新的新阶段。

### 一 数字化转型综合规模效益稳步提升

2021年河南产业数字化占数字经济比重超80%，占GDP比重为24.8%，较上年提高1.8个百分点，其中数字经济在工业领域的渗透率较上年提高0.9个百分点，达到17.9%，2022年河南两化融合指数居全国第13位，处于第二梯队。截至2022年，河南新确定"郑州双汇食品有限公司—美式肉制品加工智能车间"等125个省级智能车间，以及"郑州深澜动力科技有限公司—深澜动力新能源动力电池智能工厂"等60家省级智能工厂，目前已累计培育641个智能车间，278家智能工厂，在帮助企业利用数字工具与数字平台进行低成本快速研发创新、透明高效管理供应链、提高组织运营管理效率、减少资产损耗和信息传递成本、加速产品价值实现上发挥了重要作用，根据河南省工信厅统计，智能制造的应用使得企业生产效率平均提升30%，运营成本平均降低20%。

### 二 传统制造业数字化转型升级成效显著

河南持续应用互联网、云计算、大数据等数字技术为传统产业发展把脉问诊，通过数字化转型推动传统产业降本增效，向新兴产业跃升。河南制造强省建设领导小组办公室印发《2022年河南省水泥钢铁焦化行业数字化转型工作方案》，分行业一企一策施政，明确提出提高全省水泥、钢铁、焦化行业的数字化、网络化、智能化水平，增强企业运营管理能力，降低能耗与碳排放的目标任务。通过研发设计、生产制造、商业运营等流程的数字化渗透与改造，河南传统优势产业，如装备机械、服装、食品等，不断催生新业态、呈现新模式、焕发新活力。黄河云缆推动制造业与生产性服务业融合，为商品建立数字身份识别码，打造可视化产品溯源体系和区块链信用技术体系，向客户提供产品全生命周期管理，从传统的电缆生产制造企业向电缆产业一站式智慧交易解决方案供应商转变。面对食品行业消费创新快速迭代的激烈竞争，卫龙辣条建立卫龙大数据平台，依托平台直面目标消费群体，精准掌握的标客户需求，满足市场对休闲食品的新要求。三全深入挖掘消费大数据，提前洞悉市场变化，专注于涮烤、早餐、备餐三大重点场景高效进行产品研发，率先推出战略性场景产品。蜜雪冰城建立数字化供应链体系，对"蜜雪王国"庞大的上下游产业链进行低成本精准可控管理，并依托数字化设计、模块化工具实现一周时间快速建店，迅速复制扩大，发挥品牌效应，目前已在全国建店 2 万余家，门店数量居全国餐饮品牌第三位。

## 三  数字技术与制造业深度融合步伐加快

河南持续探索 5G、工业互联网等数字技术在制造业的融合应用，复制推广新场景，探索平台赋能等五种模式，推动大中小企业数字化转型。鼓励行业龙头企业积极发挥引领作用，在矿山装备、起重装备、智能农机等重点行业加速布局，2022 年河南新认定基于海绵钛的新材料行业工业互联网平台、河南金大地工业互联网平台等 10 家培育对象，在 2023 年国家工信部公布的工业互联网试点示范项目名单中，河南申报的"工业互联网平台赋能硅基底材料全生命周期质量管控解决方案"等 4 个项目入选。经过多年谋划，河南目前已初步形成建立"1+37"工业互联网平台体系。"5G+工业互联网"融合应用初具规模，2022 年复制推广 1470 个应用项目，已渗透装备制造、煤矿、钢铁、水泥等 16 个工业大类和 56 个细分行业。同时，有序推动企业"上云用数赋值"进程，分步实施数字化、网络化、智能化改造。2021 年河南就已发布《河南省"企业上云上平台"提升行动计划（2021—2023 年）》，成立企业上云推进联盟，引导企业将业务管理系统、物料设备产品等加快向"云端"迁移。在"企业上云上平台"行动大力提升下，2022 年河南新增上云企业 3.6 万家，累计上云 19.1 万家，为挖掘实现制造业数据价值，发展智能制造奠定良好基础。2022 年河南规上工业企业数字化研发设计工具普及率达到 80.7%、关键工序数控化率为 56%，生产设备数字化率为 50.9%，智能制造就绪率已达到 14.8%，有力推动"河南制造"向"河南智造"转变。

# 第六节　河南加速推动数字赋能制造业
# 高质量发展进程

　　河南各地紧抓新一代信息技术引领的科技革命与产业变革机遇，依托自身产业优势，积极拥抱数字经济，因地制宜，着眼于不同领域推动制造业高质量发展，逐步形成了郑州龙头引领、洛阳副核驱动，其他地市"多点开花"，你追我赶的发展态势。

## 一　郑州强势引领，数字赋能效应充分彰显

　　郑州作为省会城市与国家中心城市，近年来充分把握国家级战略叠加优势，经过多年发展沉淀，已成长为河南省乃至中部地区的数字经济高地，在数字赋能河南制造业高质量发展方面以绝对实力领先全省，中心地位日益凸显。

　　一是综合实力领先全省。根据《河南省数字经济发展报告（2022）》，2021 年郑州市数字经济总量首次超过 5000 亿元，2022 年规模已突破 5300 亿元，占 GDP 比重超过 40%，特别是数字经济核心产业增加值突破千亿元，是唯一突破千亿元大关的河南城市，占全省数字产业增加值的比重达到 51.7%。2022 年郑州规模以上工业增加值同比增长 4.4%，其中计算机、通信和其他电子设备制造业增加值同比增长 15.3%，成为增速最快的制造业行业，电子信息、生物医药、现代食品等六大主导产业对全市工业增加值的贡献率达到 111%，其中电子信息产业贡献率为 99.8%，比排名第二的铝及铝精深加工产业贡献率高出 75.8 个百分点，是绝对的"一号产业"。河南省拥有 IT 产业园、中部软件园等特色园区，全省有规模以上互联网企业 88 家，其中 73 家在郑州，占总量的 83%。同时郑州市有力实施智能化改造行动、"企业上云上平台"行动、数字化转型伙伴行动，智能制造发展基础得到夯实，数字赋能制造业高质量发展生态进一步完善。

　　二是特色优势产业集群加速集聚。郑州市大力培育电子信息、软件、网络安全等特色优势产业，形成集聚带动趋势，陆续引进超聚变、浪潮（郑州）计算机、河南长城计算机等一批产业链驱动力较强的龙头企业落户发展，积极布局未来网络产业。郑州市拥有 10 家传感器行业上市企业，20

家左右营收在亿元以上的大型企业，部分产品处于行业领先水平，气体、红外传感器国内市场占有率第一。中国（郑州）智能传感谷核心区在"中国十大传感器产业园区"中排名第五。郑州市还连续举办四届世界传感器大会，邀请中外知名专家学者（包括诺贝尔奖获得者）、企业家参会交流，开展一系列产销供需项目对接活动，大会已经成为具有全球影响力的传感器行业交流平台。"中原数谷"建设步伐再提速。河南首个重大科学基础设施国家超级计算郑州中心已经建成投用，2023 年 7 月再获科技部批复筹建国家新一代人工智能公共算力开放创新平台。目前已打造郑东新区智慧岛核心区等 90 多个大数据产业园，构建了中部一流的算力设施。

## 二　洛阳加速跟进，数字化转型提升成效显著

洛阳作为中原城市群副中心城市，近年来围绕"数字强市"目标，推进"五位一体"数字经济建设格局，与郑州优势互补，成为河南省数字经济发展副核心。2021 年全市数字经济总量逼近 2000 亿元，入选国务院建设信息基础设施和推进产业数字化成效明显市，也是河南省数字化转型领域唯一获得的国务院督查激励事项。

一是数字赋能基础设施优势不断巩固。引进华为、大华科技、深兰科技、凯盛科技等一批数字产业核心龙头企业，洛阳大数据产业园成功入选国家大数据新型工业化示范基地，入驻企业 1300 多家，培育建成中移在线数字服务产业园等 11 个特色专业园区，并搭建 4 个省级大数据创新平台，2021 年园区产业规模突破 200 亿元，成为辐射河南省中西部地区的数据产业高地。2022 年 1 月，洛阳成功入选国家 IPv6 技术创新和融合应用综合试点城市，批建全国第 17 个国际互联网数据专用通道；5G 网络建设率先在省内实现中心主城区连续覆盖，全覆盖乡镇与农村热点地区，持续巩固信息基础设施优势。另外，洛阳积极完善数字赋能政策软环境，发布《洛阳市数字化转型行动计划》《洛阳市实施制造业"三大改造"实施方案（2021—2025 年）》等系列支持政策。重视资金扶持，先后帮助中车洛阳机车智能检修数字化车间等 21 个项目获得 2.4 亿元的国家和省智能制造补助资金。洛阳市政府设置制造业高质量发展基金，首批规模 100 亿元，重点用于支持产业数字化转型，布局数字产业发展等。

二是全力打造制造业数字化转型新高地。洛阳立足自身较为雄厚的制

造业发展根基,先后开展"企业上云"深度行活动,组织召开 20 余场智能化改造观摩暨转型发展攻坚会、智能化改造诊断对接会等专项会议,充分释放传统制造业转型升级新动能,2021 年产业数字化规模超 1500 亿元。洛阳市不断完善"1+N"行业工业互联网平台体系,建成中西部地区首个、全国第 20 个工业互联网标识解析二级节点;并接入国家顶级节点;围绕农机装备、矿山机械、有色金属等传统优势产业重点发力,累计培育省级工业互联网平台 9 个,并鼓励耐火材料等工业互联网平台向中小企业开放接口,有效推动一大批中小企业上云上平台,进一步发挥工业互联网赋能作用,打造一批可复制可推广的 5G 融合应用示范项目,洛钼集团首创国内"5G+智慧矿山",获得中国有色金属行业科技进步一等奖,国家农机装备创新中心"5G+氢燃料动力无人驾驶拖拉机"填补了相关领域空白。另外,洛阳还树立了一批传统制造业数字化转型提质增效标杆,中信重工建设数字化研发设计与协同制造平台,采用智能柔性化制造新模式,有效将研发周期缩短一半以上,生产效率提高 30% 以上,运营成本降低 30% 以上;中国一拖综合运用物联网、智能终端传感器等,建成全国首个新型轮式拖拉机智能工厂,生产效率提高 30%,运营成本降低 27.4%,极大地降低了产品不良率。

## 三 多城发展提速,数字赋能各具特色

在郑州、洛阳主副双核领先之外,河南省各地"多点开花",南阳、许昌、新乡数字经济总量在 2021 年首次突破 900 亿元,漯河、驻马店数字经济总量以远超全国、全省平均水平的速度保持高速增长。

一是数字产业化发展势头强劲。各地市围绕产业基础,招引重点项目,加速产业集聚。郑州稳居第一梯队(千亿元级),第二梯队(百亿元级)成员不断增加,开封与南阳数字产业规模首次超过百亿元,跻身洛阳、许昌、安阳所在的第二梯队,5 个城市数字产业规模占全省三成。第三梯队(十亿元级)不断提速。驻马店、商丘、漯河增速在全省居前三,鹤壁将数字经济核心产业作为"一号工程"推进,数字产业占全市 GDP 比重的 6.9%,连续两年位居全省第二,聚焦汽车线束、车载影音、汽车模组等汽车电子制造,培育壮大本土企业,招引重点项目,多家企业营收突破 5 亿元,天海集团营收接近百亿元,成为全国最大的汽车线束生产基地。许昌的黄河鲲

鹏生产基地已具备年产"Huanghe"服务器 36 万台、PC 机 75 万台、主板 25 万片的能力,成为华为鲲鹏国内重要生产基地。安阳林州将电子新材料列为三大主导产业之一,积极培育光远新材、致远覆铜板、诚雨覆铜板等一批具有自主创新能力的行业知名企业。濮阳电子化学品稳健发展,惠成电子在深圳创业板上市,已成为世界第二大电子封装材料供应商。

二是制造业数字化转型多点突破。各地依托自身不同的发展基础与资源禀赋,开展一系列各具特色的数字赋能制造业高质量发展的实践,大力推动制造业数字化转型,形成一批代表性成果。南阳发挥跨境综合试验区和零售进口试点城市优势,发展网购保税进口消费,并借助聚爱优选、香菜网等第三方电子商务平台开设专区,集中展示、宣传推广南阳名优特色产品,并大力开展企业"上云赋智"行动,已有超万家企业实现云端迁移。此外,南阳积极引导企业进行数字化、智能化改造,2023 年已征集 197 个智能制造项目,计划 2023 年投资 196.39 亿元,南阳 26 家企业入选省级智能车间、智能工厂,数量居河南省第一。鹤壁与京东展开深度合作,依托京东云产业协同平台,打通数字化供应链,打造对河南省具有示范作用的"京东鹤壁模式",即共建数字经济产业园牵引生成有效订单,发展智能制造产业园保障订单生产,布局物流智能产业园稳定配套支持,该模式在 2022 年为鹤壁市 GDP 贡献了约 10% 的增长新动能。

# 第十章　生产性服务业助推河南制造业<br>高质量发展

生产性服务业是第一、第二产业向第三产业延伸并加速融合的关键，是全球产业竞争的战略制高点，也是引领产业向价值链高端提升的关键环节。纵观发达地区产业发展实践可以发现，随着工业化进程深化，生产性服务业与制造业将经历剥离独立、交叉互动和融合互动三大阶段。当前河南正处于工业化中后期，传统工业体系与新型工业体系并存，产业分工日益细化，但生产性服务业尚处于剥离独立向交叉互动转型的瓶颈期，对先进制造业高质量发展的赋能作用有限。因此，加快推进生产性服务业发展，以生产性服务业助力河南制造业高质量发展意义重大。

## 第一节　生产性服务业与制造业的<br>双向互动关系

生产性服务业贯穿制造业的整个产业链，对于推动制造业实现价值链分工地位攀升，实现"补短板、强弱项"的战略目标具有重要意义。积极推动生产性服务业与制造业高效融合，是推动制造业占领全球产业竞争制高点、实现技术水平赶超的重要途径，也是推动我国从制造大国向制造强国转变的关键。

### 一　生产性服务业有利于制造业转型升级

制造业创新主要表现在产品创新、生产技术创新、制造系统集成创新和产业模式创新等，每一环节的创新突破都有赖于生产性服务业的突破和带动，如研发、设计、创意对新产品、新设备的支持，信息技术服务、专业咨询服务对生产环节和系统集成的支撑，电子商务、商务服务对产业模式的重塑等。制造业创新发展过程是产业链分工不断深化和专业化水平不断提升的过程，将分布在不同空间的专业化生产环节高效整合起来是制造业创新升级发展的重要保证，而商贸、物流、信息、金融、科技服务等生产性服务活动将对制造业的创新发展和转型升级产生重要的作用。生产性服务业是制造业生产活动向第三产业的延伸，部分生产性服务活动依附于制造业的生产活动，并随着制造服务化趋势而逐渐从制造业分离出来。为了满足消费者和客户日益多样化、个性化的需求，越来越多制造业企业由原来专注于实物产品供给向提供衍生服务延伸，进而成为"产品＋服务"供应商，甚至成为专门的服务提供商，服务性业务最终成为企业价值创造和利润增长的主要源泉。一些生产性服务活动，如商务咨询、检验检测、广告设计、会计审计等，属于知识密集型，对专业化要求较高，对于制造业高质量发展具有较好的赋能作用。

## 二　生产性服务业有利于激发制造业创新活力

生产性服务业是为了生产和创造更大价值而进行的中间性生产消费，通常包括研发设计服务、物流与运输服务、信息技术服务、金融服务和商务服务等，贯穿于制造业生产活动各环节，高附加值的生产性服务能够提高制造业的生产效率和生产质量，并在服务过程中推动制造业流程优化或者技术创新、管理创新。因此，生产性服务业的发展和创新对于激发制造业创新活力具有重要作用。当前，制造业高质量发展已经成为趋势，制造业迈向高端离不开生产性服务业的支撑，新技术应用和新产品开发离不开检验检测服务、研发设计服务以及广告品牌等策划，大力发展生产性服务业对制造业企业的技术创新、产品创新、工业优化等都具有直接的推动作用。生产性服务业为制造业发展提供专业的生产性服务或者融资服务，对制造业企业开展研发活动、技术创新等具有重要的中介作用，间接影响企业的创新行为，激发企业创新意愿，同时也能引导企业更好地把握创新发展的方向。

## 三　制造业产业升级促进生产性服务业的发展

从制造业的产业发展轨迹来看，随着制造业企业的规模扩大，在量的累积向质的转变过程中，企业的生产组织形式将发生转变，分工更加细化和明确，制造业企业往往会剥离一些非核心的经营性业务，将一些服务型制造业务，如研发、设计、广告品牌策划、法律服务、物流运输、金融服务等外包给专业的第三方服务型企业，外包的服务型业务逐渐成长发展为生产性服务业，为制造业发展提供专门的生产性服务，在服务外包的过程中，制造业企业能够更加聚焦主业，以更小的成本获取更加专业的服务，提高产品的附加值，实现制造业产品价值增值，获得更高的利润和回报，同时也会推动生产性服务业的发展壮大，繁荣服务市场，提升生产性服务业企业专业化水平。因此，制造业和生产性服务业共同形成相互促进的产业生态，两者相互作用、共同发展，生产性服务业是制造业高质量发展的重要保障，制造业高质量发展是生产性服务业发展壮大的重要基础。

## 第二节　河南生产性服务业发展成效

生产性服务业是提升制造业竞争力和综合实力，促进制造业转型升级和高质量发展的重要保障，加快生产性服务业发展，有利于引领制造业向价值链高端提升，推动制造业和服务业高质量发展。近年来，河南顺应产业转型升级、融合发展的趋势，加快推进生产性服务业发展，推动三次产业在更深领域、更高层次互动融合，构建与产业转型升级相适应的现代服务体系，生产性服务业综合实力显著提升，交通运输结构不断优化，物流业取得突破式发展，金融以及电子商务服务、信息服务等生产性服务业新业态蓬勃发展。

### 一　生产性服务业综合实力显著提升

随着对制造业重视程度的提升，对生产性服务业发展的要求也越来越高，现代服务业成为重点发展方向，围绕服务领域的新变化，各个国家和地区也更加重视生产性服务业，以生产性服务业更好地赋能先进制造业的发展。党的十八大以来，河南持续加大对生产性服务业的政策扶持力度，相继出台了《河南省人民政府关于推动生产性服务业加快发展的实施意见》《河南省推进服务业供给侧结构性改革专项行动方案（2016—2018 年）》《河南省"十三五"现代服务业发展规划》《河南省进一步扩大和升级信息消费持续释放内需潜力实施方案（2018—2020 年）》《河南省加快推动现代服务业发展实施方案》，并发布旅游、健康养老、物流等重点领域转型升级发展规划，依托重大项目、重点行业不断推动生产性服务业提质增效升级。近年来，河南生产性服务业持续快速发展，正逐渐成为经济发展的新动力。生产性服务业企业加速向高端迈进，以更高的专业化水平推动制造业转型升级和高质量发展。2021 年，河南规模以上生产性服务业企业营业收入为 6486.54 亿元，占全部规模以上服务业企业营业收入的比重为 87.4%。从技术交易到检验检测，再到成果孵化，科学研究和技术服务业为科技创新提供重要保障。2021 年，河南规模以上科学研究和技术服务业企业营业收入为 813.56 亿元，同比增长 6.69%。物流业是经济的"信使"，更高效的物流体系，更低的物流成本，才能让企业成本更低、利润更大、流通更活跃。2021 年，河南省物流总额突破 17 万亿元、总收入超 7400 亿元，均居中部六省首位，交通运输、仓储和邮政业规模以上企业营业收入为 3130.05 亿元，同比增长 18.8%。2021 年，河南信息传输、软件和信息技术服务业规模以上企业营业收入为 1395.2 亿元，同比增长 12.4%。

## 二　交通运输结构不断优化

河南全力推动现代综合交通运输体系建设，"米+井"综合运输通道基本形成，全省综合立体交通实体线网里程达 27.8 万公里，基本形成以高速铁路、高速公路为骨干，普速铁路、普通公路为基础，水运、民航比较优势充分发挥的立体交通网。2021 年，交通运输、仓储和邮政业实现增加值 3378.36 亿元，2013~2021 年年均增长 7.0%。2021 年，河南省共完成货物发送量 25.46 亿吨，货物周转量为 10439.87 亿吨公里，2013~2021 年年均分别增长 6.2% 和 5.5%。2021 年，河南省铁路营业里程为 5317.86 公里，比 2012 年增加 495.86 公里，铁路货运量为 10601.54 万吨，货运周转量为 2144.91 亿吨公里；2021 年河南省公路通车总里程为 271570 公里，高速公路通车里程达到 7216 公里，分别比 2012 年增加 21921 公里和 1386 公里，继续保持全国前列、中部领先。2021 年公路货运量为 22.64 亿吨，占全社会货运量的 88.9%，2013~2021 年年均增长 9.8%；公路货物周转量为 7026.33 亿吨公里，占全省货运周转量的 67.3%，2013~2021 年年均增长 10.5%。2021 年，河南民航运输规模快速增长，航线里程为 116099 公里，是 2012 年的 1.9 倍，基本形成了覆盖全球主要经济体的航线网络，河南货邮吞吐量为 70.65 万吨,是 2012 年的 4.6 倍。

### 三　物流业取得突破式发展

现代物流业对促进区域经济社会高质量发展具有重要意义。近年来,河南省委、省政府印发《关于加快现代物流强省建设的若干意见》《河南省"十四五"现代物流业发展规划》等文件,这为进一步发展现代物流业创造了良好的政策环境,河南物流业整体发展水平稳居全国第一方阵,物流大省地位基本确立,商贸物流水平显著提升,以郑州为中心、区域物流节点城市为支撑、城乡分拨配送网络为基础的现代物流空间网络体系基本形成。

一是物流业发展势头良好。河南把物流提质增效降本作为推动产业结构升级和经济平稳健康发展的重要抓手,深化产业联动融合和信息互联互通,推动现代物流强省建设取得突破性进展,2022 年河南省社会物流总费用为 18.8 万亿元,稳居中部地区第一,社会物流总费用与 GDP 的比降至 13.4%,低于国家平均水平 1 个百分点,河南在物流提质增效降本方面取得了较好的成绩。二是物流市场主体不断壮大。2021 年,河南共有国家 A 级以上物流企业 222 家,双汇、大象物流等 10 家企业入选全国冷链物流百强名单,数量居中部地区第一。2022 年河南省发改委开启物流"豫军"企业认定工作,包括河南中豫国际港务集团有限公司等 5 家全国领军型企业,河南省医药有限公司等 20 家特色标杆型企业和 9 家新兴成长型企业在内的 34 家企业入选首批认定名单,"十四五"期间河南将计划培育 100 家左右全国领军型、特色标杆型、新兴成长型物流企业。三是物流枢纽地位巩固提升。郑州新郑国际机场基本形成横跨欧美亚三大经济区、覆盖全球主要经济体的货运航线网络,郑州成为全国重点建设的 5 个中欧班列集结中心之一,郑州国际性综合交通枢纽能级显著提升。洛阳、商丘、南阳等全国性综合交通枢纽和周口、安阳等区域性综合交通枢纽加快建设,6 个城市、10 个枢纽被列入国家物流枢纽布局建设规划,数量居中部地区首位,其中郑州空港型国家物流枢纽、洛阳生产服务型国家物流枢纽、安阳陆港型国家物流枢纽、商丘商贸服务型国家物流枢纽四个物流枢纽入选国家物流枢纽建设名单。

### 四　金融服务实体功能日趋增强

金融是现代经济的核心，也是实体经济的血脉，服务实体经济是金融的首要任务。党的十八大以来，河南省金融业有力支持服务实体经济，有效防范控制金融风险，区域金融改革持续推进，金融综合实力再上新台阶。2021 年，河南省金融业实现增加值 3101.60 亿元，是 2012 年的 3.1 倍，年均增长 12.2%，占地区生产总值的 5.3%，比 2012 年提高 1.9 个百分点。近年来，河南鼓励金融机构更好服务实体经济，加大对小微企业、科技创新、绿色发展等领域支持力度，推动企业综合融资成本稳中有降。全省金融系统围绕"十大战略"，不断加大对实体经济的支持力度，重点支持基建、制造业等国民经济重点领域，科创金融、普惠金融、绿色金融持续发力，信贷结构得到优化。金融支持基础设施建设成效明显，2022 年，近五成新增贷款投向基建、制造业等领域。2022 年，河南基础设施中长期贷款增加 1499.9 亿元，占单位中长期贷款增量的 42.8%，其中道路运输业、公共设施管理业较年初分别增加 651.3 亿元、419.9 亿元，大力支撑河南再造枢纽经济优势。制造业中长期贷款较年初增加 406.5 亿元，其中非金属矿物制品业、化学原料和化学制品制造业分别增加 77.6 亿元、68.8 亿元。以地方政府融资平台为主的租赁和商务服务业中长期贷款增加 802 亿元，主要投向基础设施建设和民生保障领域。此外，科技创新领域贷款快速增长。2022 年末，高新技术企业贷款余额为 2858.1 亿元，同比增长 14%，较年初增加约 350 亿元，其中新材料、新能源与节能、资源与环境领域贷款较年初分别增加 124.8 亿元、124.7 亿元、101.7 亿元。科技型中小企业贷款余额为 557 亿元，同比增长 16.7%，较年初增加 79.7 亿元。专精特新企业贷款余额为 486.7 亿元，同比增长 25.6%，较年初增加 99.2 亿元。在绿色贷款助力实体经济低碳转型方面，2022 年末，河南绿色贷款余额为 5555.9 亿元，同比增长 30.8%，高于各项贷款增速 19.4 个百分点，较年初增加 1308.3 亿元；其中，基础设施绿色升级、清洁能源产业、节能环保产业分别增加 452.3 亿元、316.3 亿元、242.7 亿元。

### 五　服务业新动能蓬勃发展

随着国内数字经济发展势头强劲，云计算产业蓬勃发展，传统产业数字化转型加速，软件产业迎来新一轮发展机遇，大数据、云计算、人工智能等新一代信息技术在社会各领域得到广泛运用，重塑经济增长格局，深刻改变生产生活方式，成为河南服务业创新发展的新标志。河南软件和信息技术服务业保持较快增长，2021年河南信息传输、软件和信息技术服务业实现增加值1408.28亿元，占服务业增加值比重为4.9%，比2012年提高1.1个百分点，2013~2021年年均增长17.6%。电信业在脱贫攻坚、社会民生等领域积极作为，2021年全省电信业务总量为986.12亿元，2013~2021年年均增长50.1%；2021年河南新开通5G基站5.17万个，截至2021年底，累计达到9.71万个，实现乡镇、农村热点区域5G网络全覆盖；2021年全省5G终端用户总数达到3184万户。电子商务快速发展，在促产业转型助消费升级方面动能充沛，2021年河南省规上企业电商应用率超过80%，电商与物流协同发展，高铁快递、航空快递运能不断提高，快递业务量呈井喷式爆发。2021年，河南快递业务量达到43.56亿件，实现业务收入319.17亿元，2013~2021年年均增长分别达到48.4%和36.6%。京东在郑州布局全国单体最大的"亚洲一号"智能物流园，阿里巴巴在豫布局菜鸟驿站数量占全国的1/10，河南保税进口业务在全国排前三，本土"独角兽"企业致欧家居，互联网百强企业中钢网、悉知科技，服务业500强企业大易科技以及专业生活服务平台UU跑腿等一批知名电商平台和企业涌现，培育形成了发制品、服装、机械制造等一批特色电商产业带。依托新型基础设施建设和数字技术渗透赋能，2021年河南省规模以上互联网和相关服务业以及软件和信息技术服务业的营业收入合计为1395.20亿元，是2012年的2.9倍，规模以上新服务企业、战略性新兴服务业和高技术服务业竞相发展，2016~2021年年均增长13.3%、10.9%和9.7%。

## 第三节　河南生产性服务业面临的形势

当前，先进制造业与现代服务业正处于深度融合的加速期，河南生产性服务业和服务型制造发展也正处在迈向高端的关键期，加快推进生产性服务业发展对河南建设制造强省、打造先进制造业体系具有重要的支撑和保障意义。因此，必须充分认识到河南生产性服务业发展面临的机遇和挑战，有的放矢地推进生产性服务业发展壮大。

## 一　生产性服务业迎来发展机遇期

从全球看，受全球治理体系、经贸规则变动影响，产业链供应链区域化、本地化特征更加明显，全球服务业发展和国际分工格局面临深度调整，但全球产业结构进一步由工业经济向服务型经济迈进的大势仍在，制造业服务化、服务外包化趋势增强，以研发、营销、品牌为代表的服务环节在全球价值链中越来越处于核心和主导地位，信息技术服务、研发设计、金融服务等高端服务的市场需求逐渐增多，生产性服务业的市场活力不断被激发。从国内看，我国进入新发展阶段，创新发展理念深入人心，新一轮科技革命发展演进，催生服务业新技术、新业态、新模式竞相涌现，服务业与其他产业加速渗透融合，服务业发展前景更加广阔。随着我国制造业高质量发展的不断推进，制造业正在经历由重数量到重质量的转型发展，对生产性服务的需求逐渐增多，高端服务对制造业产品附加值提升的作用日益显现，生产性服务业与制造业融合发展程度越来越深。从河南省发展实际看，河南面临国家构建新发展格局战略机遇、新时代推动中部地区高质量发展政策机遇、黄河流域生态保护和高质量发展历史机遇，区位交通、文化资源等叠加的比较优势持续显现，基础设施、开放通道、营商环境等蓄积的发展后劲持续增强，尤其是近年来河南提出要建设制造强省，打造先进制造业体系，生产性服务业的市场空间将更加广阔，对于制造业高质量发展的支撑作用将逐渐增强。

## 二　生产性服务业发展面临的挑战

当前，河南生产性服务业保持良好发展态势，但也面临一些问题和挑战。一是有效供给有待增强。生产性服务业水平总体不高，内部结构还不合理，信息技术服务、科技服务、商务服务等产业规模还比较小，尚未形成对产业结构优化升级的有力支撑。二是发展水平有待提高。生产性服务业创新能力不强，新兴和高端服务业发展不够充分，知名品牌数量较少，新业态新模式原创匮乏，缺少影响力大、产业带动力强的平台型、总部型企业。三是生产性服务需求不足。河南正处在工业化中后期，工业发展正处在转型发展阶段，制造业企业整体高质量发展水平仍显不足，大部分企业对于生产性服务认识不足，企业生产只关注生产环节，对于品牌策划、知识产权、研发设计、市场营销等关注度不够或者需求较为低端，高端的生产性服务需求仍未被激发。四是体制机制有待完善。部分行业部门条块分割和多头管理现象并存，对外交流合作亟待加强，互联网、大数据、创意设计、商务咨询等行业高端人才严重短缺，要素保障需进一步强化。

## 第四节 河南生产性服务业高质量
## 发展的路径探索

河南以建设现代服务业强省为目标，着力构建现代服务业体系，加快推动河南生产性服务业发展。《河南省"十四五"现代服务业发展规划》（以下简称《规划》）明确提出要推动生产性服务业向专业化和价值链高端延伸，为确保高质量建设现代化河南、确保高水平实现现代化河南提供坚实支撑。《规划》从现代物流、现代金融、科技服务、信息技术服务、中介服务、教育培训和节能环保服务七个方面出发，明确河南七大生产性服务业发展领域的发展举措，提高服务新智造的能力，提升生产性服务业发展层次。

### 一 加快现代服务业强省建设

2021 年，河南省政府印发《河南省"十四五"现代服务业发展规划》，聚焦重点，改革创新，提出 17 个谋得实可落地的重大工程（举措）专栏，筛选出支撑《规划》实施的 400 余个重大项目。根据河南的区位条件、资源禀赋、产业基础等，结合河南城市群经济空间形态，确定了河南服务业发展空间布局。《规划》提出构建"7+6+X"重点产业体系："7"指大生产性服务业；"6"指大生活性服务业；"X"意为加强技术创新应用和新业态、新模式培育，主动衔接战略性新兴产业和未来产业发展规划，促进服务新业态新模式迸发涌流。《规划》聚焦打造高素质市场主体梯队，发挥平台型、枢纽型企业引领作用，带动个人创新创业，扩大新供给来源。同时，明确了现代服务业对先进制造业和现代农业的全产业链支撑，提出了三次产业融合发展的思路和目标，通过两业融合试点、服务型制造企业（平台）示范、智能制造工厂（车间）培育等途径，支撑制造业转型升级。《规划》提出建设特色鲜明、优势互补的载体平台，形成多层级服务业载体体系，在细分行业申建一批国家级试点示范，争取国家先行先试政策，打造全面深化改革创新试验样板。在市场循环上，探索跨境电商、内陆多式联运等规则标准、服务规范，为国家参与相关国际标准规则制定提供"河南方案"。

## 二　打造生产服务业体系

《规划》提出河南要推动生产性服务业向专业化和价值链高端延伸，从现代物流、现代金融、科技服务、信息技术服务、中介服务、教育培训和节能环保服务七个方面出发，提升生产性服务业发展层次。一是加快推进现代物流发展。通过构建"通道+枢纽+网络"的现代物流运行体系，巩固提升航空、冷链、电商快递等专业物流竞争优势，推进物流业与制造业、商贸业、农业深度融合，推动物流智慧化、绿色化、标准化发展，分类培育全国领军型、特色标杆型、新兴成长型物流"豫军"等，全面提升河南现代物流发展水平。同时，《规划》提出现代物流重点发展任务，从物流枢纽、冷链物流、航空物流、电商快递物流、内河航运物流、应急物流、多式联运等方面对重点任务进行部署。二是增强现代金融服务实体能力。《规划》提出河南立足金融服务实体经济，构建功能齐备、创新活跃、服务高效的现代金融服务体系，力争到 2025 年，金融业增加值达到 3700 亿元。通过做大做强"金融豫军"、深化"引金入豫"工程实施、畅通实体经济融资渠道、健全地方金融监管体系等，推动现代金融发展。三是推进科技服务高质量发展。《规划》提出要大力发展研究开发、工业设计、创业孵化等科技服务，打造覆盖创新全链条的科技服务体系。四是提升信息服务发展质量。《规划》提出发展高端软件、大数据、云计算、网络安全、地理信息、电子商务等信息服务业，加快产业集聚和生态构建，推动信息新技术服务化应用，助力制造业数字化、网络化、智能化发展。五是提高中介服务市场化水平，推动形成门类齐全、运作规范、专业高效的中介服务市场体系。六是加大教育培训支持力度。《规划》围绕产业发展和社会需求，提出大力发展职业教育、继续教育、技能培训、在线教育和社区教育等，完善教育培训体系，培育一批知名教育品牌。同时，将紧缺型人才培养、职业教育、技能培训和中外合作办学列为教育培训发展重点任务。七是提升节能环保服务能力。《规划》立足建设生态强省战略目标，提出健全节能环保服务体系，推进节能环保服务产业化、专业化、规模化发展。

## 第五节 推进河南生产性服务业高质量
## 发展的对策建议

选择主导行业进行发展是调整产业结构、实现产业升级的主要手段之一。具体到生产性服务业同样如此，政府需要有针对性地改变行业发展方向与速度，加快生产性服务业优势行业的结构转变。河南要深入贯彻落实党的二十大精神，聚焦加快建设现代化经济体系，立足河南实际，遵循产业发展的一般规律，加快推动生产性服务业和制造业高质量发展同频共振。

### 一 推动制造业与生产性服务业融合发展

充分发挥河南省良好的制造业基础，通过政策鼓励和引导，推动传统制造业升级发展，创造更多中间需求，激活制造业企业对于生产性服务的需求，引导企业提高对生产性服务业的认识。一是促进生产性服务业的发展，提升生产性服务业整体实力。围绕服务业发展的短板领域提供政府支持，持续推进税收制度改革，给予服务业企业更多税收优惠，通过服务业增值税改革，鼓励企业剥离服务制造环节以壮大生产性服务业规模，促进制造业和服务业领域专业化程度和专业合作力度，进而推动更多生产性服务业细分领域的发展。二是加快服务业与制造业双向融合。大力发展面向制造业的生产性服务业，鼓励骨干服务业企业发挥信息、渠道、创意等优势开展反向制造、反向整合。推动更多中介服务类企业发展，为制造业和生产性服务业的融合发展搭建合作桥梁，提高合作效率，通过中介类服务更好精准定向为制造业企业提供专业化服务，激发生产性服务业市场活力，挖掘生产性服务业市场潜力。

### 二 加快生产性服务业向专业化和价值链高端延伸

引导制造业企业向附加值高的服务环节延伸，围绕河南制造强省建设，以产业转型升级为导向，努力促进信息技术服务、金融服务、中介服务、科技服务、研发设计、电子商务以及商务服务等高端生产性服务业的发展，促进制造业和现代服务业"双轮驱动"。大力发展现代金融，建立完善多层次、多元化金融服务体系，加大金融创新对生产性服务业的支持力度；大力推动科技服务业发展，提升科技创新服务平台的服务水平；大力发展总部经济和楼宇经济，全力构建服务业发展的高端形态。

## 三 推动制造业服务外包

加快培育服务型制造新业态，坚持"制造+服务""产品+服务"发展方向，支持制造业企业大力发展总集成总承包、综合解决方案、个性化定制、全生命周期管理、供应链管理、共享制造、用户到制造（C2M）、设计到制造（D2M）、远程运维等服务型制造新模式新业态，鼓励有条件的地方创建国家级服务型制造示范城市。鼓励从工业企业中分离发展服务业，推动工业企业剥离非核心但具有比较优势的服务环节，成立独立的服务业企业，如鼓励有条件的工业企业剥离研发机构、设计中心、检测检验，组建具有科技研发、工业设计、技术推广等功能的服务业企业，为其母公司或其他企业提供服务。

## 四 培育生产性服务业市场主体梯队

常态化开展"万人助万企"活动，分类施策支持市场主体成长，推动大中小企业融通发展，形成各类市场主体竞相发展的生动局面。支持企业通过兼并重组、战略合作、股改上市等方式实现跨越发展，推动人才、技术、资金等要素向创新型企业集聚，在新经济领域培育一批具有核心竞争力的单项冠军企业和高成长性的"瞪羚"企业、"独角兽"企业。加强对中小微企业的引导扶持，提高专业化生产、服务和协作配套能力，打造一批创新能力强、成长性好的专精特新企业。

# 第十一章　河南制造业绿色化
## 发展成效明显

河南省围绕碳达峰碳中和发展目标，深入实施绿色低碳转型发展战略，积极推进传统产业绿色化改造，加快产业链和产品全生命周期绿色化发展，大力发展绿色制造，构建高效、清洁、低碳、循环的绿色低碳发展体系。绿色低碳转型是河南制造业高质量发展的动力，河南省深入践行绿色发展理念，认真落实"十大战略"，谋划战略发展新格局，推动制造业绿色低碳转型，构建绿色低碳转型发展新体系，进一步推动河南制造业绿色化发展。

## 第一节　河南制造业绿色化发展成效

近年来，河南省深入实施绿色低碳转型发展战略，工业发展加快绿色低碳转型，制造业含"绿"量持续提升。河南积极践行绿色发展理念，迈出绿色低碳转型发展的坚实步伐，打好污染防治攻坚战，不断加大生态环境的保护力度和提高工业污染治理能力，绿色低碳发展新动能显现，河南制造业绿色化发展取得明显成效。

### 一　能源消费低碳化转型，节能降耗成效明显

### （一）能源利用效率显著提升

近年来河南工业企业持续加大节能降耗力度，单位产出能源消耗持续下降，能源利用效率大幅度提高。2012~2021年，河南规模以上工业增加值的能耗累计下降57.1%，年均降低9%，累计降幅比单位GDP能耗降幅高19.9个百分点。2021年，河南规模以上工业企业综合能源消费量达13111.47万吨标准煤，2012年为15017.78万吨标准煤，减少了1906.31万吨标准煤。

2021 年，河南工业增加值为 22757.55 亿元，比 2012 年增加了 7739.99 亿元
（见表 11-1）。可见，随着规模以上工业企业综合能源消费量的不断降低，
工业增加值不断增加，说明能源利用效率越来越高，河南节能降耗成效越
来越明显。

表 11-1　2012~2021 年河南工业增加值和规模以上工业企业能源消费量情况

| 年份 | 工业增加值<br>（亿元） | 综合能源消费量<br>（万吨标准煤） | 万元工业增加值能耗<br>变化（%） | 万元地区生产总值能耗<br>变化（%） |
|---|---|---|---|---|
| 2012 | 15017.56 | 15017.78 | -14.8 | -7.1 |
| 2013 | 14937.72 | 15447.22 | -8.3 | -3.9 |
| 2014 | 15809.09 | 15375.62 | -11.3 | -4.1 |
| 2015 | 16062.97 | 14949.36 | -11.5 | -6.6 |
| 2016 | 17042.72 | 14396.83 | -11.0 | -7.7 |
| 2017 | 18452.06 | 13857.47 | -9.1 | -7.9 |
| 2018 | 19780.61 | 13889.54 | -8.0 | -5.0 |
| 2019 | 21323.50 | 12988.75 | -14.1 | -7.8 |
| 2020 | 21408.79 | 13165.16 | 0.5 | 0.8 |
| 2021 | 22757.55 | 13111.47 | -7.3 | -2.8 |

资料来源：相关年度《河南统计年鉴》。

## （二）能源消费结构不断优化

河南能源消费结构持续优化升级，清洁低碳转型成效显著，绿色低碳
结构与全国差距明显缩小。一是消费总量得到有效控制，2012~2021 年，河
南省能源消费总量从 2.09 亿吨标准煤增长到 2.35 亿吨标准煤，年均增长
1.3%，比全国平均水平低 1.7 个百分点，比河南在 2000~2012 年的年均增
速低 7.1 个百分点，可以看出，能源消费增速明显放缓，说明能源消费总量
得到有效控制，能源消费结构不断优化。二是高耗能行业的生产得到有效
控制，抑制了能源消费量的增长，全省规模以上工业能源消费量从 2012 年
的 1.5 亿吨标准煤，下降到 2021 年的 1.3 亿吨标准煤，仅 2013 年和 2020
年是增长的，其余年份均下降。2021 年规模以上工业六大高耗能行业的增
加值增长 2.1%，较 2012 年回落了 6.3 个百分点，低于全部规模以上工业增

加值增速，高耗能行业生产回落，对能源消费需求形成有效抑制。三是河南加快清洁低碳转型，2012～2021 年，煤炭消费比重持续下降，能源消费结构持续优化，全省煤炭消费占比从 2012 年的 80% 下降到 2021 年的 63.3%，下降了 16.7 个百分点，降幅比全国平均水平高 4.2 个百分点，占比与全国平均水平的差距缩小至 7.3 个百分点。2021 年，石油消费占比 15.7%，提高了 4.2 个百分点，天然气占比 6.4%，提高了 1.7 个百分点，一次电力及其他能源消费占比 14.6%，提高了 10.8 个百分点（见表 11-2）。可见，河南煤炭消费占比不断降低，天然气和一次电力及其他能源消费占比持续上升，能源消费结构不断优化。

表 11-2　2012～2021 年全省能源消费总量及构成情况

| 年份 | 能源消费总量<br>（万吨标准煤） | 增速<br>（%） | 煤炭<br>（%） | 石油<br>（%） | 天然气<br>（%） | 一次电力及<br>其他能源（%） |
|---|---|---|---|---|---|---|
| 2012 | 20920 | 2.24 | 80.0 | 11.5 | 4.7 | 3.8 |
| 2013 | 21909 | 4.73 | 77.2 | 12.9 | 4.8 | 5.2 |
| 2014 | 22890 | 4.48 | 77.7 | 12.6 | 4.5 | 5.3 |
| 2015 | 22343 | -2.39 | 76.4 | 13.3 | 5.2 | 5.1 |
| 2016 | 22323 | -0.09 | 75.4 | 14.3 | 5.2 | 5.0 |
| 2017 | 22162 | -0.72 | 71.6 | 14.6 | 5.8 | 8.0 |
| 2018 | 22659 | 2.24 | 69.9 | 15.3 | 5.8 | 9.0 |
| 2019 | 22300 | -1.58 | 67.4 | 15.7 | 6.1 | 10.7 |
| 2020 | 22752 | 2.03 | 67.6 | 15.3 | 5.9 | 11.2 |
| 2021 | 23501 | 3.29 | 63.3 | 15.7 | 6.4 | 14.6 |

资料来源：相关年度《河南统计年鉴》。

## （三）清洁化转型不断加快

河南清洁再生能源发电的快速发展，有效带动河南绿色低碳转型。2022 年，河南全口径并网发电年末装机容量和规模以上工业发电量分别为 1.19 亿千瓦、3190.36 亿千瓦时，分别同比增长 7.5% 和 8.8%，其中清洁再生能源发电装机容量和规模以上工业清洁再生能源发电量分别为 0.47 亿千瓦和 482.71 亿千瓦时，在全部装机容量和发电量中的占比分别为 39.5% 和 15.1%。

2012~2022 年，规模以上清洁再生能源发电量不断增加，与 2012 年相比，增长约 2.8 倍，占规模以上工业发电量的比重持续上升，比 2012 年提高了 10.3 个百分点。2022 年，清洁再生能源发电装机容量中水电装机容量为 438.65 万千瓦，同比增长 7.7%，在全部装机容量中占比为 3.7%；风电装机容量为 1902.75 万千瓦，同比增长 2.8%，在全部装机容量中占比为 16.0%；太阳能发电装机容量为 2333.04 万千瓦，同比增长 50.0%，在全部装机容量中占比为 19.6%。从发电结构看，带动河南清洁再生能源发电快速发展的主要动力来自风电和光电。2022 年，河南全省水电发电量为 114.5 亿千瓦时，同比增长 7.6%，占规模以上工业发电量比重为 3.59%；风电发电量为 294.9 亿千瓦时，同比增长 2.3%，占比 9.24%；光电发电量为 73.37 亿千瓦时，同比增长 12.3%，占比 2.3%。清洁可再生能源发电量占比逐年上升，清洁化转型不断加快，推动河南绿色转型发展（见图 11-1）。

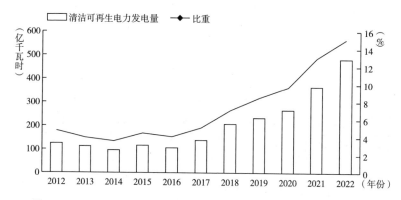

**图 11-1  2012~2022 年河南省规模以上工业清洁可再生能源发电量及其在全部发电量中的比重**

## 二  制造业污染物排放水平不断降低

降低制造业污染物排放有助于推动制造业绿色低碳发展，河南在推动制造业资源综合利用水平提高的同时，也较好地控制了制造业污染物排放。近年来，河南通过对重点行业能源利用进行低碳化改造、推广清洁生产技术以及加强水污染防治等重要举措，全省废水和废气的排放总量都有一定程度的降低。2017~2021 年，工业废水、工业二氧化硫、氮氧化物排放量均呈下降趋势，其中，工业废水排放量从 2012 年的 13.74 亿吨下降到 2021 年的 4.39 亿吨，下降了 9.35 亿吨，工业二氧化硫排放量从 112.99 万吨下降至 5.36 万吨，下降了 107.63 万吨，氮氧化物排放量从 110 万吨下降至 9.84 万吨，下降了 100.16 万吨（见表 11-3）。总体来看，河南在工业污染治理方面已取得突出成绩，工业绿色低碳发展应持续进行。

表 11-3 2012~2021 年河南工业污染物排放量及其增速情况

| 年份 | 工业废水（亿吨） | 增速（%） | 二氧化硫（万吨） | 增速（%） | 氮氧化物（万吨） | 增速（%） |
|---|---|---|---|---|---|---|
| 2012 | 13.74 | — | 112.99 | — | 110.00 | — |
| 2013 | 13.08 | -4.80 | 110.27 | -2.41 | 102.88 | -6.47 |
| 2014 | 12.80 | -2.14 | 103.17 | -6.44 | 87.96 | -14.50 |
| 2015 | 12.98 | 1.41 | 91.50 | -11.31 | 71.95 | -18.20 |
| 2016 | 6.95 | -46.46 | 28.47 | -68.89 | 30.31 | -57.87 |
| 2017 | 5.11 | -26.47 | 13.07 | -54.09 | 21.44 | -29.26 |
| 2018 | 4.72 | -7.63 | 11.37 | -13.01 | 17.10 | -20.24 |
| 2019 | 4.60 | -2.54 | 9.66 | -15.04 | 13.46 | -21.29 |
| 2020 | 4.32 | -6.09 | 5.70 | -40.99 | 10.34 | -23.18 |
| 2021 | 4.39 | 1.62 | 5.36 | -5.96 | 9.84 | -4.84 |

资料来源：相关年度《河南统计年鉴》。

## 三 绿色制造体系初步构建

河南积极推进制造业绿色低碳转型升级，不断调整优化产业结构升级，持续提升绿色低碳产品的供给能力，绿色制造水平得到高质量提升。近年来，河南先后搬迁改造重污染企业 160 家、关停不符合国家环保政策的中小微企业 12 万余家。同时，积极推进绿色工厂和绿色园区在重点行业的布局发展，进一步创建绿色供应链管理企业，加快绿色低碳先进工艺技术的推广利用，大力研发绿色设计产品。2022 年，河南培育省级绿色工厂 68 家、绿色工业园区 4 个、能碳管理示范企业 89 家、绿色供应链管理企业 12 家、建成绿色低碳重点项目 121 个。目前，河南创建国家级绿色工厂累计 174 家，绿色工业园区共 15 个，绿色供应链管理企业共 23 家，绿色设计产品型号共 93 个,绿色企业在多个领域发挥引领带动作用,河南制造业绿色化达到全国一流水平。2023 年,《河南省制造业绿色低碳高质量发展三年行动计划(2023—2025 年)》出台,提出到 2025 年,培育 500 个绿色工厂,30 个绿色工业园区,50 家绿色供应链管理示范企业,100 个绿色设计产品和节能节水技术装备产品,以及建成 30 个绿色低碳发展标志性项目等,进一步加快绿色制造体系构建,大力推进河南工业节能减碳,推动制造业绿色化高质量发展。

## 四 绿色低碳产业发展迅速

近年来,河南抢抓"双碳"目标机遇,加快发展绿色低碳产业,尤其在节能环保装备、新能源汽车、新能源、氢能与储能等领域发展成效明显。河南在节能环保装备方面,涌现出一大批节能锅炉、水污染治理装备、大气污染治理装备、工业废弃物综合利用设备等领域的企业,以"装备+平台+服务"模式推动河南产业绿色化发展。从节能环保装备产业区域布局状况看,郑州是全省节能环保装备产业的主要集聚区,拥有一批节能环保装备龙头制造企业,在大气污染防治装备、大气监测仪器、节能锅炉和变压器等细分领域占据优势地位。周口形成了节能锅炉特色产业集群,商丘市形成了固废处理装备产业集群等,表明河南节能环保装备产业不断朝着标准化、智能化、模块化方向快速发展。2022 年,河南节能环保产业增加值同比增长 9.4%,绿色升级类产品产销两旺,新能源汽车生产量同比增长 31.8%,限额以上单位新能源汽车零售额同比增长 81.3%。在新能源汽车方面,宇通新能源商用车基地、上汽集团新能源二期、比亚迪郑州产业园等开建;在新能源方面,明阳智能、宁德时代洛阳新能源基地等落地;在氢能与储能方面,新乡氢能产业园雏形初现。河南氢能汽车也拥有巨大的潜力,推进建设郑州、新乡、开封、安阳、洛阳等国家氢燃料电池汽车示范城市群,打造河南郑汴洛濮氢走廊,河南在氢能这条赛道上处于全国第一梯队。河南省印发《河南省氢能产业发展中长期规划(2022—2035 年)》,开始布局建设氢能产业走廊。2023 年出台的《河南省制造业绿色低碳高质量发展三年行动计划(2023—2025 年)》指出,在新一代信息技术、高端装备、新材料、新能源和节能环保等绿色低碳产业建链延链补链强链,培育绿色低碳产品供给体系,壮大绿色低碳产业规模,提升产业绿色化水平。

### 五 绿色低碳转型发展典型案例不断涌现

近年来，随着绿色低碳不断发展，河南有174家企业入选国家级绿色工厂名单，企业绿色低碳转型发展成效明显，在河南绿色化发展道路上不断涌现。永城市的闽源钢铁集团是国家级"绿色工厂"，拥有先进的节能环保设施，实施节能环保升级、循环经济技术改造、固废综合利用深加工项目，实现生产全过程清洁化以及废渣资源全部循环利用高效化。济源中联水泥始终遵循绿色发展理念，各类环保项目纷纷落地见效，开展全国首个实现碳捕集工业应用示范项目，获国家级绿色工厂、河南省国土绿化模范单位、河南省能碳管理示范企业等荣誉。世界首台绿色盾构机"中铁1237"号成功下线，设备采用节能智造工艺和先进除尘技术，减少粉尘、降低噪声，自主达到掘进效率和能源消耗的最佳匹配，实现绿色节能。河南顺成集团是一家从事煤焦业务的企业，在生产经营过程中，注重资源转化和绿色化生产，延长产业链条，与相关企业合作建造我国第一套二氧化碳加氢制绿色低碳甲醇工业化生产装置，深入研究数字化技术对煤化工行业的创新应用，推动数字化转型，节能降耗降本增效，不断向绿色环保型企业转化发展。

# 第二节 河南推进制造业绿色化发展的
# 做法与经验

近年来，河南省高度重视绿色化发展工作，全面实施绿色低碳转型战略，碳达峰碳中和"1+10+8"政策体系逐步形成，深入推进工业领域实施碳达峰行动，将全面推行绿色制造作为绿色化发展的重要抓手，推动绿色制造带动生产模式绿色转型，不断提升绿色低碳发展能力，为全国绿色低碳转型发展提供河南经验。

### 一 完善政策体系助推绿色发展

河南深入贯彻省委、省政府关于碳达峰各项安排部署，认真贯彻落实"十大战略"，谋划战略发展新格局，完善相关政策体系，进一步推动制造业绿色转型发展。"十三五"以来，河南不断建立完善绿色低碳循环发展政策体系，实施《河南省推进碳达峰碳中和工作方案》，编制碳达峰"1+10+

8"政策体系；制定《河南省碳达峰实施方案》及重点领域专项行动方案等；制定《实施绿色低碳转型战略工作方案》，围绕 7 个绿色发展重点领域明确重点任务分工，提出措施推动各项工作落地；研究制定《河南省制造业绿色低碳高质量发展三年行动计划（2023—2025 年）》，明确建立以高效、绿色、循环和低碳为特征的新型发展体系目标；加快循环经济发展，印发《河南省"十四五"循环经济发展规划》《河南省"十四五"再生金属产业发展规划》等政策文件，构建资源循环型产业体系和废旧物资循环利用体系；修订《河南省省级制造业高质量发展专项资金管理办法》，对新增投资额在 1000 万元以上的绿色化发展项目，按照相关要求给予绿色奖励的财政支持，各省辖市、直管县也出台了相应的政策。

## 二　节约集约资源引领绿色发展

河南贯彻落实绿色发展理念，全面推动绿色低碳转型发展，发展绿色低碳能源，坚持走绿色化发展道路。河南注重提升能源利用效率，强化能效标杆管理，推进重点领域、重点行业实施一批节能降碳改造项目。分类施策推动资源综合利用，加快建设国家工业固废综合利用基地，规范再生资源行业发展，持续培育发展工业产品再制造产业。2022 年，河南建成 4 个工业固废综合利用基地，新增 18 家固废综合利用企业，新增 18 个工业固废综合利用项目。河南支持在鹤壁市山城区和渑池县建设国家大宗固体废弃物综合利用（示范）基地，推动基地积极引进培育一批骨干企业。在郑州、洛阳、平顶山和安阳等地积极推进国家工业资源综合利用示范基地建设，加快循环再生工业园的培育和建设，进一步推进区域大宗工业固体废弃物的协同利用。不断对企业开展强制性清洁生产审核，引导重点企业使用清洁能源和原料，改进绿色生产设计，采用先进工艺技术与设备等，进一步提高利用效率。

## 三　绿色金融提速绿色发展

绿色金融项目获得全面发展，成为推动制造业绿色低碳发展的有力工具。积极开展银企合作，先后与中原银行、中国银行河南分行联合推进实施"绿色发展领跑计划"，发展绿色金融工具，不断完善绿色金融评价体系，帮助企业改造升级。中国工商银行河南分行不断完善绿色金融机制建设，成立绿色金融委员会，综合运用绿色金融工具，满足企业绿色化发展的多元化融资需求，重点支持绿色交通、绿色能源、生态保护等产业，打造全方位绿色金融服务体系。河南省工信厅联合中原银行、省绿色制造联盟、能效技术协会等共同开展"零碳中原杯"绿色制造技术应用创新大赛，展示河南省制造业绿色低碳转型工作成效，大赛获奖单位将得到中原银行的绿色金融授信支持。郑州银行根据绿色工厂实际需求，设计绿色金融服务方案，提供融资、理财、银企直连、供应链融资等服务，全方位助力河南绿色工厂发展。

### 四 科技创新赋能绿色发展

河南不断加大科技创新力度，持续推进绿色低碳技术创新，积极实现碳达峰碳中和目标，助推河南绿色低碳发展。河南在绿色低碳领域先后组织实施科技创新类省级重大项目 31 项，加大资金投入，加快绿色低碳领域的科研创新平台建设。河南省在绿色低碳领域建设了 300 余家省实验室、重点实验室、技术创新中心、工程技术研究中心、中试基地等科研创新平台，构建了绿色低碳科技创新体系，一批优秀企业、高校和科研院所在创新平台的带动下迅速成长。河南不断推进重点科技项目攻关，科研成果丰富，相关科技创新人才不断增加，提升了河南在绿色低碳领域的整体创新技术水平。2023 年，河南科技厅印发《河南省科技支撑碳达峰碳中和实施方案》，提出采取十项措施推动碳达峰碳中和，以科技创新推动河南绿色低碳循环发展。

## 第三节 河南制造业绿色化发展存在的问题

"十三五"以来河南制造业绿色发展取得了较大成绩，但对比沿海发展较快的省份，河南制造业发展过程中结构偏重和偏粗放型的问题仍然存在，构建绿色发展现代化产业体系的任务仍然较为艰巨，河南制造业绿色低碳转型发展任重而道远。

### 一 产业结构绿色化水平有待提升

河南制造业绿色发展虽然取得了一定的成效，但传统的高能耗、高排放、低水平（两高一低）产业占比突出，仍然依赖高碳发展路径，新能源汽车、节能环保等绿色低碳产业规模占比较小，尚未形成较为完整的产业链，可持续发展体系有待进一步推动形成。资源消耗型产业数量过多，产品附加值相对较低，产业竞争力很难得到大幅度提升，这给环境带来巨大压力，也给生态环境造成了的严重损害，进而导致部分自然资源逐步枯竭，不利于可持续发展，进而抑制河南制造业绿色低碳转型发展。面对双循环新发展格局，河南低端产品过剩、中高端消费品供给不足的问题将更加凸显，在畅通国内大循环中处于不利地位。河南优化产业布局压力较大，传统资源型产业比重较高，且主要沿黄河和京广铁路线布局，沿黄流域多数地市位于京津冀大气传输通道上，治理污染任务较重。近年来，随着城镇化进程的不断加快，工业用地比较紧张，调整省内产业布局较难。在河南省制造业绿色低碳发展过程中，产能过剩问题依然存在，阻碍河南工业经济发展，钢铁、水泥和煤炭等高耗能行业的产能接近饱和，行业发展内生动力不足，不利于河南制造业绿色化发展，进一步制约河南制造业高质量发展。总体来看，河南制造业绿色化水平不足，有待进一步提升，河南制造业发展面临产业政策和市场环境所带来的双重压力，需要进行绿色转型升级，提升制造业高质量发展的竞争力。

## 二　制造业绿色转型路径相对模糊

河南传统制造业企业对绿色转型发展的重要性认识模糊，对转型发展依赖的绿色技术了解不足，不知如何具体开展绿色转型发展，路径相对模糊。首先，企业绿色转型的动力不足。经济利益是企业发展的基础，但企业开展绿色转型将增加成本，无法实现预期的经济效益，企业倾向于将短期利益作为自身发展的驱动力。此外，绿色转型具有不确定性，企业经营者不愿意冒风险去转型，因此企业绿色转型发展缺乏自主性和积极性。其次，企业绿色转型模式模糊。部分企业未能清晰认识了解节能减排技术，停留在直接购买技术装备的阶段，导致企业投入较大，生产成本较高，却无法较好地提高经济效益，并且与节能减排服务商的合作模式相对来说也较为模糊。最后，企业转型的技术能力不足。技术创新落后是目前制造业企业的普遍问题，也是企业绿色转型的难点，合作的高校和科研院所对绿色技术研发突破进度较慢，因此企业绿色转型发展路径模糊，企业难以自主开展绿色转型发展。

### 三　绿色科技创新能力不足

近几年，虽然河南在创新驱动发展方面持续发力，投入增加速度较快，绿色科技创新成效明显，但在发展过程中，整体科技创新水平不高，创新引领带动能力不强。河南高端人才与研发团队总量有限，积累的绿色科技成果有限，对于难度大、需求多的绿色发展关键核心技术的创新还远远没有跟上。制造业绿色转型依托科学技术的创新发展，河南制造业传统资源要素投入较高，绿色技术水平较低，导致制造业绿色转型难度较大。河南制造业在自主创新产品生产方面进口依赖性较强，自主创新发展的动力相对不足，很难利用绿色创新技术推动制造业转型升级。河南制造业在绿色转型发展过程中，对绿色创新的投入力度相对较弱，省内高校及科研院所绿色关键技术突破较少，企业对节能减排技术改造认知未能得到改变，因此企业创新力度不强，也就很难实现稳定的可持续发展。

### 四　制造业绿色转型动力不足

河南绿色转型制度体系不健全，制造业绿色转型动力不足。首先，河南制定的环境规制、碳排放等方面的制度，多用于企业指导实践，相关配套设施不健全，相关绿色转型制度未得到有效落实。其次，河南绿色环保相关的监管和考核奖惩制度不太完善，部分中小企业缺乏市场化减排工具，且减排意愿不高，河南当前的监管体制不完善及执法力度不足，导致企业绿色转型缺乏动力。最后，河南约束激励机制不健全，环境保护税核定征收管理办法机制尚不完善，还是使用以前的排污许可的核定方法，很难推动河南制造业绿色转型发展。2018年以来，河南陆续出台了环保治理的相关豁免政策，对企业产生了一定的消极影响，不利于企业开展绿色化改造发展。实践证明，行政手段可以进一步加快落后产能的淘汰进程，但由于河南相关机制体制不健全，一定程度上影响了河南制造业绿色转型升级。

### 五　制造业绿色转型投入相对不足

科技创新人才和资金是推动制造业绿色化发展的核心要素和关键力量，制约制造业绿色化发展。在人才投入方面，河南缺乏关键的专业技术人才，尤其缺乏创新型与技术型人才，也缺乏基础支撑人才，河南"双一流"建设高校较少，很难吸引基础能力较好的生源，专业技术型毕业生也更倾向于去省外工作，造成河南本省人才大量流失，不能较好地为本省企业、科研单位服务。在资金投入方面，企业通常会遇到融资难融资贵的问题，企业绿色化改造存在一定的风险，资金投入多、短期回收较难，且绿色化发展资金运作存在较大的不确定性。此外，当前经济下行压力也对企业绿色化发展产生一定的抑制作用，企业绿色化发展的经济效益增加相对缓慢，致使企业对绿色转型发展投入资金的动力不足。

## 第四节　"双碳"目标给河南制造业绿色化发展带来的机遇及挑战

河南正在步入全面绿色化发展的新阶段，在新发展格局上实现碳达峰碳中和，对全省工业经济和制造业发展提出了更高的要求，既赋予了全新的使命，也带来了前所未有的机遇和挑战。

### 一　"双碳"目标带来的机遇

在国家碳达峰碳中和战略目标牵引下，不断形成发展新动能，河南要紧紧抓住碳达峰碳中和带来的绿色化发展机遇，加快推动河南制造业绿色低碳转型发展。一是政策机遇助推绿色化发展。河南积极落实国家"双碳"目标绿色化发展要求，深入推动制造业绿色低碳转型升级，以实现制造业高端化、智能化和绿色化为目标。河南采取了多种措施，取得了良好效果，助推制造业高质量发展。河南严格控制"两高一低"项目发展，加快循环经济发展，紧抓绿色清洁高效推进重点行业绿色化改造，坚持"一业一策、一企一策"，提升传统高耗能行业的能源利用率，拓展经济社会的能源消费空间。二是重塑竞争优势。要实现"双碳"目标，需要加快淘汰高污染、高能耗企业，同时对风电光伏等能源加大投资，持续对清洁能源和碳排放设备进行技术改造，创新绿色、低碳、零碳技术，这给河南制造业企业带来了新的投资机遇，进而改善优化企业的投资结构。"双碳"目标要求，能进一步加快企业优胜劣汰重整组合，对高能耗高排放的重点产业采取严格的碳排放限制措施，有助于加速高耗能产业产能的减少和退出，龙头企业重组整合，产业生态进一步优化，重塑竞争优势。

## 二 "双碳"目标带来的挑战

河南正处于工业化和城镇化快速推进的时期，依然存在产业结构偏重和能源结构偏煤的问题，要高水平实现"双碳"目标给河南制造业绿色化发展带来较大的挑战。一是面临技术改造升级的压力。近年来，国家提出碳达峰碳中和目标，完善碳排放权和碳交易等相关政策，在一定程度上加快企业节能减排和技术改造，传统高污染高耗能企业面临技术改造升级的压力。二是面临成本上升的压力。实现"双碳"目标以及实施节能减碳和产业调整等，企业在短期内将面临成本上升的压力。企业实现碳减排需要加大投入，相应会增加企业的生产成本，产品价格在一定程度上也会上涨。此外，风电和光伏产业等在实现碳减排时成本要高于传统化石能源，电价上涨压力会逐渐增加，造成整个生产和消费体系价格上涨。"双碳"目标的高质量实现，需要政府和企业同时发力，政府要处理好发展和减排的关系，企业要协调好短期利润和长远发展。

# 第五节 河南制造业绿色化发展路径创新

河南推进制造业绿色化发展，要深入贯彻落实绿色低碳转型发展战略，将绿色发展理念贯穿经济发展的各个领域，在新发展阶段构建新发展格局，统筹绿色化发展，以制度体系建设为保障、以产业结构优化为重点、以绿色技术创新为关键、以深化数字减碳为动力，全面推动河南绿色低碳转型，实现制造业高质量发展。

## 一 以细化政策体系为支撑，提供绿色低碳发展保障

河南制造业绿色化发展，应充分把握政策导向，发挥政府宏观调控监督管理职能，加强细化完善制造业绿色低碳发展的相关政策体系，为河南制造业提供绿色低碳发展保障。政府要加大环境规制力度，发挥政府的引导监督作用，不断细化完善绿色化发展的相关法规，加大对节能减排法治工作的宣传力度，利用财税调控政策，支持引导高耗能行业转型发展，加强对高耗能高排放企业的监督，对违背环境规制的企业加大惩罚力度。此

外，河南要对照全国标准，建立完善河南工业低碳发展评价体系以及工业碳排放标准准则，形成有利于河南制造业绿色化发展的长效机制。因此，河南要进一步细化完善政策制度体系，加快绿色制造体系构建，引导河南制造业尽快实现绿色低碳转型发展。

## 二 以优化产业结构为基础，构建绿色化发展产业体系

河南制造业实现绿色转型发展，需要进一步调整优化传统产业结构，大力发展节能环保产业和新兴产业等，使绿色产业逐渐成为河南区域发展的主导产业，新兴产业越多，在产业结构中占比越大，资源消耗型产业的比重就不断减少，产业结构将更加合理优化，进一步推动河南制造业绿色低碳转型发展。河南不断提升绿色化发展体系能级，加快重点产业绿色转型发展，持续改造升级传统产业，推动绿色产业发展，逐渐淘汰资源消耗型产业，进而遏制河南两高产业的发展。引导社会资本和资源向清洁绿色、节能环保、零碳负碳技术等产业聚集，加快节能环保装备制造业发展，构建高质量绿色低碳制造业体系，进一步提升能源利用效率，优化用能结构，降低碳排放。河南要持续推进清洁生产和绿色制造发展，推动制造业企业生产模式绿色化发展，实现制造业全产业链绿色低碳转型发展。

## 三 以强化科技创新为引领，打造绿色低碳技术高地

河南在绿色化发展过程中，不断强化科技创新，打造绿色低碳发展创新高地。河南需要进一步构建绿色低碳技术创新体系，提升科技创新技术，引领支撑河南制造业绿色低碳转型发展，全力建设绿色低碳技术创新高地。河南应在原有创新发展基础上，加大对绿色生产技术及循环利用技术的研发力度，改进产品设计，改革设备技术工艺，循环利用物料，节约资源、减少工业污染，进一步实现绿色低碳转型发展。以创新绿色技术发展为导向，结合优势资源，打造绿色制造创新平台，加快绿色科技创新共性技术研究。加强对绿色生产技术的基础研究和对绿色核心基础零部件重点研究，积极构建绿色生产技术创新体系，提升绿色产业发展的基础能力，不断加大绿色科技研发投入力度，加快绿色创新技术研发并加以推广应用。此外，以绿色生产为抓手，运用新一代信息技术推动传统产业绿色生产技术升级，更新生产设备，加快绿色化改造，进一步加速落后产能的淘汰。进一步深

化产学研合作，绿色技术创新链的各个环节之间的衔接要不断加强，重点培育绿色科技人才，加强建设人才梯队，进一步完善落实绿色创新技术人才引进等相关政策措施。

### 四 以深化数字减碳为方向，实现降本增效绿色化发展

数字化与绿色化协同推进逐渐成为制造业发展的新方向。河南制造业绿色化发展，要以深化数字减碳为方向，结合数字经济优势，使其成为绿色低碳转型新动能，积极实现能源消费低碳化和资源循环利用。应用数字减碳技术，对传统制造业的技术工艺进行创新改造，有效提高制造业绿色全要素生产率，提升用能效能以及资源的集约循环利用。通过数字化碳管理，深入制造业各个环节减碳，实现制造业碳管理和碳排放的追踪监测，进而减少能源浪费和碳排放。结合数字平台，帮助消费者、生产供应商以及相关平台企业减碳，引导全社会广泛参与数字减碳。探索建立数据共享系统，积极促进工业网络生态系统数据共享，进一步实现资源共享、降低能耗及增加产出的目的。数字化转型能打通上下游各企业之间的信息壁垒，加强产业之间的协同降碳，促进全产业链的绿色低碳转型，实现降本增效绿色化发展，扩大企业的利润空间，提升绿色转型企业的竞争力。

# 第六节 河南制造业绿色化发展的对策建议

加快河南制造业绿色转型发展，要立足新发展阶段，聚焦"双碳"目标，立足河南自身省情实际，继续推动传统产业发展提质增效，积极培育发展新兴绿色产业，布局发展未来产业，推动制造业绿色转型发展，加快河南制造业高质量发展，为建设先进制造业强省提供坚强支撑。

### 一 健全完善政策体系

完善的政策支撑体系是制造业绿色化发展的保障，河南要加大政策支持力度，逐步健全完善政策体系，促进河南制造业绿色转型，推动河南制造业高质量发展。一是要加强组织领导。设立绿色低碳发展专家组，细化各项绿色化发展措施，完善工作机制，健全相关配套政策体系，进一步落实组织实施，为制造业绿色化发展提供政策保障。二是加强工业节能监察。

在各重点行业的用能领域，严格节能监察执法，开展线上节能监察业务培训，确保高质量完成节能监察执法。三是开展节能诊断服务。围绕节能节水、减污降碳和资源循环利用等相关领域，展开实地调查，提出解决方案，提供相关技术支持，进一步实施绿色低碳改造项目。四是加强财政金融支持。建立关于绿色低碳改造的企业"白名单"，鼓励引导金融机构对相关企业加大金融支持力度，引导更多的资源投入绿色低碳发展。结合河南省为制造业高质量发展提供的专项资金和各类基金，引导企业绿色化改造，支持创建绿色工厂、绿色工业园区。五是建设专业人才队伍。围绕绿色制造技术、碳捕集碳减排技术等，对相关技术人员进行培训和服务，组织举办各类技能大赛，发展高技术人才。此外，加强人才引进相关政策支持，加强对绿色低碳相关专业技术人才的引育，逐渐完善绿色制造相关专业技术人才队伍建设。

## 二　推动产业结构绿色转型

制造业绿色转型发展需要进一步优化升级产业结构，严格把握"两高"行业，持续推动传统产业转型升级，实现产业结构绿色转型。一是优化产业布局。贯彻落实国家产业结构调整指导目录和河南省产业转移指南，推动与相邻地区深化合作，优化河南区域绿色发展整体布局，加快生产方式绿色转型，促进与京津冀、长三角以及粤港澳大湾区等地区的合作发展，打造绿色低碳产业集聚区。围绕河南区域发展布局，进一步推进产业调整布局，优化产业结构，加大新兴产业等绿色产业的发展，积极构建先进环保高效节能的绿色产业体系。二是推动传统产业绿色提质发展。完善落实传统产业绿色化发展相关政策，促进河南传统高耗能产业"高位嫁接"，严控"两高"行业发展，加大对传统产业产能置换改造和重组的支持力度，进一步落实节能降碳政策，解决产能过剩问题，全面推动传统产业绿色提质发展。三是淘汰落后产能，提升资源能源利用效率。对重点行业进行绿色技术改造，提高绿色化生产水平，对高耗能行业进行节能技术改造以及资源回收利用改造，开展资源利用效率对标提升行动。优化能源利用结构，加大风能、氢能等绿色能源的发展，提高工业余热和电厂热力的利用效率。

### 三 培育壮大绿色低碳产业

健全完善绿色发展体系需要大力发展绿色低碳产业，在不断提升基础发展能力的同时，进一步建链延链补链强链，加快培育构建绿色低碳产品供给体系，布局未来产业发展新赛道，壮大绿色低碳产业规模。一是统筹谋划布局，培育壮大绿色低碳产业。立足河南的产业基础和发展优势，以产业链发展的思维去推动新一代信息技术、新能源、新材料、高端装备、新能源汽车等新兴产业的发展，发展培育重点企业和冠军企业等，引导产业向重点区域集中发展，发展绿色低碳产业集群。领跑氢能储能和碳捕集封存利用等未来产业新赛道，发展壮大绿色低碳产业规模，促进产业绿色化水平提升。二是构建清洁绿色低碳能源产业体系。利用创新技术成果，积极构建新型电力产业体系，加快推动煤电相关企业的绿色低碳转型发展。加快郑汴洛濮氢走廊建设，加速实现氢能全产业链研发和一体化布局，进一步推动能源产业战略性调整。三是培育壮大节能环保产业。鼓励引导企业对节能环保产业相关技术深入研发，加大对企业、高校和科研院所开展科研项目的支持力度，推进节能环保关键共性技术研发。要发挥行业部门优势，抢抓发展机遇，强化园区建设发展，培育一批绿色节能环保产业，创建一批先进节能环保产业园区，推进绿色低碳节能环保产业高质量发展。

### 四 加快绿色技术创新

绿色技术创新是提升绿色生产力的关键所在，推动制造业绿色低碳转型发展需要绿色技术创新的有效支撑。一是培育企业绿色技术创新的主体地位。引导支持企业聚集创新资源，打造以绿色技术创新为重点的实验室和绿色技术研发中心平台。鼓励企业明确主体地位，积极对接先进创新资源，建立互动机制，推动市场化绿色低碳技术的应用，深入研发绿色低碳创新技术。二是创建多元化绿色技术创新经费投入机制。以政府为主导，充分引导绿色科技创新成果转化，在河南制造业发展的重点领域，引导社会资本投入绿色技术研发，加大投入力度，提供技术转化专项资金，加快推动绿色技术成果转化。三是加强绿色低碳技术的重大突破。积极推动打造创新高地，建设绿色技术创新实验室以及创新研究中心等平台，加大对关键共性技术的攻关力度，逐渐突破绿色创新核心技术，推动新能源技术与新一代信息技术、新材料技术的融合发展，推进绿色低碳技术的全流程应用。四是积极参与国内外绿色低碳科技重大研究。积极推动绿色低碳技术创新成果转化，进一步推广和应用绿色低碳技术产品，推动河南绿色制造高水平发展。五是优化绿色技术创新环境。加强完善绿色低碳技术评估和交易平台，打造绿色技术信息服务的共享创新平台，健全完善绿色技术知识产权保护制度，积极优化绿色技术创新环境。

## 五　加速推进数字转型

数字转型是推动河南绿色制造的"加速器"，协同发展数字化和绿色化，有助于推动制造业实现绿色转型发展。一是推动新一代信息技术融合制造业发展。强化新兴产业发展方向，结合大数据和5G等信息技术，进一步融合发展绿色低碳产业，智能化绿色化改造传统产业，对重点高耗能行业强化全流程数字化管理，开展监测评价，不断提高数字化转型对绿色低碳发展的促进作用。二是数字化和绿色化协同发展。加强数字信息基础设施绿色化发展，加强数据中心的绿色化发展，共建共享数字基础设施，提升能源高效清洁利用水平。三是积极构建绿色低碳数据平台。加强数字技术创新引领新兴产业绿色化发展，积极推动企业数字化转型发展，进一步提升制造业绿色化发展水平。利用"工业互联网+绿色制造"的发展模式，解决新兴产业节能减排降碳问题，形成"互联网+节能环保"发展新模式，加快建设行业和企业能管中心、绿色数据中心以及节能监察平台，数字赋能河南制造业绿色低碳转型高质量发展。

## 六　积极推行绿色制造

河南要继续推进绿色制造发展，健全完善绿色制造体系，规范绿色制造管理、统计以及考核体系。一是实施绿色工厂提质发展行动。结合绿色制造体系建设的国家要求，鼓励引导企业加大对绿色制造的投入力度，积极建设国家级和省级绿色工厂，加强绿色低碳发展管理，逐步对标先进绿色制造水平，进一步强化企业绿色化发展水平。二是实施绿色供应链协同行动。积极打造绿色供应链，强化链主企业的引领作用，全面贯彻绿色新发展理念，进一步推动全链条绿色低碳转型发展。龙头企业运用新一代信息技术，构建绿色供应链体系，带动供应链上下游企业协同实现绿色转型升级。三是实施绿色园区建设行动。强化绿色园区建设，鼓励引导绿色园区内的企业加大对绿色转型发展的技术改造，健全完善绿色园区管理机制，编制园区绿色发展规划，在绿色园区高水平发展的基础上，打造一批绿色低碳产业集群，推动河南制造业绿色化高质量发展。

# 第十二章 河南制造业集群竞争力
# 显著提升

在新一轮科技革命和产业变革的大环境下，制造业生产方式和企业形态发生根本性变革，制造业的竞争由企业与行业间的竞争逐渐转变为制造业集群之间的竞争，世界各国纷纷将培育世界级制造业集群作为提升竞争优势的核心战略。《中共中央 国务院关于新时代推动中部地区高质量发展的意见》明确提出统筹规划引导中部地区产业集群（基地）发展，为河南提升制造业集群竞争力带来重大机遇和有利条件。十年间，河南接连出台多项政策，加快培育壮大制造业集群，构筑集群核心竞争力，持续推动河南制造强省建设。

## 第一节 河南制造业集群建设成效

得益于河南良好的产业发展基础和河南各级政府的聚力打造，近年来河南制造业集群培育成效显著，并已构筑制造业集群核心竞争力，强势推动河南制造业高质量发展。

### 一 集群能级显著提升

河南坚持把制造强省建设摆在突出位置，在培育壮大制造业集群方面出台了一系列政策，不断推动产业集群能级提升。根据国家统计局河南调查总队在 2010 年公布的《河南工业产业集群发展问题专项调查》，河南拥有 50 亿~100 亿元级的产业集群 9 个，100 亿元级以上的产业集群 6 个，同年河南加大力度建设产业集聚区，产业集群能级迅速提升。到 2014 年，河南省规模超过 100 亿元级的特色产业集群猛增至 120 个。随后河南实施百千亿元级优势产业集群培育工程，并加快培育新兴产业集群，打造高能级产业集群，到 2020 年形成了装备制造和现代食品 2 个万亿元级产业集群，电子信息、汽车等 5 个 3000 亿元级产业集群，智能家居、现代轻纺等 12 个千亿元级产业集群，另外，还有 127 个百亿元级特色产业集群。2023 年河南发布《河南省建设制造强省三年行动计划（2023—2025 年）》，提出打造 1~2 个世界级、7 个万亿元级先进制造业集群的目标。

河南各地市立足地方实际及特色优势，也在加大产业集群培育力度。以郑州、洛阳和许昌为代表，郑州形成了电子信息、汽车、装备制造、新材料、现代食品、铝及铝精深加工 6 个千亿元级主导产业集群，郑州还聚力打造电子信息"一号产业"，形成了智能终端、计算终端、智能传感等新兴产业链条，着力培育万亿元级电子信息产业集群。此外，郑州智能传感器产业集群、郑州汽车产业集群、郑州现代食品与加工集群 3 个集群入选"2023 中国百强产业集群（民营经济集聚区）"。洛阳已形成 2 个千亿元级、7 个百亿元级产业集群，并对产业基础进行深入分析，规划了 10 个重点发展的产业集群，分别为光电元器件、农机装备、航空装备、高端轴承、耐火材料、生物疫苗、电子化工材料、人工智能、新能源电池、电子显示材料。许昌培育形成电力装备、节能环保 2 个千亿元级产业集群，碳硅新材料、超硬材料、汽车零部件、生物医药等十几个百亿元级产业集群。河南其他地市也相继制订制造业集群培育计划，推动河南制造业高质量发展。

## 二　集群载体调整升级

产业集聚区和开发区是推动产业集群发展的主要载体。河南自 2009 年开始规划建设产业集聚区，2019 年以前河南各地市的产业集聚区一直保持良好的发展态势，在全省工业中的地位不断提高，2014~2018 年河南产业集聚区规模以上增加值增速均高于全省规模以上工业增加值增速，产业集聚区规模以上增加值占全省比重也由 2014 年的 52.3% 提高到 2018 年的 71.6%。自 2013 年开展星级考核以来，河南产业集聚区争星晋位态势良好，打造了一批特色明显、优势突出、集群效应凸显的产业集聚区（见表 12-1）。但 2019 年，河南产业集聚区规模以上增加值增速与全省持平，且增加值占全省比重下降（见图 12-1），产业集聚区忽视地均产值、集群发展等问题凸显，因此 2020 年河南实施了"百园增效""二次创业"等政策。

表 12-1　2013~2015 年、2019 年河南省星级产业集聚区数量

| 星级类别 | 2013 年 | 2014 年 | 2015 年 | 2019 年 |
|---|---|---|---|---|
| 六星级 | — | 郑州经济技术产业集聚区 | 郑州航空港产业集聚区、郑州经济技术产业集聚区 | 郑州航空港产业集聚区 |
| 五星级 | — | 郑州航空港产业集聚区 | — | 郑州经济技术产业集聚区 |
| 四星级 | — | — | — | 永城市产业集聚区 |
| 三星级 | 郑州航空港产业集聚区、郑州经济技术产业集聚区 | — | 郑州高新技术产业集聚区、林州市产业集聚区、长葛市产业集聚区 | 郑州高新技术产业集聚区等 11 个 |
| 二星级 | 郑州高新技术产业集聚区等 11 个 | 郑州高新技术产业集聚区等 24 个 | 新密市产业集聚区等 34 个 | 巩义市产业集聚区等 44 个 |
| 一星级 | 郑州市中牟汽车产业集聚区等 49 个 | 郑州马寨产业集聚区等 80 个 | 郑州马寨产业集聚区等 93 个 | 郑州市中牟汽车产业集聚区等 54 个 |

资料来源：河南省人民政府各年度产业集聚区考核晋级结果的通报。

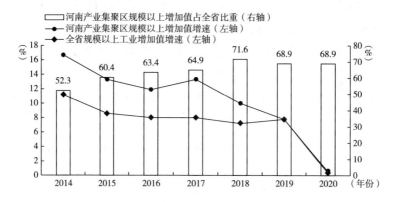

图 12-1　2014~2020 年河南省产业集聚区规模以上增加值增速和
全省对比及其规模以上增加值占全省比重

资料来源：2014~2020 年《河南省国民经济和社会发展统计公报》。

随着新发展格局的加快构建，河南由推进产业集聚区"二次创业"转向更高站位的开发区整合提升。2022 年河南将全省 288 个开发区整合为 184 个，后新增设豫东南高新技术产业开发区，基本实现"一县一省级开发区"布局。从层级来看，国家级开发区 18 个，经开区和高新区各 9 个。2022 年

商务部国家级经开区综合发展水平考核评价结果显示，河南有 5 个跻身全国 100 强，郑州经济技术开发区持续表现突出，在全国排第 23 位、中部地区排第 3 位，连续 3 年稳居全国前 30 强，河南国家级高新区数量也位居全国第五。从类别来看，分为先进制造业开发区、现代服务业开发区、现代农业开发区、综合保税区、其他功能开发区。其中有 88 个先进制造业开发区，以先进制造业为主导产业，约占总数的 47%。河南开发区经过整合扩区，目前就业人数已超过 500 万人，工业增加值、工业投资、工业利润等分别占全省总量的 60% 以上，经济建设的主阵地、主战场、主引擎功能日益凸显。

### 三　集群类型不断丰富

产业集群化发展是提升区域核心竞争力的重要举措。河南省持续推进多种类型产业集群培育工作，积蓄经济发展新动能，培育壮大战略性新兴产业集群，坚持以科技创新为引领打造创新型产业集群，积极创建具有较强核心竞争力的中小企业产业集群。

河南省战略性新兴产业集群已经形成"1 + 4 + 15"的雁阵发展格局。"1"是国务院 2022 年度战略性新兴产业集群发展工作督查激励推荐城市之一的平顶山市，"4"是郑州信息技术服务产业集群、郑州下一代信息网络产业集群等 4 个集群，被纳入首批国家级战略性新兴产业集群。"15"是河南首批 15 个省级战略性新兴产业集群，分布在河南省 13 个地市，除郑州和南阳入围 2 个，其他地市均各入围 1 个，改善了以前存在的省内产业集群发展不均衡问题。

河南省共拥有 8 个创新型产业集群，这些集群共有企业 753 家，其中高新技术企业 301 家，营业收入超过 10 亿元的企业 36 家；拥有服务机构 122 个、研发机构 279 个、金融服务机构 68 个，形成了"产业引领 + 龙头企业带动 + 大中小企业融通 + 金融赋能"的创新发展生态。

河南省从国家级和省级两个层级培育中小企业特色产业集群，以中小企业为主体，集群主导产业为所在县域的支柱或特色产业。河南省长垣市门桥式起重机械产业集群、河南省叶县尼龙材料产业集群等 4 个集群被纳入 2022 年度中小企业特色产业集群。2023 年河南省确定淇滨区人工智能产业集群等 20 个集群为 2023 年度河南省中小企业特色产业集群，入选集群主导产业以新能源、新材料等新兴产业为主。

### 四　集群生态持续优化

河南围绕招商引资、营商环境、土地供应、创新平台等持续优化产业集群发展生态。招商引资呈现稳步增长态势，近年来河南省持续推进精准招商策略，积极对接长三角一体化发展战略、融入京津冀协同发展战略、对接粤港澳大湾区发展战略，主打优势产业招商，将制造业作为主攻方向，大力引进战略性新兴产业，加快构建现代化产业体系。

一是招商引资，2013~2022 年，河南省实际到位省外资金由 6197.5 亿元增长至 11076.9 亿元，2022 年第二产业实际到位省外资金为 6553.4 亿元，是 2013 年的两倍多。2022 年先进制造业和战略性新兴产业到位省外资金为 6029.8 亿元，占全省总额的 54.4%。二是营商环境，河南出台《河南省优化营商环境创新示范实施方案》等多项政策文件，致力于优化营商环境，并实施"万人助万企"活动，2022 年河南省共派出助企干部 7.6 万名，包联企业 13.5 万家，累计解决企业反映问题 88435 个，问题解决率 99.8%。各地把打通堵点与优化环境相结合，把经济工作的着力点聚焦到产业、企业、企业家上，纾解痛点和堵点，改善政商关系，锤炼能力作风，提振企业发展信心。三是土地供应，强化集群用地保障，面对河南 1.2 亿亩的耕地红线与以往产业集聚区和专业园区粗放的土地利用方式，河南发布《关于实施开发区土地利用综合评价促进节约集约高效用地的意见》，建立开发区土地利用综合评价机制，加强规划、科学引导，强化土地管控，推广应用多层标准厂房，加强工作保障，推进"亩均论英雄"改革，推动开发区高质量发展。四是创新平台建设，2022 年河南新批复建设龙门、中原关键金属、龙湖现代免疫、龙子湖新能源等 7 家省实验室，新组建 28 个省中试基地、12 个省实验室基地，以省实验室为核心，整合优质高端创新资源，逐渐形成"核心+基地+网络"的创新格局。

## 第二节　河南优势制造业集群典型发展模式

产业集群作为一种具有生命力的空间组织形式，是区域竞争力的重要标志，并有其自身的成长与发展规律。在传统区位理论中，资源禀赋和优势是集群形成的主要原因，但随着技术的变迁，资源禀赋不再是决定性因素，地域文化、偶然因素、政府政策都可能促使产业集群形成。结合河南制造业集群的发展历程，以龙头企业带动、精准招商引进、中小企业集聚等典型发展模式为切入点，探索河南优势制造业集群的发展之路。

## 一 龙头企业带动型

龙头企业是产业集群的焦点，是集群中的领导者和领路人，对集群演进具有重要的推动作用。在集群的生成至成长阶段，龙头企业发展迅速，他们开拓产品市场，提升区域品牌知名度，建立并完善集群内的联系网络，其行为对中小企业产生了示范效应并带动中小企业发展，从而促使集群演进，对集群的带动作用也不断增强。大多数产业集群的竞争力在成熟阶段达到顶峰，此后面临关键节点，龙头企业若能维持集群的持续创新能力，吸收转化外部新知识，加速集群孵化器生成新企业，为集群寻求新的产业空间和技术突破，则可实现集群的转型升级。因此，龙头企业不仅能在产业集群的形成与发展中起到带动引领作用，也是推动集群转型升级的关键。河南省比较典型的龙头企业带动型产业集群有洛阳现代农机装备制造业集群、洛阳光伏产业集群、平顶山市尼龙材料产业集群、长垣医用卫材产业集群、巩义耐火材料产业集群和偃师摩托车产业集群等。

以洛阳现代农机装备制造业集群为例，该集群是我国规模最大的农机装备产业集群之一，2021年整体规模突破1000亿元，洛阳已形成涵盖整机、基础材料、农机关键零部件等的完整产业链条，拥有农机装备及相关零部件生产企业500多家。洛阳现代农机装备制造业集群优势集中于产业链上中游，拥有国机精工、LYC轴承、中国一拖、洛阳福格森、洛阳中收等龙头企业，这些龙头企业具有多款市场竞争力较强的农机装备。中国一拖经过长期技术研发和市场推广，成功推出了一系列高端农机装备，目前中国一拖已与630多家供应商达成长期合作，其中有河南省供应商280多家，拉动相关产值达150亿元，成功带动一大批产业链上下游企业迈向中高端，该集群在拖拉机市场上的占有率高达45%。其中中联重科、洛阳福格森、洛阳中收的玉米收获机是业界佼佼者，该集群的收割机市场份额达42%，洛阳辰汉则深耕甘蔗收获机，市场保有量达到60%以上，中信重工已打造"洛矿"牌大型球磨机、大型减速机等4个中国名牌产品。在研发载体建设上，洛阳现代农机装备制造业集群已经聚集了25家国家级创新平台。其中，国家农机装备创新中心作为我国农机行业第一家国家级制造业创新中心已在农机装备核心元器件、核心零部件、农业机器人等多个领域取得阶段性成果。

## 二　精准招商引进型

精准招商引进型制造业集群一般产业基础薄弱，主要是基于政府产业规划布局而形成的，集群内企业大多由政府招商而来。最常见的就是政府在已有的高新技术产业开发区内规划建立某一或某些行业的产业集群，并以一个产业的主导产品及与之配套的原材料、辅料、零部件和包装件等产品和相关服务配套来精准招商，谋求协同发展，形成倍增效应。河南省比较典型的精准招商引进型产业集群有郑州航空港经济综合实验区智能终端产业集群、郑州生物医药产业集群、新郑电子信息产业集群、宝丰县不锈钢产业集群、鲁山光伏产业集群等。

以新郑电子信息产业集群为例，新郑经开区以前没有电子信息产业，但是该区结合自身区位优势，明确把电子信息产业作为让新郑"立"起来的产业重点发展，致力于打造涵盖芯片设计、制造、封装、测试和显示面板生产等为一体的电子信息全产业链条，建设中部地区电子信息产业新高地。新郑紧抓市场机遇，大力实施换道领跑战略，加快建链、补链、强链，精准引进一批产业链上下游相关联的配套企业，以"链式"思维推动产业集聚，使电子信息产业从无到有，从小到大，并逐渐成为新郑的优势产业、支柱产业。新郑市建设了占地 2000 亩的电子信息产业园，为产业发展保障空间，并设立 30 亿元战略性新兴信息产业基金，用于资本招商、并购、招引电子信息产业企业，持续推动企业工艺装备升级、新产品研发应用。最关键的是，新郑市在资本招商上精准发力。自 2017 年新郑市与华夏幸福开展合作以来，新郑着力于与国内电子信息产业龙头企业对接，并逐渐引入超大型企业和企业集团，目前已和华夏幸福联合引进耀德科技、乾德电子等企业，形成从导电玻璃和印刷电路到终端显示的完整产业链。2019 年，为发展电子信息"芯""屏"产业，新郑市和中金汇融合作，率先在河南省成立第一支县级产业基金，即郑州战新信息产业投资基金，在产业引进上取得重大突破。郑州战新信息产业投资基金参与投资锐杰微科技的母公司，推动其增资设立郑州子公司，建设落地河南省首条、中西部最大的国产 SIP

芯片研发与高端封装测试项目。2020 年 6 月，引入郑州华思光电 5G 新基建中部生产基地项目，该项目由深圳市鑫达辉软性电路科技有限公司投资建设，主要建设 OLED 柔性显示电路板、COB 软硬多层高精密电路板、MiniLED 直显及背光模组生产基地。截至 2022 年底，新郑经开区以电子信息产业为招商重点，招引华思光电等项目 15 个，总投资 177 亿元。目前，新郑经开区信息产业集群"芯""屏"双轮驱动，聚焦新型显示和集成电路两个产业方向，坚持龙头带龙、集群招商的发展战略，基本形成"一芯一屏"的产业格局。

### 三 中小企业集聚型

中小企业集聚型集群是指在地理空间和经济技术上存在关联的众多中小企业依据专业化分工与协作所形成的产业空间聚集，该类集群具有特定区域空间上的集聚、生产特定产品、企业间分工、产业链的相对完整、集群内企业之间形成复杂的网络关系等特征。河南省的中小企业集聚型集群主要产生在县域，县域通过发展产业集群，产业链分工更加细化，企业交易对象范围扩大，企业间的经济联系更加紧密，既可促进县域产业分工更加合理，也能够改善县域产业分布散乱、企业间缺乏联系的状况，培育和发展中小企业集群已经成为发展县域经济的重要选择。河南省比较典型的中小企业集聚型产业集群有襄城县硅碳新材料产业集群、长垣市门桥式起重机械产业集群等。

以长垣市门桥式起重机械产业集群为例。长垣市本身不具备起重工业发展所需要的资金、技术、市场和资源等区位条件，但长垣市以外出打工的年轻人偶然学到的修理千斤顶手艺为起点，经过发展已经成为拥有起重整机规模以上生产企业 114 家、配套生产企业 1042 家的门类齐全、市场覆盖面广的"中国起重机之乡"。长垣市起重机械产业的发展分为三个阶段。20 世纪 70 年代末至 1987 年为集群萌芽阶段，此阶段集群内企业大多是从事起重机零配件修理的小而散的家庭作坊，当时长垣市像这样的家庭作坊大概有 300 多家，没有一家能生产起重机整机。直到 1987 年河南省新乡市矿山起重机厂（以下简称"河南矿山"）成立，长垣才有了第一家股份制起重机械制造厂，1988~2008 年长垣市起重机械产业进入集群形成与成长阶段。在此阶段，在前期积累与国家的引导与支持下，长垣市起重机械产业由家庭作坊向集约经营转变，主要产品延伸至电动葫芦和起重机整机等，不同类型的企业之间、零部件制造商和整机制造企业之间相互协作，企业间的联系也不断加强。2003年长垣建设起重工业园区，起重产业开始由低科技与劳动密集型向高科技与劳动密集型相结合转变，集群发展进入快车道；同年卫华集团获得了第一单出口业务，长垣起重开始进军国际市场。2009年至今为转型升级阶段，此阶段长垣市起重机械产业面临金融危机与产业"大而不强"双重压力，亟须转型升级。以卫华集团、河南矿山为代表的骨干企业在转型升级中不断提高创新能力，通过加大研发投入、创建研发平台、建立产学研网络实现产品、工艺流程的升级，并通过与国内外知名企业和同行的交流合作，逐步占领价值链的两端，与集群内中小型创新型企业开展合作，通过企业网络效应为长垣中小企业带来升级机会，提升集群的综合竞争力和区域竞争力，形成集群内专业化分工协作，实现集群内部优势互补和协调发展的产业格局。

## 第三节　河南培育壮大制造业集群的做法与经验

产业集群是区域经济发展的有力增长点，地方政府会出台各类政策推动产业集群的发展。政府在产业集群的形成和演化中也起到了不同程度的作用。近年来，河南省政府通过积极打造产业集聚区、完善产业集群政策支持、积极创建国家级集群示范、引导探索产业园区发展模式等做法，促使河南制造业集群竞争力显著提升。

### 一　打造产业集聚区，整合提升开发区

产业集聚区是在特定空间范围内形成的一种承载产业集群的新型高效的经济组织平台，对于构建创新体制机制、培育区域竞争优势具有重要作用。由于集聚区自身的空间特征和市场机制的内在缺陷，集聚区仅依靠市场这双"无形的手"不可能沿着最优路径发展，政府的干预可以消除集聚区发展过程中的负外部效应，提供公共物品、维护市场秩序、合理配置资源。因此，2008年河南做出加快产业集聚区建设的重大战略部署，2009年河南省决定加快集聚区规划建设，在全面的产业集聚区规划和编制工作中整合175个核心区域作为产业集聚区，2010年又新补充了5个，共组建180

个产业集聚区,2015 年对产业集聚区进行制度建设和软环境、内涵提升,优胜劣汰筛选机制应时而生,7 个产业集聚区因未达到标准被调整为专业园区。近年来,河南省聚焦产业集聚区持续健康发展,陆续出台 20 多项政策文件,涉及内涵目标、规划建设、支持政策、专业园区建设、考核晋级、综合评价等方面,并从土地、供电、融资、税收、人才引进等方面给予政策支持。

河南省完善产业集聚区考核机制的过程就是建设产业集聚区的过程。2010 年河南省公布《河南省产业集聚区发展考核办法》,从总量、效益、质量、进度和科技创新五个方面对产业集聚区发展水平进行综合评价,根据综合指数的大小对各产业集聚区进行排序,此后不断调整完善考核指标体系,自 2010 年开始表彰全省产业集聚区发展先进单位,后又从 2013 年开始对产业集聚区进行星级评定,每年对考核晋级结果进行通报。随着经济发展进入新常态,政策优惠、基础设施建设、规模扩张等要素的驱动作用逐渐减弱,产业集群和融合创新趋势明显,资源环境和要素支撑约束增强,产业集聚区发展进入质量提升、转型升级和创新驱动的新阶段,河南产业集聚区建设由"创业期"转入"创新期"。2015 年,河南省加快推动产业集聚区提质转型创新发展,此后转型升级成为产业集聚区发展主线。从 2018 年开始,河南省产业集聚区开展企业评价,将企业划分为 A、B、C 三类,并分批进行智能化改造。2019 年河南公布首批 10 个产业集聚区作为智能化示范园区建设试点。2020 年河南省开展产业集聚区"二次创业",以产业用地提质增效为抓手,开展"百园增效"行动,持续推进产业集聚区高质量发展。

开发区是河南省产业最集中、经济最活跃的平台功能区。然而,随着开发区建设规模和区域边界逐渐扩大,大量社会管理职能涌入,导致主业模糊、主责弱化,难以集中精力抓经济谋发展。为此,2021 年河南开始按照"整合、扩区、调规、改制"的总体思路,以"三化三制"、优化管理机构设置、剥离社会管理职能、组建开发区运营公司为主要措施进行改革,把开发区工作重心聚焦到提质提效提速发展上来,加快构建现代化产业体系,全力做大做优做强产业,基本实现"一县一省级开发区"布局。

## 二 完善产业集群政策支持

近年来,《河南省人民政府办公厅关于加快培育发展新兴产业集群的实施意见》《河南省推动制造业高质量发展实施方案》《河南省先进制造业集群培育行动方案（2021—2025 年）》等多项政策文件相继出台，不断完善产业集群政策体系，为促进河南制造业集群发展提供强有力的政策支撑。

河南省在统筹协调、金融支持、创新体系、集群引进等方面对产业集群提供政策支持。一是统筹协调。河南各地市根据自身资源禀赋、政策环境、产业基础、市场潜力等条件，制定千亿元级主导产业集群发展规划，提高了制造业集群、企业之间的配套协作水平和产品本地化匹配度。河南在全省范围内建立先进制造业集群重点产业链群链长制和盟会长制，总群链长、群链长、群链长责任单位、盟会长单位各司其职并积极配合，提高河南省先进制造业集群的整体影响力，为加速建设先进制造业强省奠定坚实基础。二是金融支持。河南省致力于为产业发展提供金融支持。早在2012 年河南就设立股权投资引导基金，近几年更是聚焦河南省产业基础薄弱领域，以补链、强链、延链为目标，支持河南省产业转型升级和创新发展。2014 年河南设立产业集群发展奖励资金，对评审出的主导产业链条健全、集群效应突出的前 30 位产业集群给予奖励。2015 年河南设立先进制造业集群培育基金，对河南省重点产业集群发展进行直接投资，并与部分产业集聚区所在市县共同设立多个地方先进制造业集群培育基金。三是创新体系。河南省构建以企业为主体、市场为导向、产学研相结合的产业技术创新体系。由龙头企业牵头，企业、知名高校、科研院所等共同参与，建设产业技术创新战略联盟，并实施一批重大科技专项，加快突破一批共性关键技术。2021 年河南省公布了包括宇通客车、汉威科技、中信重工、许继集团等的 116 家创新龙头企业。四是集群引进。近年来，河南针对各地市主导产业集群的特点，编制重点领域产业链图谱和招商图谱，并全面梳理人才、技术、企业、项目等，编制清单，引导企业和社会资金向集群聚集，加快推进产业链配套招商。

### 三　积极创建国家级集群示范

近年来，河南省积极推进国家级集群示范的创建工作，在国家新型工业化产业示范基地、国家级战略性新兴产业集群、国家火炬特色产业基地、国家创新型产业集群、国家级中小企业特色产业集群等评选中均有成果，起到了良好的示范带动作用。

国家新型工业化产业示范基地发展水平和规模效益处于行业领先地位，是我国制造业集聚发展的主要载体和制造强国建设的有力支撑。自 2009 年起，河南省启动国家新型工业化产业示范基地创建工作，截至目前已成功创建了 14 个示范基地（见表 12-2）。从地区分布来看，洛阳、郑州分别创建 4 个、3 个，排在前两位，领先优势明显。其中洛阳的河南洛阳高新技术产业开发区连续两年被评为五星级示范基地。从行业分布来看，现有示范基地覆盖了装备制造、食品、石化化工、有色金属、汽车等主要行业和领域，其中装备制造行业有 4 个，占据绝对优势，不过近年来新兴产业基地持续增加，2017 年国家示范基地开始分为两个系列，即规模效益突出的优势产业示范基地（优势类）和专业化细分领域竞争力强的特色产业示范基地（特色类），河南省第九、第十批示范基地包括了大数据、建材（绿色建材）行业的产业集聚区，这 14 个示范基地已在集群发展、创新发展、绿色发展、融合发展、安全发展、品牌建设等方面走在了全省产业集聚区的前列。

表 12-2 河南国家新型工业化产业示范基地情况

| 行业 | 示范基地名称 | 2021 发展质量评价结果 | 批次 |
|---|---|---|---|
| 装备制造（节能环保装备） | 河南洛阳高新技术产业开发区 | 连续两年五星 | 第一批 |
| 食品 | 河南汤阴高新技术开发区 | | |
| 食品 | 河南漯河经济技术开发区 | 四星 | 第二批 |
| 装备制造 | 郑州经济技术开发区 | 四星 | |
| 装备制造（起重机械） | 河南长垣产业集聚区 | 四星 | |
| 石化化工（尼龙新材料） | 平顶山高新技术产业开发区 | 四星 | 第三批 |
| 有色金属（铝加工） | 河南巩义市产业集聚区 | 四星 | |
| 高技术转化应用 | 河南洛阳涧西区 | 四星 | 第四批 |
| 有色金属（铝） | 河南三门峡高新技术产业开发区 | 四星 | |

续表

| 行业 | 示范基地名称 | 2021发展质量评价结果 | 批次 |
|---|---|---|---|
| 装备制造<br>（矿山装备） | 河南焦作高新技术产业开发区 | 四星 | 第五批 |
| 石化化工<br>（烯烃及深加工、<br>电子化学品） | 河南濮阳经济技术开发区 | 四星 | 第六批 |
| 汽车 | 河南中牟高新技术产业开发区（优势类） | 四星 | 第八批 |
| 大数据 | 河南洛阳大数据产业园（特色类） | 四星 | 第九批 |
| 建材<br>（绿色建材） | 河南汝阳产业集聚区（特色类） | | 第十批 |

数据来源：工信部国家新型工业化产业示范基地名单公示。

国家级战略性新兴产业集群既是应对国际经济环境变化和经济下行压力的"变压器"，也是稳就业、稳增长的"稳定器"，还是实现经济高质量发展的"助推器"。2023年国家发改委发布首批66个国家级战略性新兴产业集群名单，其中郑州信息技术服务产业集群、郑州下一代信息网络产业集群等4个集群被纳入首批国家级战略性新兴产业集群。国家创新型产业集群以创新驱动为特征，将产业链关联企业、研发和服务机构进行集聚，通过分工协作和协同创新的方式，形成具有跨行业跨区域引领作用和国际竞争力的产业组织形态。截至目前，河南省已拥有8个国家级创新型产业集群，17个国家火炬特色产业基地，4个国家级中小企业特色产业集群。

## 四 引导探索"区中园"

开发区因改革而起，因改革而兴，开发区长期以来一直是河南省工业化、城镇化进程中的重要平台和增长极。产业集聚区是推动河南高质量跨越式发展的重要抓手，也是拓展产业发展空间的主阵地、主平台。但在新常态背景下，开发区和产业集聚区发展仍面临综合实力不强、集聚效应不明显、企业数量和质量有待提升、体制机制缺乏活力等问题，制约其进一步发展，开发区发展需要"换档升级"，产业集聚区亟须"二次创业"。因此，河南省积极探索实践"区中园"、专业化园区等发展模式。

河南积极推进"区中园"、专业化园区布局建设。具体来说就是以"区中园"模式在产业集聚区内布局高端产业园、生产性服务业专业园、专业孵化园、返乡创业园、中小微企业园，建设标准化厂房，统一园区环保、安全等基础设施，统筹生产要素和政务服务需求，推动企业"园区化"集聚发展。通过"区中园"模式，加大腾笼换鸟和清退存量低端产能的力度，高效盘活产业集聚区内闲置、低效用地，为优质产业及项目的引进、培育提供充足的发展空间，从而增强经济发展后劲。事实上，河南县域在"区中园"建设方面已经有了成功经验。鹿邑采取"区中园"的模式，在产业集聚区建设了化妆刷产业园，引导化妆刷企业向园区集聚。郏县以"区中园"建设引领招商引资，围绕装备制造、绿色食品等主导产业，持续规划建设特色优势专业园区，加大招商引资的力度。汤阴形成"一区多园"管理模式，通过"区中园"模式培育建设战略性新兴产业集群。目前，河南仍持续推进"区中园"、专业化园区的建设，2023 年漯河食品国际合作产业园成为河南认定的 4 个国际合作园区之一，并在漯河经开区以"区中园"的形式谋划建设国际合作园区。

## 第四节  河南制造业集群发展面临的问题

虽然河南省制造业集群建设发展态势良好，也取得了显著成效，但也应看到，河南制造业集群的高质量发展仍存在集群发展规划有待完善、先进制造业集群数量有待增加、集群整体发展水平有待提高、自主创新能力有待提升等问题。

### 一  集群发展规划有待完善

近年来，河南高度重视制造业集群的培育工作，印发《河南省先进制造业集群培育行动方案（2021—2025 年）》，许昌和鹤壁等地市也相继出台先进制造业集群培育行动方案，但是现有的规划方案仍然有待完善。一是规划有待进一步统筹。目前河南省已成立制造强省领导小组负责统筹，也建立了先进制造业集群重点产业链"双长制"，但是在实际工作中，重点制造业集群涉及跨部门、跨地区的招商引资、项目投资、上下游衔接等仍难以统筹协调。二是规划有待进一步细化。制造业集群发展的统计监测机制不完善，集群发展相关数据指标不全，难以精确监测并评估集群发展情况，而且集群发展的奖惩机制也待细化，尤其是县域的中小企业特色产业集群缺乏详细的立足当地特色的发展规划。

## 二　先进制造业集群数量有待增加

高度发达的先进制造业集群是现代化经济体系的重要特征，也是经济高质量发展的大趋势。虽然河南近年来积极推进先进制造业集群的培育工作，但 2022 年工信部发布的国家先进制造业集群名单中，河南却无一在列，而江苏、广东等国内发达地区与同为中部地区的湖南、湖北、安徽、江西均有入选；在科技部发布的国家创新型产业集群名单中，河南虽然培育了 8 个国家级创新型产业集群，但国内发达地区江苏培育了 19 个，同为中部地区的湖北培育了 16 个。在国家发改委组织认定的 66 个国家级战略性新兴产业集群中，郑州仅有信息技术服务产业集群、下一代信息网络产业集群 2 个集群入选，但武汉和合肥分别有 4 个和 3 个入选。在工信部公布的 2022 年度国家级中小企业特色产业集群名单中，河南入围 4 个，但安徽、江西和湖北均有 5 个入围。

## 三　集群整体发展水平有待提高

虽然河南目前已经培育了装备制造、现代食品 2 个万亿元级产业集群和多个千亿元级以上的产业集群，但是其余产业集群尤其是新兴产业集群规模普遍较小，"2023 中国百强产业集群（民营经济集聚区）"河南只入围 3 个，但排名分别为第 45、60、67 位，均比较靠后，且与江苏 18 个、浙江 17 个、安徽 8 个的数量差距较大。另外集群层次偏低，主要集中在价值链低端，附加值低。以食品产业为例，河南食品产业集群处于微笑曲线的底部，粗加工产品为主，精深加工产品较少，而集群内企业又缺乏合作意识，互相模仿，导致同质化产品多、特色产品少，中低端产品多、高附加值产品少，多数企业产品平均单价低，缺乏市场竞争力，且缺乏品牌效应。开发区作为集群载体整体发展水平也有待提高，根据商务部发布的 2022 年国家级经济技术开发区综合发展水平考核评价结果，河南仅有郑州经济技术开发区入选全国开发区排名前 30，而郑州经济技术开发区仅在中部地区排名第三，前两名均出自安徽。

### 四　自主创新能力有待提升

一是研发费用不足，且集中在传统产业。当前产业集群依然以传统资源型为主，高技术制造业和战略性新兴产业所占比重较低，集群内拥有较高技术水平和研发能力的企业数量较少，且研发费用投入排在前列的企业仍然集中在传统产业。2022 年，从行业分布看，河南企业研发费用投入排名前五的行业分别是机械、冶金、化工、电子和煤炭，这几个行业的研发费用投入规模达到了 501 亿元，占全省研发费用的 73%。从企业层面看，河南研发费用投入排名前五的企业分别是平煤神马、宇通集团、能源集团、中航光电和郑煤机，研发费用投入规模达 96.1 亿元，占比 14%。二是创新型企业较少。龙佰集团、宇通集团上榜由中国企业联合会、中国企业家协会发布的"2022 中国大企业创新 100 强"，但国内发达地区北京的企业占 26%、广东的企业占 18%、浙江的企业占 9%，同为中部地区的安徽和湖北的企业各占 4%、湖南的企业占 3%，均高于河南。

## 第五节　河南制造业集群发展的对策建议

新型工业化背景下，制造业成为区域竞争的关键元素，越来越多省份加入构建"制造强省"竞赛，且竞争态势日益激烈，河南应从以下几个方面着手聚力做强制造业集群。

### 一　打造优势产业集群，增强产业链延伸能力

发展先进制造业集群是促进河南产业向中高端迈进、提高产业链供应链韧性和安全水平的重要抓手。一是河南应根据自身产业基础在主导、传统、新兴、未来产业中选取优势先进制造业集群，加快推进先进制造业群链培育工程，着重打造装备制造、绿色食品等十大先进制造业集群以及先进超硬材料、新能源汽车等 28 个千亿元级重点产业链，以及地方优势特色产业集群，加快创建国家先进制造业集群、国省两级中小企业特色产业集群。二是往纵向和横向延伸产业链。产业链纵向延伸可围绕主导产业引进和培育龙头企业，以龙头企业吸引产业链上下游企业聚集，形成完整产业链，通过上下游联动和大中小企业协同，实现龙头带动、成龙配套、集群

发展。产业链横向延伸可不断完善产业配套，提升先进制造业集群能级，引导郑州、洛阳、许昌等市向设计研发、品牌打造等价值链高端环节跃升，延长产业链条，并逐步将原材料、零部件配套等环节向省内其他地区转移，提升全省整体制造业集群发展水平。

## 二 提升科技创新能力，推动集群转型升级

抓创新就是抓发展，谋创新就是谋未来。河南应坚持把创新作为第一动力，以创新推动传统产业集群转型升级高质量发展。一是搭建创新平台，加大力度创建国家实验室和国家重点实验室，对现有省级创新平台进行高标准整合提升，择优部署实验室、研究中心、创新中心等平台。二是搭建科技成果转化中试平台，坚持在地市高质量发展考核指标中加入技术合同成交额，加快建设 10 个河南省科技成果转移转化示范区，在重点制造业集群实现中试基地全覆盖，形成体制全新、机制灵活、服务特色鲜明的中试服务网络体系。三是搭建创新创业公共服务平台。整合技术、人才、培训等资源，为传统产业集群创新发展提供优质公共服务。四是引导集群内企业实施新技术改造工程，组织企业组成高端化、智能化、绿色化、服务化改造提升专项，对技术改造项目分类分级按实际投资比例提供补助。

## 三 加快高端要素集聚，提高集群发展水平

河南应加快人才、技术、资金等高端要素资源集聚，提升河南制造业集群整体发展水平。一是对先进制造业集群的人才需求进行摸排，制定高端人才引进清单，出台高补贴、高福利的人才政策，以制造业集群内的"头雁"企业、"瞪羚"企业、优质中小企业为依托，支持集群内企业通过远程指导、项目合作等方式吸引各类人才向省内制造业集群集聚。二是引导制造业集群支持链主企业牵头，与集群内的配套中小企业、科研院所等共同组建重点产业技术创新战略联盟，开展联合研发，重点突破该集群所需的共性技术，集中攻克一批关键核心"卡脖子"技术。三是设立河南先进制造业集群专项培育基金，引导社会资金流向重点制造业集群和优势企业，鼓励银行设置面向制造业集群的信贷专项额度，并给予利率优惠。四是保障高端要素资源的自由流动，建立先进制造业集群人才共享、技术交易、金融服务等平台，保障高端要素供求信息透明畅通。

## 四 坚持项目为王理念，抢抓机遇精准招商

抓项目就是抓发展，谋项目就是谋未来，河南应坚持"项目为王"的理念，加快推进项目建设，围绕重点产业链精准招商，培育壮大更具竞争优势的制造业集群。一是坚持"项目为王"的理念。围绕装备制造、新材料等重点先进制造业集群，制定重点项目和补短板项目清单，着力引进一批投资规模大、覆盖领域广的项目落地，按照"三个一批"工作要求，加快项目前期工作，缩短审批流程，保障土地、资金等要素，确保重点项目按时投产。二是抢抓机遇精准招商，围绕河南开放带动战略，积极承接长三角、珠三角、京津冀三个重点区域的产业转移，编制制造业招商路线图，围绕重点发展的先进制造业集群和产业链梳理招商目标企业，在三个重点区域开展驻地招商，做好精准对接，有针对性地高水平做好招商引资，提升河南招商引资推介会的影响力，吸引国内外知名企业来河南投资。

# 第十三章　河南制造业企业的群体成长

企业是产业发展的微观主体，企业强，产业才会强，企业做大做强是产业发展的根本支撑。近年来，受复杂严峻的国际形势影响，全球经济下行压力加大，大众消费需求疲软，工业增速放缓，生产经营成本上升，传统制造业企业向高端化、智能化、绿色化方向改造升级，实现从跟跑、并跑到领跑成为大势所趋。河南作为制造业大省和全国重要的制造业产业基地，经过多年发展，涌现了一批制造业领军企业和专精特新中小企业，企业发展活力和整体实力稳步提升、创新效能不断增强、主业根基愈发稳固，并不断寻找新的突破点和成长方向，在全球产业链、价值链和创新链中的作用越来越显著。河南坚持制造业当家，积极培育优质企业，推动制造业企业创新驱动、转型升级、做优做强、掌握核心技术，努力实现河南制造价值跃迁，从而不断壮大企业群体，激发市场活力，推动制造业高质量发展，成为产业转型升级和创新发展的重要力量。

## 第一节　河南制造业企业发展现状

"十四五"期间，面对复杂多变的国内外形势以及市场需求不足、预期偏弱等制约因素的影响，河南省委、省政府坚持制造立省、制造强省，做出"4353"的工作布局，把制造业高质量发展作为主攻方向，推动企业发展壮大、提质增效，加快构建现代化产业体系，为全面建设现代化河南夯实产业基础。目前，河南制造业企业呈现"稳定恢复、稳中向好"的态势，发展中的积极因素累积增多，企业数量和规模持续扩大、研发创新能力明显增强、有效投资平稳增长、地区和行业分布特征明显，形成了一批转型升级成效显著的优势企业和一批特色突出的产业集群，为河南经济社会发展注入强劲动力，助力河南省向先进制造业立省强省的目标迈进。

## 一 规模效益持续提升

河南制造业企业经营能力不断增强，营业收入总额快速增长。2022 年，规模以上工业企业实现营业收入 60206.77 亿元，同比增长 5.8%；实现利润总额 2534.00 亿元，同比下降 4.2%。规模以上工业企业每百元营业收入成本为 88.45 元，比上年增加 0.54 元；每百元资产实现营业收入为 108.4 元，比上年增加 4.2 元。由图 13-1 可知，企业数量不断攀升，2021 年，制造业法人单位 187304 家，同比增长 17.3%，比 2012 年增加了 67534 家；规模以上工业企业 21697 家，同比增长 9.5%，比 2012 年增加了 2452 家，其中大型企业 477 家，中小微企业 21220 家，中小微企业占比 97.8%，在各类企业中居主导地位（见图 13-1）。截至 2022 年底，河南规上工业企业 2.2 万余家，工业企业队伍持续扩大。

**图 13-1  2012~2021 年河南制造业法人单位和规模以上工业企业数量**
资料来源：2013~2022 年《河南统计年鉴》。

2022 年"河南制造业企业 100 强"显示，100 强企业入围门槛为 21.73 亿元，比 2021 年提高 8.75 亿元。其中，百亿元级企业 35 家，新增 7 家；千亿元级企业 2 家，分别是万洲国际和洛阳钼业，营业收入分别达到 1759.74 亿元和 1738.62 亿元（见表 13-1）。这 37 家企业合计实现营业收入 13291.84 亿元，占百强企业营业收入总额的 80.06%，同比提高 2.42 个百分点。100 强企业中有 60 家民营企业，营业收入和利润总额分别占总量的 66.68% 和 74.94%。其中，双汇、宇通集团、金利金铅等 17 家民营企业上榜"2022 中国制造业民营企业 500 强"，河南省上榜企业较上年新增 1 家；万洲国际、洛阳钼业、牧原实业等 24 家企业入围"2022 中国制造业企业 500 强"，河南省上榜企业较上年新增 2 家。整体来看，河南制造业企业发展势头强劲，民营企业作用持续增强，但实力雄厚、辐射带动力强的大型龙头企业相较于浙江、山东、江苏、广东四省相对缺乏，很少出现以自身品牌或技术力量整合国内外资源的链主企业。

**表 13-1 2021~2022 年"河南制造业企业 100 强"营业收入结构对比**

单位：家

| 营业收入总额 | 2022 年企业数量 | 2021 年企业数量 |
|---|---|---|
| ≥1000 亿元 | 2 | 2 |
| 100 亿~1000 亿元（含 100 亿元） | 35 | 28 |
| 50 亿~100 亿元（含 50 亿元） | 24 | 24 |
| 20 亿~50 亿元（含 20 亿元） | 39 | 29 |
| <20 亿元 | 0 | 17 |

资料来源：河南省企业联合会。

## 二 创新能力稳步提升

2021 年，河南规模以上工业企业 R&D 人员数为 241034 人，同比增长 16.1%，比 2012 年增加 100248 人；R&D 经费内部支出 764.01 万元，同比增长 11.4%，比 2012 年增加 515.04 万元；申请专利 45391 项，同比增长 18.8%，比 2012 年增加 32888 项（见表 13-2）。截至 2022 年底，规上工业企业研发活动覆盖率从 2019 年的 24% 增长至 52%，R&D 经费内部支出突破 1100 亿元，R&D 经费投入强度达到 1.85%，技术合同成交额为 1025 亿元，同比增长 68.4%，创新活跃度和落地转化实现快速提升。

**表 13-2 2012~2021 年规模以上工业企业研究与试验发展（R&D）主要指标**

| 年份 | 人员数（人） | R&D 经费内部支出（亿元） | 专利申请（项） |
|---|---|---|---|
| 2012 | 140786 | 248.97 | 12503 |
| 2013 | 168212 | 295.34 | 14400 |

| 年份 | 人员数（人） | R&D 经费内部支出（亿元） | 专利申请（项） |
|------|------------|----------------------|--------------|
| 2014 | 181937 | 337.23 | 16505 |
| 2015 | 185059 | 368.83 | 16518 |
| 2016 | 187804 | 409.70 | 17457 |
| 2017 | 193623 | 472.25 | 22367 |
| 2018 | 183091 | 528.93 | 27603 |
| 2019 | 222218 | 608.72 | 30397 |
| 2020 | 207609 | 685.58 | 38206 |
| 2021 | 241034 | 764.01 | 45391 |

资料来源：2013～2022 年《河南省统计年鉴》。

据统计，2022 年"河南制造业企业 100 强"R&D 经费投入总额为 278.02 亿元，同比增长 19.08%，平均 R&D 经费投入强度为 1.72%，与上年基本持平。创新产出聚集效应明显增强，以宇通集团、中铁装备、许继集团、平高集团、卫华集团等头部企业为代表，拥有专利超过 500 项的前 12 家企业共持有 14300 项专利，占全部专利的 59.05%；拥有发明专利数超过 100 项的前 12 家企业共持有发明专利 5457 件，占发明专利总数的 79.24%，企业研发创新活动成效显著。

## 三 投资运行总体平稳

2022 年，河南省工业投资保持快速增长态势，由图 13-2 可知，2022 年全省工业投资全年增长 25.4%，增速高于全国平均水平 15.1 个百分点，高于全部投资 18.7 个百分点，工业投资占全省投资的 35.8%，同比提高 5.3 个百分点。其中，制造业投资同比增长 29.7%，工业技改投资同比增长 34.4%，分别高于全国平均水平 20.6 个和 25.3 个百分点。高技术制造业投资增长 32.2%，高于河南省工业投资增速 6.8 个百分点。商丘市、濮阳市、信阳市、周口市、郑州市、开封市的工业投资增速均在 30% 以上，增长势头强劲，而其余地市增速低于全省平均水平。此外，一大批重点工业项目开工建设，如宁德时代洛阳新能源基地、比亚迪郑州产业园、双汇第三工业园，亿元及以上级别项目投资同比增长 11.1%，高于全省固定资产投资增速 4.4 个百分点。新开工项目完成投资同比增长 18.4%，其中亿元及以上级别新开工项目完成投资同比增长 16.2%，实现"全年红"。

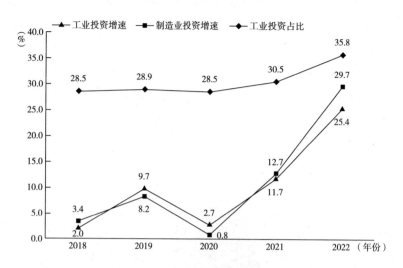

**图 13-2　2018～2022 年河南工业和制造业投资增速及工业投资占比情况**
资料来源：2019～2022 年《河南统计年鉴》和《2022 年河南省工业经济运行报告》。

## 四　地域分布较为集中

河南省制造业企业主要集聚在郑州、洛阳、新乡三地，南阳、焦作等地的制造业企业不断发展壮大。从制造业"头雁"企业地域分布来看，2023 年，河南拟确定 100 家制造业"头雁"企业，其中郑州、洛阳各 15 家，新乡 11 家，南阳 10 家，焦作 8 家，平顶山 6 家，安阳、信阳、濮阳、许昌各 4 家，开封、周口各 3 家，鹤壁、漯河、三门峡、驻马店、济源示范区和航空港区各 2 家，商丘 1 家（见图 13-3）；拟培育 115 家制造业重点"头雁"企业，其中郑州、焦作各 12 家，洛阳、安阳、新乡、南阳各 10 家，商丘 7 家，许昌、信阳、航空港区各 5 家，开封、漯河、济源示范区各 4 家，平顶山、鹤壁、濮阳、三门峡、周口各 3 家，驻马店 2 家（见图 13-4）。从专精特新和创新型中小企业地域分布来看，围绕电子信息、生物医药、环保科技、食品、机械制造等领域，截至 2022 年，河南共有 370 家国家级专精特新"小巨人"企业，主要分布在郑州市（111 家）、新乡市（55 家）、洛阳市（44 家）；共有 2762 家省级专精特新中小企业，也主要分布在郑州市（738 家）、新乡市（301 家）、洛阳市（261 家）；2022 年全省共认定 7826 家创新型中小企业，主要分布在郑州（2590家）、洛阳（657家）、周口（636家）、新乡（539家）、信阳（502家）。从"河南民营制造业企业100强"榜单来看，2022年，百强企业主要聚集在新乡（15家）、洛阳（13家）、安阳（10家）和南阳（10家）四地，其余地市均低于10家（见图13-5）；而2021年以郑州（14家）、新乡（13家）、南阳（11家）和洛阳（10家）四地为主。此外，河南共有3地入选2022年"全国先进制造业百强市"，其中郑州居第18位、洛阳居第47位、新乡居第65位。

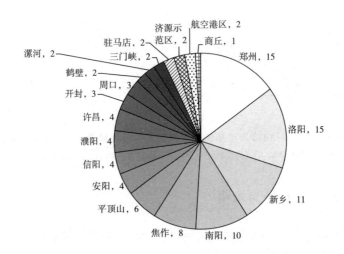

图 13-3　2023 年河南制造业"头雁"企业地域分布图（单位：家）

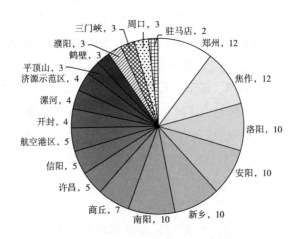

图 13-4　2023 年河南制造业重点"头雁"企业地域分布情况（单位：家）

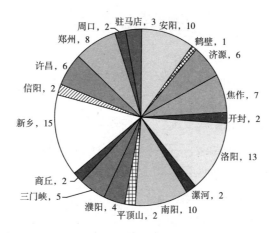

**图 13-5　2022 年"河南民营制造业企业 100 强"地域分布情况（单位：家）**

## 五　行业分化趋势显现

河南是全国工业大省，拥有 41 个工业行业大类中的 40 个、207 个中类中的 197 个。从 2021 年规模以上工业企业数量来看，农副食品加工业、化学原料和化学制品制造业、非金属矿物制品业、金属制品业、通用设备制造业、专用设备制造业六个行业企业数量均超过 1000 家，其中非金属矿物制品业企业数量达到 4062 家，较上年增加 406 家，居河南制造业首位，营业收入达 4474.19 亿元，利润总额为 299.01 亿元，营业收入较上年提高 474.46 亿元，但利润总额较上年下降 2 亿元。从 2021 年"河南民营制造业企业 100 强"榜单来看，民营制造业企业分布于 20 个行业，占全国 31 个制造业行业的 64.5%。其中，有色金属冶炼和压延加工业、黑色金属冶炼和压延加工业、汽车制造业这三个行业是河南民营制造业企业百强聚集的行业，合计 37 家（见图 13-6）。农副食品加工业、黑色金属冶炼和压延加工业、非金属矿物制品业和废弃资源综合利用业 4 个行业的平均营业收入超过 100 亿元；而金属制品业、专用设备制造业、纺织业等行业的平均营业收入不足 30 亿元，差距显著。2022 年"河南民营制造业企业 100 强"行业分布与 2021 年相比，企业数量和结构变化不大，行业间分化明显。

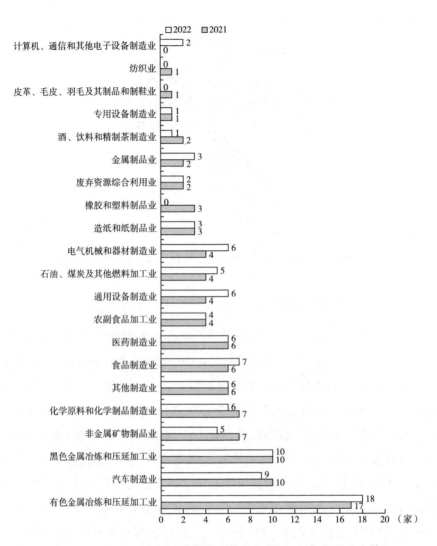

图 13-6　2021~2022 年"河南民营制造业企业 100 强"行业分布情况

## 第二节　河南制造业企业转型升级的典型案例

推动企业转型升级，加快产业结构调整，既是走好新型工业化发展道路的要求，也是河南顺应经济形式、重构发展格局、实现制造业高质量发展的途径。近年来，宏观经济形式复杂多变，新一代信息技术与工业深度融合，材料、劳动力成本、资源、环境对经济增长的约束力逐渐增强，传统制造业企业探索新的发展模式、加快转型升级已成为发展的主旋律。不进则退，制造业企业要明确方向、找准定位、变换赛道，升级结构体系、创新技术路径、优化发展模式、补齐关键领域短板、提高全要素生产率，走出一条符合实际、富有特色、充满活力的高端化、智能化、绿色化转型发展之路。

## 一　中国平煤神马控股集团有限公司

中国平煤神马控股集团有限公司（以下简称"平煤神马"）是一家以煤焦、尼龙化工、新能源新材料为核心产业的特大型能源化工集团，由原平煤集团和原神马集团两家中国 500 强企业重组而成。原平煤集团为国家"一五"规划的重点项目之一，是新中国第一个自行勘探、设计兴建的国有特大型煤炭基地，素有"中原煤仓"之称；原神马集团是改革开放之初国家第一批引进的 9 个重点建设项目之一，是当时国内唯一全套引进日本先进设备技术、生产尼龙 66 工业丝和浸胶帘子布的现代化企业。平煤神马走出了一条从传统能源化工企业向一流"材""能"企业转型的新路子，成为一家跨区域、跨行业、跨所有制经营的国有特大型集团。

### （一）平煤神马转型升级成效

在产业链布局方面，平煤神马以煤为本，链式布局。打造了以煤焦为源头的尼龙新材料、碳材料、硅材料等多条黄金产业链，全面贯通"煤—焦炭—煤焦油—沥青—延迟沥青焦—针状焦—超高功率石墨、锂电池负极材料"产业链。同时，焦炉煤气中提取出的氢气，衍生出"煤—焦炭—焦炉煤气—工业氢气（高纯氢气）—高纯硅烷气—太阳能光伏、半导体硅材料"产业链，上下游产业紧密连接、产品相互配套的产业生态雏形初步显现。

在核心技术研发方面，2022 年，平煤神马投入科研资金 25.8 亿元，实施重大科研项目 56 项，荣获省部级以上科技进步奖 23 项，取得各类知识产权授权 520 项，科研成果转化率历史性突破 95%，创新指数水平稳居河南省第一梯队。煤焦上，地热资源综合利用、硬岩预裂、煤矸分采、智能选矸等技术取得重大突破；切顶留巷、切顶护巷、快速掘进、以孔代巷等技术全面推开；瓦斯综合利用、深井热害治理、安全高效采掘、智能选煤选矸的技术体系构建形成。尼龙化工上，集团自主开发了尼龙66高强超低缩中低旦工业丝、芳纶高强尼龙复合浸胶帘子布等300多个新产品，填补了国内多项空白。新能源新材料上，区熔级多晶硅成功投产，打破国外技术垄断；全钒液流电池具备年产300兆瓦电堆生产能力，运营规模全国第一；碳化硅半导体材料成功量产，填补了河南省第三代电子半导体产业空白。

在创新生态构建方面，平煤神马拥有省部行业级以上创新平台57个、高新技术企业34家、专精特新等创新型企业27家，规上工业企业研发活动覆盖率100%。拥有国家级技术中心、博士后科研工作站、中试基地等各类高能级科研平台，建立了煤焦、尼龙化工和新能源新材料三大核心产业研究院，炼焦煤资源绿色开发全国重点实验室重组完成，尼龙新材料产业研究院、岩盐综合利用工程研究中心等省级创新平台成功组建。同时，集团引进一批高端科技领军人才和创新团队，联合高校开办专业人才培训班，实施"实用新型技能人才"培养工程，开办工匠学院技能素质提升班，推动产业链、创新链与教育链、人才链有机衔接。

在绿色低碳转型方面，平煤神马以风、光、储及瓦斯发电为重心，建设新型能源体系。开展电网优化整合、新能源发电、盐穴储能等项目，推进光伏绿能矿山、绿能工厂建设，静脉产业园、固废处置等项目取得新突破。陆续关停"两高"企业、5座4.3米焦炉，全部淘汰选煤厂煤泥烘干窑炉系统，每年减少排放二氧化硫1270吨、氮氧化物3180吨、烟尘1130吨，减排污废水670万吨。2022年，污染物排放总量同比下降1.39%、万元产值综合能耗同比下降5%，成为河南省唯一入围"2022中国企业碳中和贡献力50强"的企业。

## （二）平煤神马转型升级的经验与做法

### 1. 以煤为基：提高煤矿智能化建设水平

平煤神马聚焦传统产业赋能提效，以数字化转型战略为引领，围绕智能矿山、智能工厂、智慧企业三大业务板块，打造工业互联网平台，大力推进企业数字化建设。

在智能矿山建设上，平煤神马以大数据、云计算、物联网等新一代信息技术为依托，以综采智能化、综合自动化、生产可视化、数据网络化为抓手，打造了河南省首个井下"5G+"智慧矿山。率先采用矿用隔爆兼本质安全型轨道式巡检机器人代替人工巡检，在已组集中出煤巷安装 AI 智能识别保护控制系统，在煤楼皮带运输创新实施"物联网+云通信"技术，对数百米井下的设备进行无线远程控制，实现井上井下 5G 网络调度一体化通信。

在智能工厂建设上，平煤神马以互联互通、提质增效为核心，聚焦洗选、焦化、尼龙、化工四个领域，利用物联网和设备监控技术加强信息管理，掌握产销流程，实现生产过程的质量检测与轨迹追踪，减少生产线上的人工干预，即时准确地采集生产线数据，从而提高操作水平与工作效率，构建了高效节能、绿色环保、全透明的工厂。

在智慧企业建设上，平煤神马将 5G、区块链等新一代信息技术与产业深度融合，推动管控资源系统整合、业务流程再造、组织结构重组、管理模式创新，构建一体化经营管控体系。同时，加快大数据中心建设，构建大数据及信息安全云平台，形成全面感知、实时互联、分析决策、自主学习、动态预测、协同控制的智能系统，打造集团"工业大脑"，实现各个环节可视、可测、可控、智能，提升集团管理水平。

2. 聚焦高端：从一煤独大到三足鼎立

平煤神马以煤为本，多条产业链协同发展，构建了煤焦、尼龙化工、新能源新材料三大核心产业体系，打通了煤基尼龙化工、煤基硅材料、煤基碳材料三条产业链。通过优化升级煤焦产业，持续放大尼龙化工产业规模效应；使用焦炉煤气提取的氢气，开发出高纯硅烷、半导体芯片硅料等高新技术产品；大力发展光伏产业，完善硅碳材料产业链条，进入锂电及全钒液流电池等储能领域。

平煤神马以产业链延伸、产业协同、产业配套发展为主线，扩大市场规模，发挥经济效应，促进产业链上下游企业生产、发展和聚集，提高资源配置效率，提升产业价值链水平。通过建设主业突出、产业链完整、竞争力强的产业集群，使产业向新、向高、向优转变，向产业链终端和价值链高端迈进，为集团高质量发展赋能。

3. 绿色转型：助力集团发展底色更绿

在绿色化发展路上，平煤神马勇当"碳"路先锋，在全国能源化工行业率先实施"污染物近零排放五年行动"，在全煤行业率先成立碳达峰碳中和工作领导小组，制定碳资产管理、碳排放权交易制度，成立碳资产管理中心，搭建企业碳管理信息化平台，积极争取国家绿色债券和绿色发展基金，把"双碳"纳入高质量发展全过程。

平煤神马在煤焦、尼龙化工、新能源新材料三大板块对标国家和地方污染物控制最严标准，果断关停并转污染程度重、装备水平低的产业项目和"两高"企业，主动淘汰煤炭落后产能。以风、光、储及瓦斯发电为重心，积极开展新型能源体系建设，创建绿色企业、光伏绿能矿山、绿能工厂。同时，运用新一代信息技术，推动重点行业技术升级、设备更新和绿色低碳改造。建成投用环保节能数据监测监控平台，实现全天候监控、全流程监管，使集团节能环保产业实现跨越式发展。

## 二 中信重工机械股份有限公司

中信重工机械股份有限公司（以下简称"中信重工"）前身为洛阳矿山机器厂，是国家"一五"期间兴建的 156 项重点工程之一，历经 60 多年的重型机械制造建设与发展历史，现已成为世界上最大的矿业装备和水泥装备供应商和服务商，中国最大的重型装备制造企业之一，被誉为"中国工业的脊梁，重大装备的摇篮"。近年来，中信重工牢牢抓住数字经济发展的机遇，大力推进智能制造、产业数字化、"5G+工业互联网"创新应用，加快产业转型升级，从传统制造业企业成功转向智能化企业，为其他传统制造业企业提供了创新转型的实践经验。

### （一）中信重工转型升级成效

#### 1. 聚焦主业，产品层次不断提高

中信重工聚焦四大核心业务，在矿山及重型装备方面，培育了 10 多项具有国际先进水平的核心产品，建成世界级大型铜钴矿项目。在机器人及智能装备方面，研发形成"矿山重大灾害风险防控平台系统"解决方案，"5G+智慧煤矿全流程解决方案"项目取得突破，特种机器人制造智能化工厂项目得到全面推广。在新能源装备方面，成立漳州海上风电基地，聚焦"海上+陆上"风电市场，探索"能源开发+装备制造"发展模式，取得了市场销售、基地建设、产品制造的重大突破。在特种材料方面，核电产品实现向大型成套批量化突破，模具钢及一体压铸实现批量化突破。中信重工通过品质提升、绿色发展、智能升级、服务转型和海外拓展等途径，巩固提升了传统重型装备产业竞争新优势，实现企业动能转换的高质量转型发展。

2. 数智赋能，企业发展提质增效

中信重工自主研发的矿山装备工业互联网平台，为用户提供远程运维监测、预测性维护等智能化服务，并入选国家级试点示范。已接入国内多家矿山龙头企业的价值数十亿元的 248 台核心矿山装备，整体接入骨料线、碎磨浮选线等多条产线；开发应用磨机智能控制、衬板磨损在线检测等 17 个工业 App 和 36 个工业机理模型；对外开放了 38 个工业微服务组件和 52 个 API 接口。"5G+智慧工厂"项目获评国家制造业与互联网融合发展试点示范、国家工业互联网试点示范项目、河南省首批智能制造标杆企业等荣誉。"5G+工业互联网"的离散型重型装备智能工厂项目，成为河南省唯一两次获评国家工业互联网试点示范的企业。

3. 创新驱动，核心技术自主可控

中信重工坚定不移实施创新驱动发展战略，致力于突破"卡脖子"关键技术。公司研制的最大规格 LGMS6027 矿渣立磨投产，标志着中信重工全面掌握超大规格立磨核心技术；自主研制的全球最大 GPYJ900-12W 盘式过滤机成功试车，标志着公司尾矿干堆过滤机在矿山应用领域取得新突破；自主研发制造的 14 米城市竖井掘进装备顺利施工，为未来地下空间规模化利用开辟了新路径。在特种机器人领域，中信重工目前已研制出履带式机器人平台、水下机器人平台、巡检机器人平台等 5 大平台、20 余种机器人产品，可广泛应用于消防、市政排水管网巡查、高电压等级变电站、井工煤矿等多种高危和特殊环境，国内市场占有率稳居第一。

## （二）中信重工转型升级的经验与做法

1. 聚焦主营方向，提升品牌影响力

中信重工坚持先进装备制造业的发展定位，瞄准高端制造，塑造了重型装备、新能源装备、工程成套、新兴业务四大板块，推动传统动能转型升级、培育发展新动能。重型装备板块是中信重工的"稳定器"和"压舱石"，公司固化长板优势，提高核心产品市场竞争力和市场占有率。新能源装备板块聚焦风电主机设备、关键部件等，不断提升订单获取能力。工程成套板块聚焦大型工程成套、建筑施工服务等业务，帮助公司实现"从制造型企业向高新技术企业转型，从主机供应商向成套服务商转型，从内向型企业向国际化企业转型"三大战略转型。新兴业务板块聚焦做精机器人及智能装备等业务，拓展新领域、开发新市场、突破大订单。

中信重工坚持生产高质量产品，在做好质量文化培育的同时，引导员工积极参加质量改进活动，对标全球矿业服务业领先企业，制订对标改进计划，补齐质量管理短板，建立重大装备高端定制质量管理机制，打造中信重工制造金字招牌。在质量生态思维的带动下，公司品牌影响力和品牌价值不断提高，成为高端装备制造行业"中国实力、中国品牌"的代表，推动民族装备制造走向世界。

2. 部署 5G 工业网络，赋能行业数字化转型

中信重工将数字化、智能化融入生产管理全过程，打造离散型精细化管控模式。依托 5G 专用网络，创新落地了"5G+数据采集""5G+特种机器""5G+AR 远程指导""5G+重装机械臂""5G+数字孪生"等 9 大 5G 应用场景。如"5G+数据采集"将车间 12 台大型机床数据通过 5G 联网分析，解决了生产数据收集的问题，打破了厂区数据"信息孤岛"，为生产决策提供了优化方案；"5G+重装机械臂"用真实的物理遥控器操控电脑里的数字样机，解决了重型设备操作安全问题。公司建设了基于三维数字化应用的设计、工艺、制造一体化协同模式，整合产品研发设计全过程数据，为生产制造和营销服务提供信息和数据支持，实现全流程数字化管理。中信重工紧抓"5G+"数字化升级改造，实现了人机物全面互联，有效提升了企业信息化和智能化水平，也为同类型离散型重工业制造业提供标杆，赋能行业企业。

3. 构建工业互联网平台，打造"核心制造+综合服务"新型模式

中信重工打造了矿山装备工业互联网平台，可实时看到设备在矿山的运行情况和数据；研发了与主机配套的智能化模块，形成了具有自主知识产权的选矿厂、水泥厂和大型骨料线全流程智能化解决方案，为用户提供设备上云、数据采集、远程运维、故障诊断等全方位物联网服务。通过工业互联网平台建设，中信重工构建了产品全生命周期的服务体系、产品远程运维及智能化改造服务体系，为用户提供装备全生命周期的服务，推动了企业从典型的产品制造向产品全生命周期服务延伸，利润来源从单一的销售产品向提供"产品+服务"的新型价值体系转变，从单纯的制造型企业向服务型制造解决方案供应商转型，促进了中信重工"核心制造+综合服务"的新型商业模式的发展。

### 4. 加大研发投入力度，强化技术创新主体地位

中信重工从 2005 年起，每年将销售收入的 5%～7% 投入研发，致力于突破"卡脖子"关键技术。2022 年，研发费用为 6.36 亿元，研发投入强度达到 7.2%，研发费用同比增加 1.2 亿元，研发投入强度较上年增加了 0.36 个百分点。中信重工充分发挥企业在自主创新中的主体地位，始终将创新作为发展的核心理念，建设国家级企业技术中心、国家级工程设计中心、矿山重型装备国家重点实验室、博士后工作站、院士工作站、众创空间等研发创新平台，建立数字模拟实验平台、国际技术平台和 4CP/ERP 信息平台，大力实施"金蓝领工程""首席技术专家"等制度，完善鼓励创新、宽容失败的容错机制。同时，形成产学研用供有机结合的自主创新机制，培养企业急需的科研人员、技术技能人才与复合型人才，承担起科技创新的"出题人"、牵头人角色，发展多个主体、多种技术、多头资本共同参与的新业态，引导和支持技术创新。

## 第三节　河南培育壮大优质企业的做法与经验

近年来，河南以制造业高质量发展为主攻方向，坚持制造立省、制造强省，围绕重点产业领域和产业链，加快构建现代化产业体系。河南坚持培优企业与做强产业相结合，聚焦政策惠企、服务助企、环境活企，多措并举，在企业培育和转型升级方面取得了明显成效，形成了一批行业领军企业、专精特新"小巨人"企业和制造业单项冠军企业。因此，有必要及时总结优质企业培育壮大的成功经验和做法，做出表率，形成引领示范作用，以期建设世界一流企业，营造全社会合力培育优质企业的良好氛围。

### 一　不断完善创新政策支持

#### （一）实施制造业"头雁"企业培育行动

近年来，河南加快建设先进制造业强省，提升企业竞争力和综合实力，有目的、有计划地开展制造业"头雁"企业培育行动。2020 年，《河南省推动制造业高质量发展实施方案》明确提出实施"头雁"企业培育计划，要求做强龙头企业，培育制造业单项冠军企业；2021 年，《河南省制造业头雁

企业综合评价管理办法（试行）》构建了制造业"头雁"企业绩效评价机制；《河南省"十四五"制造业高质量发展规划》提出要做强做优"头雁"企业，培育千百亿元级"头雁"企业，发挥"头雁"企业引领作用。2022年，《河南省制造业头雁企业培育行动方案（2022—2025年）》提出到2025年，力争新增千亿元级企业2~3家、百亿元级企业20家左右、10亿元级新兴企业100家以上，带动5000家以上专精特新中小企业融通发展，形成一批千万亿元级产业集群、现代化产业链。在政策支持下，河南把培育制造业"头雁"企业放在更加突出的位置，并给予组织、资金、要素、金融、人才保障，以增强龙头企业创新引领力、市场主导力、群链带动力。

### （二）建立优质中小企业梯度培育体系

中小企业是支撑经济发展、带动就业的重要力量，也是建设现代化经济体系、实现经济高质量发展的重要基础。河南高度重视引导中小企业走专精特新发展道路，着力构建优质中小企业梯度培育体系。《河南省"十四五"制造业高质量发展规划》指出，要培育专精特新中小企业并完善培育库。《河南省"十四五"战略性新兴产业和未来产业发展规划》提出要支持符合条件的高成长性中小微企业上市，在细分领域培育一批专精特新"小巨人"、单项冠军、隐形冠军和"瞪羚"企业等；《支持"专精特新"中小企业高质量发展政策措施》提出支持各地制定培育和扶持措施，推动中小企业向专精特新方向发展。《河南省优质中小企业梯度培育管理实施细则》进一步完善由创新型中小企业、专精特新中小企业和专精特新"小巨人"企业三个层次组成的优质中小企业梯度培育体系，激发涌现更多专精特新中小企业，实现高质量发展。

### （三）推进企业上市五年倍增行动

作为经济增长的"活力之源"，上市公司对区域经济的发展意义深远。2021年，河南省政府印发了《关于进一步提高上市公司质量的实施意见》，提出推动上市公司做优做强，提高上市公司源头质量，扩充上市后备企业队伍，畅通上市"绿色通道"，推动混合所有制改革试点企业、制造业"头雁"企业、专精特新"小巨人"企业等优质企业上市。2022年，《河南省推进企业上市五年倍增行动实施方案》提出要加强上市后备企业资源库建设、推进企业股份制改造、加大上市公司培育力度等，力争在5年内每年新增境内外上市公司20家，实现河南省上市公司总数突破200家。自2020年以来，河南累计新增上市公司38家，其中，A股首发上市企业30家、港股上市企业7家、外省迁入企业1家，包括13家专精特新"小巨人"企业。新增上市企业中，信息技术、生物医药、新材料、新能源、新科技等行业企业占大部分，其余企业来自食品、房地产、物流、公用事业等领域，助力实体经济实现高质量发展。

## 二　大力培育企业家群体

### （一）注重激励引导，激发企业家创新精神

企业家在引领产业变革、促进经济发展、创造就业岗位的过程中起到了重要的推动作用。大力弘扬企业家精神，激发企业家创新创业创造的活力，调动企业家积极性、主动性、创造性，有利于企业家成为市场蓬勃发展的最活跃因子。一是运用精神激励。通过举办"河南省优秀企业家""河南省优秀（杰出）民营企业家""河南省民营经济'出彩河南人'年度人物和标兵""河南社会责任企业暨社会责任突出贡献企业家"等表彰大会，选树一批在我国经济社会发展中做出突出贡献的杰出企业家代表和先进模范，增强企业家荣誉感和责任感，为新一代企业家树立楷模，激发干事创业热情，营造尊重、支持、关爱企业家的良好氛围。二是邀请企业家参政议政。在涉企政策制定时，充分听取企业家意见建议，确保各项政策措施直达基层、直接惠及企业。鼓励优秀企业家担任人大代表和政协委员，聚焦行业发展痛点、难点和重点问题建言献策，提升企业家话语权。三是加强舆论引导，利用新闻媒体报道宣传优秀企业家自主创业、兴办实体的先进事迹和突出贡献，开展优秀企业家进企业、进校园等巡回宣讲活动，树立积极正面形象，扩大社会影响力。

### （二）开展教育培训，提升企业家素质能力

河南依托新时代中原民营企业家"百千万"培训计划，通过高端培训、专题培训、普惠培训，分层分级分类开展企业家培训，培育一批敢为人先、敢走新路、敢创新业、富有家国情怀的行业龙头型领军企业家、创新引领型骨干企业家、潜力发展型成长企业家。同时，各地积极探索具有地方特

色的企业家培训模式，如洛阳年轻企业家素质提升行动专题培训、南阳企业家学院、平顶山市百名企业家培训工程等，为区域产业高质量发展培育高素质企业家队伍。此外，通过赴国内外知名高校、世界一流企业集中培训、考察调研，利用专家授课、案例剖析、观摩交流等形式，提升企业家经营管理能力、解答企业发展困惑、对接企业科研需求，带动了产业链上下游转型升级。

### （三）搭建交流平台，增强企业家共赢意识

企业家之间的市场信息、管理经验、思想文化交流对提高企业家经营管理水平发挥着重要作用。目前，河南已经形成了多层级、多模式的企业家合作交流平台，如河南省企业联合会、民营企业新春峰会、企业家高峰论坛、工商联座谈会、专精特新企业家交流会以及不同行业的专场交流会等，为企业家搭建信息共享、资源整合、交流沟通、合作共赢的平台，实现思维碰撞，收获友谊商机，促进深度合作。

### 三　创新企业服务方式，优化营商软环境

### （一）推进"万人助万企"活动

河南省坚持服务企业就是服务全省工作大局的理念，深入开展"万人助万企"活动。一是构建助企平台，整合优质服务资源，调度全省各级助企服务官，密切关注重点企业资金、用工等要素保障情况，为企业提供财税、投融资等服务。二是组织各级干部下沉一线，为企业送政策、送法律、送专家、送服务等。郑州市6027名助企干部深入包联企业解难题、通堵点、办实事，累计解决问题13013个，推动了企业健康发展、经济提质增效。三是推进各项重点工作，服务"三个一批"重点项目、支持企业研发创新、推动技术革新改造、提升制造业产业链、帮助民营和中小微企业等，为企业办实事、解难题、谋发展，把"万人助万企"活动重点放到提升产业链现代化水平上来，助推企业持续健康发展。

### （二）优化营商环境

营商环境是"硬实力"，企业和经济的高质量发展离不开优质的营商环

境。近年来，河南把优化营商环境作为建设现代化河南的基石，把服务企业发展作为营商环境建设的根本出发点和落脚点。一是出台了《进一步优化营商环境更好服务市场主体实施方案》《河南省优化营商环境创新示范实施方案》《河南省营商环境优化提升行动方案（2022 版）》等系列制度措施，有利于激发河南省市场活力，增强发展内生动力，打造市场化、法治化、国际化营商环境。二是深化"放管服"改革。通过构建亲清新型政商关系，营造"审批最少、流程最优、体制最顺、机制最活、效率最高、服务最好"的"六最"营商环境，建设有利于企业发展和企业家成长的良好生态。例如，商丘市民权县推进政务服务数字化改革，为企业提供更加智能化、精准化、个性化的政务服务；漯河市在政务大厅设立"企业开办专区"，帮助企业申办证照，提高受理审批效率，实现企业登记注册便利化；邓州市税务局积极推行"远程帮办、问办合一"的"非接触式"办税服务新方式，帮助纳税人第一时间解决办税难题等。三是加大资金支持力度，减轻中小企业房租、水电费等负担，落实各项减税降费退税政策，兑现"应上尽上""应享尽享""免审即享"，助力企业破解生产经营中的共性问题、深层次问题、老大难问题，帮扶企业纾困解难。

## 四 创新招商模式，搭建产业链合作平台

### （一）绘制产业链图谱，打造招商新模式

河南推动各地编制完善产业链招商图谱，突出产业链集群招商、龙头企业链式招商、股权投资招商、市场规模和物流枢纽优势招商，承接国内外产业转移，引导上下游企业落地，形成产业发展集群效应。例如，濮阳重塑升级产业链图谱，把产业链图谱招商运用到招商引资实践中，通过引进风能、氢能等的龙头链主企业，以商招商形成产业集聚，推动濮阳县风电装备制造全产业链发展。同时，谋划储备一批招商项目，支持各地结合产业优势引进外向型项目和产业链补短板项目，提高产业链完整度。组织企业参加境内外线上线下商品展会，创新招商方式，打造合作新载体。

### （二）实行链长制打好"创新拳"

河南围绕重点产业链，以链长制为抓手，由省级领导兼任产业链链长，

按照方案"全景图"打好产业发展"创新拳"。总群链长负责总揽全省先进制造业集群重点产业链培育工作，群链长负责推动集群提质升级，组织研究产业政策、编制图谱清单、攻坚短板弱项等工作。如许昌、商丘、新野、南乐等市县率先探索链长制，重点梳理大型龙头企业产业链，形成一套班子一抓到底，通过强化项目支撑、实施精准招商、推进集群发展、培育创新人才，加快产业扩张和项目聚集。通过链长制，实现"五链"深度耦合，突出"项目为王"，建设产业集群和产业链重点企业、项目、载体平台，加强上下游沟通合作、协同配套，提升集群竞争力。

### （三）搭建上下游合作对接平台

河南不断深化产业链供应链上下游合作对接模式，创新区域间产业转移合作模式，探索科技成果跨区域转化合作模式，通过更高水平的对外开放促进更高层次的产业合作，打造更具活力的开放创新生态和更具竞争力的产业体系。如河南（郑州）产业转移发展对接活动、商丘银企对接平台、济源钢铁生产龙头企业与装备制造企业产销对接平台、河南省绿色食品产业发展大会等，促进了区域和国际深化合作，创新产业链招商和供应链招商等新模式，实现资源有效对接，汇聚企业合力。在上下游合作对接平台的赋能下，供需双方找准合作共赢结合点，切实缓解企业困难，推进创新协同发展，推动制造业产业链价值链向中高端攀升。

## 第四节　河南制造业企业升级的路径创新

制造业企业是经济社会发展的重要支撑和推动产业结构升级的底层力量，制造业高质量发展离不开企业这个市场主体的参与。在新发展阶段，河南制造业企业坚定不移实施换道领跑战略，推动传统优势产业向"风口"产业转型，促进产业集群发展、结构体系升级、技术路径创新、发展模式优化，以数字化为重要基石，向高端化、智能化、绿色化、服务化方向迈进，锻长板、补短板、固底板，促进制造业企业实现质的有效提升和量的合理增长，走出一条河南制造业高质量发展的创新之路。

## 一 引导大中小企业融通，形成集聚发展格局

### （一）打造企业融通发展的特色载体

大中小企业融通创新发展是释放大企业创新活力、激发中小企业创新潜力的有效渠道。要建设融通发展的特色载体，一是探索形成大中小企业数据联通平台和企业级工业互联网平台，大企业基于工业互联网平台与中小企业实现数据联通，带动中小企业"上云"融入产业链和生产运营体系，构建数字牵引下的大中小企业网络生态。二是大企业建立开放式赋能平台，引导中小企业通过网络化协作弥补单个企业资源和能力不足的问题，共享市场、信息、技术、人才等资源。三是搭建"线上+线下"一站式孵化服务平台和基地，推动大中小企业在创意设计、研发生产、市场营销、资金融通等方面的合作，构建全链条孵化体系。

### （二）完善产业链现代化水平

河南全方位延链补链、建链升链，加快补短板、锻长板。一是聚焦"国内外""上下游""左右岸"，深入调研各产业链国内外前沿技术、发展动向、市场走势以及上下游相关配套产业发展情况，找准河南省位置水平、厘清长板短板、研究主攻方向，绘制制造业产业链发展路线图。二是创新招商方式，通过产业链招商、以商招商、产业转移招商、展会招商等，招引原材料、辅料、零部件等上下游头部企业、链主企业、制造业单项冠军企业、专精特新中小企业和一些带动性强关联度大的项目，提升产业链上下游配套协同度。三是依托"万人助万企"活动，建立助企强链专班，多措并举帮助企业解决"急难愁盼"问题，通过外引内育、延链补链，攻难点、通堵点、除痛点，放大优势企业对产业链的带动作用，聚力打造链式发展生态。

### （三）形成优势特色产业集群

河南立足各地产业基础和优势特色，促进企业集群式发展，共享资源、节约交易成本，打造"区位品牌"。一是着力打造 7 大先进制造业集群，培育壮大 4 个国家级战略性新兴产业集群和 15 个省级战略性新兴产

业集群，构筑河南制造核心竞争优势。二是不断创新溢出扩散机制和产业链延伸机制，促进产业间、企业间构建密切的关联关系，形成"一群多链、聚链成群"的产业集群发展格局。三是打造优质企业梯队，龙头企业集中精力提升竞争优势，中小企业聚焦细分领域增强配套服务能力，通过建立专业化分工合作机制，实现资源合理分配，提高企业生产效率和经营效益。

## 二 强化基础设施建设，促进数智化转型升级

### （一）完善信息基础设施建设

一是要构建以 5G 通信网络为基础、以数据和计算设施为核心的新型基础设施体系，强化信息资源深度整合、畅通数据流，加快建设高速泛在、天地一体、云网融合、智能敏捷、绿色低碳、安全可控的智能化综合性数字信息基础设施，实现"物联、数联、智联"。二是进一步优化升级信息网络基础设施，运用新型网络技术和先进适用技术改造企业内网，在原有系统上叠加部署新网络、新系统，利用 5G、大数据、人工智能等技术对传统基础设施进行智能化改造，实施"双千兆"网络协同发展行动计划和 5G 应用创新行动计划，提升 IPv6 端到端贯通能力，构建多层次的计算基础设施体系。

### （二）强化数字赋能，打造数字型企业

制造业企业数字化转型是适应数字经济时代发展的新要求。一是树立数据驱动理念，借助数字化平台，将区块链、大数据、互联网、人工智能等先进数字技术运用到采购、生产、销售等各个环节，降低采购成本、实现大规模定制化生产、提供个性化品牌和服务，改变传统商业模式和业务模式。二是掌握数字经济领域的核心关键技术，以互联网思维重构生产要素，打造"5G+"创新应用，建设一批企业级"5G+工业互联网"平台和标杆工厂，形成数字化赋能解决方案，推动规上制造业企业数字化改造全覆盖，规下制造业企业数字化应用全覆盖，实现人才、技术、数据等创新要素的良性竞争，提升企业数字化能力。

## （三）主攻智能制造，打造智能工厂

以智能制造为主攻方向，实施智能制造工程。一是鼓励制造业龙头企业建设智能工厂、数字化车间、数字化生产线，通过头部企业示范引领，培育更多智能制造标杆企业和"灯塔工厂"。完善智能制造系统，对传统加工车间进行优化，推广应用智能装备，发展智能化生产链，打造智能制造新模式。二是打通企业在研发设计、加工制造、品牌营销、售后服务等各个环节的数据链，深入挖掘数据价值，开发轻量化、易维护、低成本的解决方案。同时，面向智能制造企业的发展需求，完善高技能工人培养、使用、评价、激励、保障机制，增强员工操作能力和工作效率，打造高层次智能制造人才队伍，助力企业智能化转型。

## 三　推动产业结构调整，引领企业高质量发展

## （一）改造传统产业，打造企业竞争新优势

一是立足市场发展需求，寻找新的市场机会和定位，如转向高附加值产品制造、绿色环保、智能制造等领域，利用智能设备推动生产环节变革，选择新发展方向。二是以高新技术为依托，推动信息技术服务与制造业深度融合，通过数字化和自动化技术来提高生产效率和品质，加快钢铁、有色、化工、建材、轻纺等传统产业向"绿色、减量、提质、增效"转型，攻克一批支撑传统产业转型升级的新技术。三是引导制造业企业生产与服务功能相结合，构建服务型制造的产业技术体系和现代服务型制造企业，鼓励探索现代服务业与先进制造业融合的新业态新模式，实现由传统设备供应商向综合服务供应商转型。

## （二）赋能高端制造，助力企业高质量发展

推动制造业高端化发展，是新旧动能转换的强力引擎。面对河南省高端产业少、产业链条短且多处于中低端、精深加工企业匮乏、高端产品供给不足的问题，可以从以下几个方面加以改善。一是引进开发高技术、高附加值产品和高水平、高标准项目，打造高精尖产品，向微笑曲线两端延伸，提升产品档次和附加值。二是坚持人才引领驱动，实施人才链、教育链、产业链、

创新链"四链"融合,打造人才引育平台,统筹推进企业家、经营管理人才、技术创新人才、卓越工程师、大国工匠、高技能人才、原创性顶尖团队等队伍建设,为制造业企业高端化转型提供人才保障。三是实施"品牌+标准+品质"升级行动,积极创建知名品牌,主持参与标准制定与修改,研发推广高性能新品,通过培育更多誉享全球的名品、名企、名产,提升企业形象,形成品牌影响力。

### (三) 践行"绿水青山"理念,打造绿色低碳企业

绿色化为制造业高质量发展提供价值指引,企业作为绿色转型的实践主体应做到以下几点。一是要树立绿色发展理念,淘汰企业内部高污染、高环境风险的工艺、设备与产品,增加新能源技术的研发和低碳环保产品的生产,推进企业用能方式向清洁能源转型。二是加大绿色共性技术的研发投入,突破清洁生产技术,推广节能环保减碳技术,优化企业绿色制造工艺和清洁生产流程,引导产品从设计到处置全过程清洁化转型。三是围绕碳达峰碳中和目标对企业绿色约束的要求,研究制定节能标准体系、政策工具和相关法律法规,着力打造绿色基地、绿色工厂、绿色园区、绿色供应链和绿色转型升级的示范标杆,以绿色低碳战略变革推动企业节能降碳目标实现。

### 四 贯彻新发展理念,提高科技创新研发水平

### (一) 强化创新引领,培养创新意识

创新是突破关键核心技术的第一驱动力。企业管理者作为企业的领头人,要转变思维观念,坚定不移贯彻新发展理念,在顶层设计上突出创新意识的重要性,瞄准市场多样化需求进行产品创新、技术创新、制度创新,加大对员工创新扶持力度,在全公司形成自主创新、自主研发的良好氛围。同时,积极参加高等院校研修、交流联谊等活动,更新知识结构、开阔眼界、培养创新素养、强化创新动力。员工作为企业自主创新的实践主体,要保持主动性和好奇心,拥有开放的心态,增强创新思维和探索新事物的能力,主动学习新知识、掌握新手段。此外,开展重点技术攻关,主动发现、主动创造、主动改进,敢于打破陈规、不畏常规,提高创新积极性。

## （二） 加大研发投入，攻克技术难关

大量的研发投入是企业开展创新活动的物质保障和动力源头，是拥有较高创新能力的前提。一是完善政策体系，颁布实施财税金融、科技品牌、科技计划、科技奖励等政策，增强政策的针对性、指导性、可操作性。拓宽融资渠道，统筹用好省级融资担保代偿补偿资金池，建立"政银担"联动机制，发挥省中小企业发展基金作用，多方面融资重视科技研发。强化资金支持，对各类科技型企业给予研发经费财政补助，落实税收减免政策，充分释放政策红利。二是引导企业加大研发创新投入力度，设立企业研究院、工程技术中心等创新载体，承担国家重大科技战略任务和省重大科技专项，主动布局企业未来发展的关键核心技术、原创性技术，提升技术攻关和储备能力。

## （三） 加强产学研用合作，提高原始创新能力

科技创新不能只依靠企业"单打独斗"，还需要整合各方优质资源，打破创新孤岛。一是推动形成以企业为主体、市场为导向、产学研用深度融合的技术创新体系，搭建开放、协同、高效的技术研发平台、创新战略联盟等，采取"联合开发、成果共享"的模式，开展前沿和关键技术攻关，掌握一批拥有自主知识产权的核心技术和产品，实现从0到1的突破，使更多创新成果走出实验室、进入产业链。二是加强基础研究前瞻性、战略性顶层设计，兼顾国家紧迫需求与河南省目标导向，布局一批基础学科研究中心，培养一批基础学科人才，探索引领性和独创性基础理论研究和前沿方向，提升基础研究能力和原始创新能力，突破"卡脖子"难题，形成原始理论和原创发现，促进基础研究、应用基础研究与产业化对接融通发展。

## 五 探索商业模式创新，促进多元化结构发展

## （一） 促进传统制造业服务化升级

在消费升级的背景下，顾客不仅关心产品的使用价值，更关心与产品相关的各种服务价值。推动传统制造业向服务型制造转型，是打造竞争新优势的重要途径，也是制造业企业寻求突破的一个重要方向。一是鼓励传

统制造业企业向服务业延伸，打造面向特定制造领域的服务型制造网络，形成基于云服务平台的大中小企业协同研发、制造、服务的产业组织结构，提升上下游产业链协同制造能力和效率。二是建设面向制造业的专业服务平台，完善研发设计、生产制造、定制化服务、供应链管理、全生命周期管理、信息增值服务和融资租赁等领域的公共服务，实现生产型制造向平台服务型制造转型，推动制造型企业从提供单一产品向提供"制造+服务""产品+服务"转变。

## （二）催生企业发展新业态新模式

如今，传统市场接近饱和，制造业企业不能再用"以产品定位市场"的运营管理模式来获取市场份额，而应转向"智能制造"和"定制化生产"等符合企业自身特点的新的可持续商业模式。一是要建立动态响应研发生产模式，运用大数据技术灵活分析市场需求，采用数字化手段拓展传统商业模式，在原有产品中融入智能化终端，创造高附加值产品。二是要推行个性化定制、服务型制造，培育生产服务、跨界融合的新模式，通过互联网采集用户需求，推进产品设计、生产和终端服务等环节的柔性化改造，催生智能化生产、工业互联网应用、柔性化定制、共享工厂、服务反向制造、工业文化旅游等新业态新模式。

## （三）开拓新市场探索多元化发展

作为地处内陆腹地的经济大省，开放发展是河南经济社会发展的重要抓手，开拓多元市场是河南制造业企业经济增长新引擎，河南制造业企业应做到以下几点。一是坚定不移实施"一带一路"倡议和"走出去"战略，加强国际合作，推动双汇、思念、三全、好想你等面、肉、油、乳、果蔬以及宇通集团的客车、中铁装备的盾构机、郑煤机的液压支架、卫华集团的起重机走出国门，紧抓跨境电商发展机遇，让传统产业"乘网出海"，打造多国家、多区域线上线下销售网络。同时依托国内市场，开展出口产品转内销，对接国内价值链、创新链，实现国际国内双循环。二是探索多元化发展路径，通过创新产品和技术，拓宽业务领域，扩大产品线和相关产业链，推出符合市场潮流和满足不同层次需求的产品，提升产品附加值和企业竞争力。

# 第五节　助力河南制造业企业成长的对策建议

制造业企业在我国经济体系中具有举足轻重的重要地位，是现代化产业体系不可或缺的重要力量。河南作为工业大省，制造业有着良好的发展基础，尤其是最近十年，河南省制造业企业量质齐升，规模不断扩大、产能不断增长，一些前沿领域开始进入"并跑""领跑"阶段。然而，与先进制造业强省相比，河南省仍处于价值链的中低端，关键技术和装备面临"卡脖子"的问题，产业链供应链现代化水平仍有很大提升空间。立足河南发展现状，建议因地制宜明确发展思路，采取针对性措施，在谋创新、促转型中强化企业培育，助力企业成长。

## 一　打造雁阵式集群，汇聚产业发展合力

一是立足洛阳、漯河、民权、长垣等地基础和优势，围绕装备制造、电子信息、食品、新能源新材料、生物医药以及化工等领域，培育洛阳动力谷、漯河食品城、民权制冷、长垣起重等一批优势产业集群和标志性产业链，提升品牌影响力和核心竞争力，加快链式集群发展。二是深入实施先进制造业集群培育行动，聚力打造七大制造集群，全方位延链补链、建链升链，加快补短板、锻长板。强化"头雁"企业引领作用，提升企业创新引领力、核心竞争力、群链带动力、成长支撑力，增强"头雁"企业对产业链上下游资源的掌控力；培育专精特新群雁，构建新雁阵产业生态系统，形成特色鲜明、配套服务完善、产业分工深化的先进制造业集群。三是探索创新招商模式和集群引进，通过基金招商、飞地招商、以商招商等特色招商方式，有针对性地招引产业链高关联配套企业、上下游企业、服务企业和补短板项目，提高产业链完整度，实现全产业链企业协同共赢、共同发展。

## 二　攻克硬科技难关，实施创新驱动战略

一是强化企业科技创新主体地位。支持龙头企业、链主企业牵头国内外高校、科研院所，共建高水平研究机构、产业技术协同创新研究院、创新联合体等，开展技术攻关；鼓励龙头企业"揭榜挂帅"，承担国家重大科

技项目、重大创新专项，攻克一批前沿技术和"卡脖子"关键核心技术；发挥龙头企业在产业链跃迁中"挑大梁"的作用，引导资源集聚、创新孵化和生态构建，推动企业成为技术创新决策、研发投入、科研组织、成果应用的主体。二是构建以企业为主体，政产学研用高效协同的创新体系，促进河南制造业产业集群和产业链上下游、大中小企业开放合作，集中创新力量突破一批产业共性技术和行业共性难题，加快科技成果转化，推广科技成果应用。三是深入实施创新驱动发展战略，打通从基础研究、应用研究到创新产业的全链路，实现由技术依赖到自主创新的转变；开展重点产业强链补链行动，实施工业强基和产业基础再造工程，鼓励制造业企业设备更新和技术改造，促进制造业数字化智能化。

### 三 畅通"七链"支撑，促进企业融通发展

一是以创新链、产业链、供应链、数据链、资金链、服务链、人才链"七链"为支撑，引导大型企业开放场景应用，共享生产要素，搭建交流、展示、对接、服务等共性平台，支持中小企业进入龙头企业产业链供应链，精准补链强链，形成"以大带小、以小托大"的协同发展模式，构建大中小企业相互依存、融通创新的发展生态。二是建设企业数字融通创新平台，构建深度融合的集群协同创新网络。发挥大企业在产业链上的牵引作用，协同中小企业共同打造数字服务平台和工业互联网，提升中小企业以数字化融入大企业的能力，构建数字牵引下的大中小企业生态网络。三是构建优质企业梯度培育体系。培育一批具有产业生态主导力和锻长板优势的链主企业，带动形成一批有核心竞争力的单项冠军企业和专精特新"小巨人"企业，既要发挥好链主企业的带动引领作用，也要发挥好专精特新企业在产业链供应链关键环节补短板的优势，打造"行业领军企业+专精特新企业"推动科技创新的新模式新优势。

### 四 推进数智化转型，赋能绿色低碳发展

一是深入实施数字化转型战略。将互联网、云计算、大数据、人工智能等新一代信息技术嵌入生产各环节，打造"研发+生产+供应链"的数字化产业链，实现上下游供需数据对接和协同生产，打造数字孪生企业；加快工业互联网创新平台建设，推动企业、工业设备和业务系统上云上平台，

形成一批可复制、可推广的数字化解决方案。二是支持企业引进开发智能制造先进技术，利用新技术、新装备、新材料加快研发高端智能装备产品，实现智能化技术改造和装备迭代升级；实施智能制造引领工程，建设一批智能车间、智能工厂、智能制造标杆企业和公共服务平台，打通生产现场数据、企业管理数据和供应链数据，为企业智能化决策提供支撑。三是贯彻落实绿色低碳发展理念，创建绿色工厂、绿色园区，在企业全面推行生产清洁化、工艺绿色化、能源资源利用集约化等绿色化改造，淘汰落后装备和工艺，大力推广节能环保装备、工艺、技术和绿色解决方案，提供绿色产品和服务。

## 五　弘扬企业家精神，壮大民营企业家队伍

一是引导民营企业家弘扬爱国守法、勇于创新、诚实守信、勇担责任、艰苦奋斗、聚焦实业、做精主业的精神，不断激发创新活力和创造潜能；加大优秀企业家评选表彰力度，开展企业家进企业、进校园等活动，总结推广富有中国特色、顺应时代潮流的企业家成长经验，发挥示范带动作用，塑造豫商精神。二是加强民营企业家队伍建设。依托省、市、县三级培训体系，通过集中培训、专题研讨、参观考察等方式组织企业家开展理论、政策、法规、管理、科技学习，提升企业家经营管理水平；鼓励实施新生代企业家培育行动、举办新生代和青年企业家骨干培训班和联谊会等，推动新生代企业家队伍整体素质能力提升。三是支持引导民营经济发展壮大。发挥政府引导基金和创投基金投早投小作用，吸引更多民间投资参与重大工程、重点产业链供应链项目建设；搭建企业服务平台，建立"政策服务包"制度；支持民营企业向专精特新和高精尖方向发展，完善专项培育计划和梯度培育体系；发挥工商联联系民营经济人士的桥梁纽带作用，支持民营企业走出去，构建根植本土、内外融合的跨境产业链。

## 六　优化营商软环境，完善产业发展生态

一是完善政策扶持体系。出台相关政策举措和企业培育计划，落实关于创建一流制造业营商环境的各项重点任务；加大政策宣讲力度，为企业提供"一对一"精准服务，让广大民营企业真正知晓政策、读懂政策；及时兑现减税降费、普惠金融等惠企政策，推动制造业政策制定市场化、精

准化、生态化。二是推动"万人助万企"活动纵深开展。推行"保姆式""贴近式""零距离"服务，收集汇总企业问题和诉求，列出清单，分类施策，变"企业找政策"为"政策找企业"，帮助企业纾困解难。三是营造公平竞争的市场环境。深化"放管服"改革，放开民营企业市场准入，开展隐性壁垒清查整顿行动，保障民营企业平等进入负面清单以外的行业、领域和业务；构建亲清政商关系，畅通政商沟通渠道，为民营企业提供反映利益诉求的合理路径；搭建资源互动耦合的产业平台和公共服务平台，畅通供需对接渠道，促进企业间有效对接合作；健全法制环境，推动相关法律法规立改废释，保护民营企业产权和企业家权益，严格依法行政、依法监督。

# 第十四章　河南县域制造业竞争力
# 持续提升

　　天下之治始于县，县域是承接产业转移的重要阵地，产业强则县域强，县域强则省域强，县域制造业竞争力的提升对县域高质量发展至关重要。河南县域经过 30 年的发展，在厚积底气的同时，实现了从平稳起步到驶入快车道的跨越式发展，夯实了县域高质量发展的基础。河南县域数量多、地域广，县域经济的发展决定着全省经济发展，关系着现代化河南建设的实现程度，在全省发展大局中举足轻重。制造业是县域经济发展的核心，是推动县域经济"成高原"的关键力量，也是河南制造业高质量发展的重要基石。河南省委、省政府高度重视县域制造业的发展，把县域制造业发展作为统筹城乡协调发展的重要载体，加快推动河南县域制造业高质量发展，谱写中国式现代化建设河南实践的县域新篇章。

## 第一节　河南县域制造业发展现状

　　河南是人口大省、农业大省，同时也是工业大省，河南工业门类齐全，体系完备，制造业总量始终保持在全国前列，逐步推动高质量发展。截至 2022 年，河南省共有 102 个县（市），县域面积约为 14.09 万平方公里，占全省面积的 84.37%，县域人口众多，常住人口占比近七成，县域经济的发展在全省发展过程中始终占据重要地位，为全省高质量发展和现代化建设做出了重大贡献。近年来，随着河南工业的快速发展，县域制造业的发展稳中向好，产业转型升级取得成效，形成了一批极具地方特色的县域产业集群，优势企业提质增效成效明显，带动县域制造业高质量发展。

## 一　县域发展整体稳中向好

河南全省 102 个县划分为四个不同的经济区域（见表 14-1），经济总量、产业结构、工业化程度、城市化水平都有所不同。作为统筹城乡区域协调发展的重要基石与载体，县域发展直接影响全省经济发展的规模和水平。在地区生产总值（GDP）方面，河南县域 GDP 总量一直保持正增长。近年来，随着经济社会的快速发展，县域经济增长迅速，2022 年河南全省县域 GDP 总量约为 36728.52 亿元，排在江苏省之后，居全国第二位，县均 GDP 约为 360 亿元，排在江苏、浙江、山东和福建之后。2022 年全省县域 GDP 总量相较于 2008 年的 12136 亿元增长了 202%，这期间，全省县域 GDP 总量一直保持正增长，增速围绕河南省 GDP 增速上下波动，并逐渐减缓。在人均 GDP 方面，2022 年全省县域人均 GDP 为 54376 元，相比 2008 年的 17177 元增长了 217%。这期间，县域人均 GDP 增速波动较大，但整体趋势与河南省人均 GDP 增速保持一致，整体呈现放缓趋势。

表 14-1　河南省县域经济分布情况表

| 经济区域名称 | 区域范围 | 区域特点 |
|---|---|---|
| 郑州都市圈<br>（含中原城市群） | 郑州市：中牟县、巩义市、荥阳市、新密市、新郑市、登封市 | 位于河南省中部区域，是河南省经济发展龙头，以郑州为中心，包括洛阳、开封、新乡、焦作、许昌、平顶山、漯河在内的城市密集区，这些城市距离中心城市郑州大都在 100 公里以内。该区域内矿产资源丰富，工业门类齐全，交通便利，全省 90% 以上的高等院校聚集此地，区位优势显著，发展基础较好 |
| | 开封市：杞县、通许县、尉氏县、兰考县 | |
| | 洛阳市：新安县、栾川县、嵩县、汝阳县、宜阳县、洛宁县、伊川县 | |
| | 平顶山市：宝丰县、叶县、鲁山县、郏县、舞钢市、汝州市 | |
| | 许昌市：鄢陵县、襄城县、禹州市、长葛市 | |
| | 漯河市：舞阳县、临颍县 | |
| | 焦作市：修武县、博爱县、温县、沁阳市、孟州市、武陟县 | |
| | 新乡市：新乡县、获嘉县、原阳县、延津县、封丘县、卫辉市、辉县市、长垣市 | |

续表

| 经济区域名称 | 区域范围 | 区域特点 |
|---|---|---|
| 黄淮经济区 | 商丘市：民权县、睢县、宁陵县、柘城县、虞城县、夏邑县、永城市 | 位于河南东南部，与湖北、安徽和山东相邻，包括驻马店、商丘、周口和信阳4市，以平原为主，河网密布，农业发展条件优越 |
| | 信阳市：罗山县、光山县、新县、商城县、固始县、潢川县、淮滨县、息县 | |
| | 周口市：扶沟县、西华县、商水县、沈丘县、郸城县、太康县、鹿邑县、项城市 | |
| | 驻马店市：西平县、上蔡县、平舆县、正阳县、确山县、泌阳县、汝南县、遂平县、新蔡县 | |
| 豫西、豫西南经济区 | 三门峡市：渑池县、卢氏县、义马市、灵宝市 | 位于河南西南部，与山西、陕西和湖北相邻，包括三门峡和南阳，工业有一定基础，煤炭、有色金属资源比较丰富 |
| | 南阳市：南召县、方城县、西峡县、镇平县、内乡县、淅川县、社旗县、唐河县、新野县、桐柏县、邓州市 | |
| 豫北经济区 | 安阳市：安阳县、汤阴县、滑县、内黄县、林州市 | 位于河南北部，与山西、河北和山东相邻，由安阳、鹤壁、濮阳组成，工农业基础较好，油气、煤炭资源比较丰富 |
| | 鹤壁市：浚县、淇县 | |
| | 濮阳市：清丰县、南乐县、范县、台前县、濮阳县 | |

资料来源：《中国县域统计年鉴》。

从县域三次产业结构来看，县域产业结构演变趋向合理，2021年河南省县域第一产业占比13.6%，第二产业占比42.8%，第三产业占比43.6%。从三次产业结构演变的趋势来看，2008年以来，河南县域第一产业占比不断下降，2013年以前第二、三产业占比基本保持平稳，2013年以后第三产业比重开始持续提升，相应的第二产业比重不断下降，到2020年，河南县域第二、三产业占比基本持平，2021年开始，河南县域第三产业占比首次超过第二产业，呈现"三、二、一"结构。2021年，河南县域第二产业增加值占全省第二产业的比重为57%，比2020年低3个百分点，比2010年低10个百分点左右；2010年以来，河南县域第二产业占全省第二产业比重基本保持在60%左右。2021年，河南县域规模以上工业企业达到14591家，占全省20133家的

72.47%，第二产业是县域经济增长的主要动力，是推动县域高质量发展的重要支撑。

## 二 百强县综合竞争力提升

百强县是县域经济发展的标杆，在县域高质量发展的竞争态势下，河南在推进县域经济"成高原"的过程中，聚焦县域发力打造百强县，实现河南县域高质量发展。百强县的产业体系构建较为完善，特色主导产业和新兴产业发展较快，已经具备吸引各种资源要素的能力，能够推动县域高质量发展。近年来，河南县域发展较快，百强县总体发展排名靠前。赛迪百强县榜单基于全国县域发展的经济实力、增长潜力、富裕程度、绿色水平4个指标，综合评价全国1800多个县域。2021年，河南有7地入围百强县，分别为巩义市（第45位）、新郑市（第49位）、济源市（第58位）、永城市（第64位）、新密市（第68位）、荥阳市（第74位）、汝州市（第93位）。2022年，河南有6地入围，分别为巩义市（第45位）、新郑市（第56位）、永城市（第60位）、济源市（第71位）、新密市（第74位）、汝州市（第94位），数量排在第六位。总体来说，河南百强县的数量总体排名比较靠前，县域经济竞争力稳步提升。依据中国县域工业竞争力评价体系测算中国工业百强县，2021年发布的《中国工业百强县（市）、百强区发展报告》中，河南有7个县（市）入围工业百强县，依次为巩义市（第42位）、长葛市（第48位）、禹州市（第51位）、新郑市（第62位）、济源（第68位）、孟州市（第80位）、新密（第93位）。2022年河南入围百强县的有5个县（市），依次为巩义市（第41位）、长葛市（第42位）、禹州市（第65位）、新郑市（第70位）、济源（第81位），巩义市和长葛市排名上升，县域工业竞争力不断增强。依据制造业百强县（市）竞争力评价体系测算中国制造业百强县，2022年中国制造业百强县（市）规模以上制造业产值之和达15.24亿元，占全国规模以上制造业总产值的比重达到13.52%，规模以上制造业产值总体增速超过20%，高于18.8%的全国平均水平，制造功能凸显。从省份分布来看，江苏省有21个县（市）入围中国制造业百强县（市），居全国第一位；浙江省有17个县（市）入围，排在第二位；山东省有14个县（市）入围，排在第三位；河南省有10个县（市）入围，排在第四位，依次为济源市（第29位）、巩义市（第40位）、新郑市（第 52 位）、禹州市（第 60 位）、永城市（第 69 位）、长葛市（第80 位）、林州市（第 86 位）、新密市（第 94 位）、荥阳市（第 96 位）、叶县（第 98 位）。由此可见，河南县域制造业发展排在全国前列，县域制造业逐步实现高质量发展。河南百强县的数量和质量综合竞争力稳步提升，县域经济高质量发展的成色越来越足，有力推动河南从县域发展大省向县域发展强省跨越。

## 三　产业转型升级稳步推进

近年来，河南县域制造业实现了跨越式发展，规模以上工业产值有60%以上由县域工业发展贡献。河南各县域积极推进新旧发展动能转换，各县域立足自身资源和优势，因地制宜发展县域特色产业，积极推进河南县域制造业转型升级。巩义市立足本地资源禀赋、产业基础和区位条件等，结合发展趋势，发挥比较优势，构建极具县域特色的现代化产业体系，加快发展优势主导产业，持续推动传统产业优化升级；制定发布《巩义市制造业高质量发展实施意见》，多措并举精准施策，加快改造工业企业技术，进一步推进智能化绿色化改造，调整优化县域产业结构，加快新旧动能转换，推动县域制造业发展提质升级。太康县的锅炉产业发展较快，由传统的燃煤锅炉转型为燃油燃气的环保节能锅炉，产品结构转型升级，推动太康锅炉制造业转型升级；太康县从智能化、绿色化、技术化和品牌化等入手开展"四大改造"，持续推进主导产业转型升级，同时设立政府产业专项投资基金，拓宽县域融资途径，进一步推动太康县主导产业转型升级发展。中牟县主要发展县域产业，结合自身产业基础，进一步融入郑开同城化发展战略，持续推动中牟县高质量发展；依托汽车产业集聚区，拓展汽车相关产业链条，进一步发展智能网联和新能源汽车，吸引相关汽车制造业企业加入，实现以汽车制造为主体的先进制造业转型升级，实现弯道超车；中牟县抓住国家战略发展机遇，坚持新发展理念，优化产业结构，加快产业转型升级，推动中牟工业大县高质量发展。

## 四　特色产业集群发展取得成效

特色产业集群是提升县域竞争力的关键抓手，《河南省"十四五"招商引资和承接产业转移规划》提出要把"产业集群化发展"作为核心目标，以特色产业集群化发展推动河南省县域协调发展。河南各县域以产业集聚区为载体，抢抓产业发展机遇，特色产业集群发展取得了显著成效。河南各县域因地制宜，围绕特色主导产业，积极推动特色产业集群形成与发展，持续发展壮大特色产业，进一步推动县域特色产业转型升级。河南持续推进县域产业集聚区承接产业转移，打造县域特色产业集群，通过集聚资源降低成本，进而提高县域产业高质量发展的竞争力。内乡县以产业集群式发展为主动力推动工业转型发展，加大对龙头企业的培育力度，持续发展壮大企业群体，打造一批带动能力较强的产业集群，进一步推动县域产业高质量发展。淮滨县利用自身独特的地理优势和资源优势，培育形成一批特色产业集群，如纺织服装、船舶制造、食品加工等产业集群，推动淮滨县制造业高质量发展。禹州市围绕中医药主导产业，进一步发展生物制药、中药保健等现代医药产业，延伸发展相关产业，形成医药特色产业集群，集聚发展动能，推动禹州主导产业集群形成发展优势。睢县以市场为导向抢抓发展机遇，强化企业科技创新主体地位，围绕传统产业、制鞋产业、电子信息产业和新兴产业发展，培育形成 4 个极具特色的百亿元级产业集群，提升睢县制造业发展竞争力。

## 第二节　新发展阶段河南县域制造业高质量发展的特征

面对新发展形势，在新发展格局中找准定位，河南把县域高质量发展上升到省级战略层面，提升县域发展竞争力，推动县域经济"成高原"、展新姿。制造业高质量发展支撑着县域经济的高质量发展，河南持续推进县域制造业发展，重构以高质量发展为主题的新发展阶段。

### 一　现代产业体系成为核心竞争力

河南县域发展注重地方产业的发展，结合地方优势搭建产业平台，培育发展产业项目主体，延伸产业链，提升价值链，打造供应链，积极培育壮大地方优势产业集群，加快现代产业体系构建，提升县域制造业高质量发展的核心竞争力。宜阳县围绕航空装备、高端轴承、休闲食品、新材料、文旅文创等主导产业，全力打造"3+1+1"产业体系，加快推动高质量发展。叶县把产业作为强县的基础，找准产业发展方向，围绕尼龙新材料产业，构建产业链完整且集聚效应明显的尼龙新材料产业集群，提升产业集群竞争力，培育本地特色产业体系。临颍县依托"一体两翼、三区联动"构建了以食品加工主导产业，重点发展精密制造、板材家居、绿色装配式建筑的"1+3"产业体系，被誉为"中国休闲食品之都"。平舆县围绕皮革加工、建筑防水、休闲家具等主导产业发展县域工业经济，形成极具特色的多元化现代产业体系，提高县域产业竞争力，推动县域高质量发展。河南县域发展不断推进多链协同，推动产业链价值链向中高端发展，实现河南县域产业基础高级化，加快提升河南县域产业链的现代化水平，推动河南县域产业高质量发展。

## 二　多元创新融合成为发展新模式

河南县域发展逐渐向多元融合的方向创新发展，通过产业融合、产城融合和区域融合等方式，促进县域发展领域更广、格局更大、效率更优，多元创新融合发展已成为河南县域高质量发展的新特征。内乡县通过产业融合创新发展，构建生猪全产业链垂直整合以及横向集聚的产业融合发展创新格局，激发产业发展创新活力。淮滨县根据地理区位优势，战略布局"一港六区一廊道"发展格局，推动形成港产城融合发展，推动县域高质量发展竞争力提升。中牟县利用地理区位优势，参与"一带一路"建设，推进区域融合，构建区域开放协同发展新格局，吸引国内外优势品牌企业进驻中牟，提高开放水平。在新发展阶段，要强化践行新发展理念和融合思维，促进产业融合、产城融合以及县域内外部之间的区域融合发展，提升县域发展效能，推进县域制造业高质量发展。

## 三　数字化转型成为发展着力点

河南县域制造业以数字化转型发展为着力点，强链补链延链，激发龙头企业引领发展数字化转型，持续推动河南县域制造业高质量发展。河南县域制造业转型发展聚焦县域自身传统产业和特色主导产业，重点突破关键创新技术，进一步完善形成科技成果转化和技术交易系统，提升河南县域企业的技术创新能力，强化提升数字化应用水平。长葛市加快推进装备制造业的发展，打造中原电气谷建设电力装备产业集群，强化产业链延伸发展，结合自身产业创造新的岗位，进一步拉动县区劳动就业，从而带动上下游企业协同推进数字化转型发展。内乡县以数字经济为抓手，在原有的生猪产业链生态体系优势上，结合云行信联网技术服务和内乡农商行的特专精定位，推进实施生猪产业链数字化金融服务项目，利用大数据和物联网新技术结合产业发展，打造产业链智能数字平台，引领带动发展一大批数字化场景应用领先企业。河南各县域不断探索数字产业发展新模式，充分融合"互联网+产业"，适应数字经济变革转型发展的未来需要，带动传统产业转型升级，结合县域资源禀赋，加速数字转型升级，推动县域制造业高质量发展。

## 四　链式集聚发展成为升级新导向

链式集聚发展已成为河南县域产业升级的新导向，突出河南县域发展特色，不断优化产业布局，创新招商方式，进一步完善产业生态，优化发展环境，构建特色产业集群，在产业分工格局系统性调整中找准县域位置，推进河南县域高质量发展。河南各县域在发展过程中，以要素发展为基础构建产业创新生态体系，以数字化为抓手建设现代产业体系，以项目建设为重点提升产业层次，以创新招商方式为方向集聚产业集群发展。民权县强化制冷装备产业发展，强化链式整合创新发展，形成自身特色产业链发展模式，进一步创新产业发展生态，持续推进民权制冷产业提质增效高质量发展。淮滨县围绕纺织服装全产业链，招商引资吸引龙头企业进驻，构建纺织服装科技产业集群，推动淮滨县在全国纺织服装科技高端市场抢先发展的重要地位。平舆县围绕建筑防水主导产业，打造跨产业链升级的全产业链模式，推动研发和品牌建设，形成极具地方特色的防水产业集群。鹿邑县创新"区中园"发展模式，围绕产业集聚区发展特色产业，建设化妆刷产业园，吸引化妆刷企业集聚产业园区，打造百亿元级化妆刷特色产业集群，围绕火锅食材全链条打造百亿元级食品加工产业集群，围绕主导产业，延伸产业链，发展特色产业集群，推动鹿邑县高质量发展。巩义市围绕铝加工形成全产业链，聚力项目投资，拓展产业链广度，培育发展新动能，点燃创新链引擎，做强产业集群，构建生态链体系，链式发展筑就巩义高精铝都。

# 第三节 河南县域制造业高质量发展 存在的问题

河南县域制造业发展已经取得明显成效，河南县域发展也逐渐向中高端发展，但面对新发展形式和新要求，河南县域制造业高质量发展正处在关键时期，面临更加复杂严峻的挑战，县域发展相对失衡、产业综合竞争力不强、高端要素供给不足、创新能力较弱、发展环境有待优化等问题进一步凸显，对制造业的发展提出了更高的要求。

## 一 县域发展相对失衡

由于河南各县域地理区位、资源禀赋和发展程度等存在差异，河南县际发展存在不平衡现象，对整体提升县域发展水平产生了一定制约。一是县域制造业发展水平与全省制造业发展水平不匹配。近十年，河南工业增加值一直排在全国前列，但是县域制造业的发展水平与河南在全国的地位不相匹配。2021年《中国工业百强县（市）、百强区发展报告》中，河南仅有7个县（市）入围，2022年河南仅有5个县（市）入围，县域入围数量和河南工业发展地位不相匹配，表明县域制造业的发展相对失衡。河南仅有10个县（市）入围2022年中国制造业百强县（市），与江苏省的21个县（市）入围相比，还存着一定差距。二是县际发展不平衡。河南各县（市）之间存在地域异质性和发展的非均衡性。根据2021年《河南统计年鉴》相关县域数据，河南省102个县（市）的第二产业产值平均值为147.4亿元，高于平均产值的有31个县（市），低于平均产值的有71个县（市）。郑州市、鹤壁市、许昌市的所有县（市）均超过平均产值，但是焦作市、濮阳市、南阳市、信阳市、驻马店市的所有县（市）均低于平均产值，中牟县、巩义市、新郑市、长葛市第二产业产值均超过500亿元，但安阳县、内黄县、台前县、卢氏县、社旗县等后发县域的产值还不足50亿元，说明河南县域之间发展存在严重的不平衡。三是县域内产业融合不充分。河南县域内的产业融合普遍存在不平衡，且主导产业不突出，县域产业协作配套能力较弱，普遍处于产业链的中低端，这些因素进一步制约了河南县域制造业的高质量发展。

## 二 产业综合竞争力不强

面对新发展形势，河南县域发展的结构性矛盾逐渐显现，转型升级步伐较慢，县域产业发展的综合竞争力较弱，制约河南县域高质量发展。一是县域产业层次偏低。从工业内部结构来看，河南县域产业层次普遍偏低，大多数县域食品加工和轻纺等劳动密集型产业占比较高，规模以上企业数量较少，龙头型企业相对来说较少且带动能力较弱。河南县域制造业大多数是加工制造和代工贴牌等，处在产业链价值链的中低端，产业层次不高，装备制造业、新材料、新能源等新兴产业培育不足，河南县域战略性新兴产业发展还未成型。二是产业链不完整。河南大多数县域产业发展较为缓慢，处于产业链的中低端，产业技术基础能力较弱，一些产品和相关技术标准不健全不完善，造成高端产能不足而低端产能过剩，不利于县域产业发展。三是产业集聚不足。河南县域部分产业园区的产业定位不明确，大多数产业的同质化现象较为严重，高附加值产业的发展较弱，且招商方面重数量、轻产业链延伸，产业集群效应以及产业协同效应较弱，县域产业资源优势未能得到有效利用，县域工业化长期处在较低水平。

## 三 高端要素供给不足

河南县域在发展过程中，中心城市的辐射效应向县域渗透较为困难，各县域很难利用相关技术、人才和信息等高端要素，县域制造业发展面临高端要素供给不足的问题。一是高端人才短缺。河南县域内的科研机构、创新平台和高等院校数量较少，相应的高端人才资源分布不均，高新技术人才供给严重不足，县域制造业转型升级面临的人才制约更为严重。二是县域金融服务严重滞后。县域制造业普遍存在产业层次偏低、利润率不高等问题，相关制造业企业因此存在资金短缺的问题，且融资渠道单一，融资成本较高，造成县域企业融资难、融资贵，不利于县域制造业中小企业的发展。同时，部分县域财政存在负担，一些企业优惠政策很难实施和落实，在一定程度上也抑制了相关企业主体投资的积极性。三是县域建设用地供给紧张。河南大多数县域不断增加产业集聚区建设用地，但一些产业集聚区存在土地闲置的问题，存在部分僵尸企业，并出现部分厂房闲置的现象，导致县域制造业建设用地利用率不高，供给紧张，不利于推动县域制造业高质量发展。

### 四　创新能力较弱

近年来，河南县域科技创新对制造业发展的作用虽然逐渐凸显，但制约县域科技创新的因素仍然存在，科技创新能力不足是主要因素，在一定程度上限制了河南县域制造业高质量发展。一是科技资源较少。河南大多数县域没有高等院校，且缺乏具有较强创新能力的科研院所，与研发创新相关的新型科技平台也比较少，即便存在也是层次不高且等级较低，难以推动县域制造业高质量发展。二是企业产品创新能力较弱。河南部分县域的发展基础较弱和环境不优，大多数企业都集中在产业链中上游，且大多是规模较小的中小型企业，研发投入程度较低，产品创新能力不足，很难形成科技含量较高的优势产品。产品创新能力不足会限制产业链延伸，技术含量较高的高终端产品生产较少，且产品附加值较低，在一定程度上降低市场竞争力，很难显现产业链整体的竞争优势。三是动能转换有待加速。河南县域关于 R&D 经费支出和创新研究方面的投入较低，与发达省份还存在一定的差距，创新动能转换有待加速，创新还未成为县域高质量发展的第一驱动力。

### 五　发展环境有待优化

对于县域发展来说，发展环境既是县域发展的生产力，也是县域发展的竞争力，决定着县域发展的速度和动力，河南县域制造业发展依然面临着软件环境待改善、硬件环境待优化的问题。一是思想观念较为保守。河南大多数县域对制造业发展的思想认识不够超前，创新意识、前瞻意识、开放意识、危机意识等较弱。尤其是县域企业家的整体素质有待进一步提升，知识结构比较老化，对智能制造和"互联网+产业"等认识不足，一定程度上抑制了企业转型升级发展，部分企业家缺乏创新意识和开拓精神，思想认识不足，管理能力较弱，限制了企业的可持续发展。二是营商环境有待优化。部分县域干部和工作人员，未能深入理解相关上级政策，政策落实不到位，而且相关企业办理业务事项仍然存在痛点难点，缺乏质量较高的公共服务。此外河南部分县域还存在重视招商引入的企业，而忽视本地企业转型发展要求的问题，本地企业发展受到限制，不利于县域整体发展。根据赛迪顾问发布的《2021 中国县域营商环境百强研究白皮书》，与江苏、浙江等地区对比，河南县域营商环境有待进一步优化提升。三是体制机制有待完善。部分河南县域特色主导产业发展不强，产业集群效应不显著，县域比较优势未能完全转化为生产力和竞争力，县域错位发展机制有待进一步优化完善。此外，部分县域对产业园区的管理存在问题，相关管理机制不完善不健全，园区发展方面不注重规划管理，相关配套服务缺少，不注重园区的运营管理，管理体制有待进一步完善。

## 第四节　河南县域制造业高质量发展的实践经验

在实现河南制造业高质量发展的过程中，夯实县域制造业这个发展基石，已经成为河南各县域要走的发展之路。近年来，随着河南省工业结构调整，县域制造业转型发展成效明显，形成了一批集聚效应明显、规模优势突出、辐射带动有力、功能定位明晰的县域特色产业集群，提升了县域制造业竞争力，支撑河南县域制造业高质量发展。

### 一　巩义市：勇当全省县域发展排头兵

巩义市以制造业高质量发展综合评价试点县（市）为发展契机，推动县域高质量发展。巩义的工业发展历程始于20世纪初，民族工业兴起为巩义经济发展奠定了良好基础。改革开放前后，乡镇企业崛起，全县乡镇工业企业扛起经济半壁江山。20世纪90年代至21世纪前后，产权制度改革释放了巩义发展新活力。21世纪以后，巩义市积极融入全球化浪潮，企业快速做大做强。巩义"围绕农业办工业、办好工业促农业"，成为全国乡镇企业发祥地，深化改革、开放创新，领跑河南县域，勇当全省县域发展的排头兵。

巩义市注重制造业发展，在发展过程中持续推进创新创业蝶变行动，立足自身资源，强化科技创新发展，推动产业转型升级，勇当全省县域发展排头兵，领跑河南县域制造业高质量发展。巩义市先进制造业开发区发展较快，强化项目建设，加强科技创新，加大招商引资力度，有效盘活利用土地，优化营商环境，助推巩义制造业高质量发展。巩义围绕高精铝、新材料和装备制造等主导产业，强化科技创新引领，推动各类企业竞相发展，连续多年上榜中国工业百强县（市）、科技百强县（市）和综合实力百强县（市）。制造业是巩义市的"压舱石"，巩义市产业集聚区积极落实各项政策，以打造"千亿元级高精铝都"为目标，聚集各种高端要素，多点发力，推动制造业高质量发展。

巩义主要发展铝加工产业，是最大的铝加工生产基地，共有 100 多家规上企业从事铝加工，逐步形成从铝加工到铝终端制品的全产业链条。2022 年，巩义生产了全国约 30% 的铝板带箔，产量占河南全省的一半以上。2022 年，巩义市新增规上工业企业 68 家，全年共有 502 家企业落地巩义发展，创成省级智能工厂（车间）的共有 6 家，上云企业新增 703 家，高新技术企业增加到 200 家，专精特新企业发展也取得明显成效，共有 184 家，全市规模以上工业企业的研发覆盖率高达 70%。近年来，巩义市主要发展制造业，产业链价值链向中高端发展，抢抓绿色化、智能化、高端化发展机遇，强化创新发展，产业链协作发展，推动产业集聚发展，实现巩义高质量发展。

## 二　长葛市：以产业之石筑腾飞之路

长葛市位于河南省中部，历史悠久，拥有深厚的文化底蕴和丰富的自然资源。长葛市作为重要的工业基地，工业体系较为完善，涵盖了机械、电子、化工和食品等多个领域，而机械制造业是长葛市的支柱产业之一，拥有众多国内外知名企业。长葛坚持制造业高质量发展为主攻方向，牢固树立"项目为王"理念，狠抓重大项目建设，聚焦"四力长葛"目标，推进"七大行动"，加速推进长葛高质量发展，综合实力排名始终保持在河南省县域前列，连续 8 年入围中国工业百强县（市），已获 11 个"中国百强"荣誉。

长葛深入实施创新驱动战略，加大对创新主体的培育力度，带动产业优化升级，推进制造业高质量发展。长葛分门别类建立企业库，积极开展"精准"帮扶，围绕主导产业强链和传统产业升级，推进创新链与产业链的融合发展。突出以创新为引领，发展优势主导产业，截至 2022 年，专精特新企业达到 33 家，高新技术企业达到 89 家，备案的科技型中小企业达到 188 家，规模以上工业企业达到 523 家。随着新天地药业在深圳证券交易所上市，长葛成为全省主板上市企业最多的县（市）之一，金汇集团和黄河集团入围"中国民营企业 500 强"和"中国制造业企业 500 强"。

长葛聚焦县域产业集群发展，积极构建科技成果转化体系，培育科技型企业，建设科技创新平台，培育引进科技人才，全面推动科技创新发展，着力补齐各项发展短板，加快长葛实现高质量发展。长葛聚焦产业集群培育，完善产业链条，提升创新能力，全面推动产业快速发展，形成了现代装备制造和再生金属及制品2个主导产业集群，以及现代食品、卫浴洁具和包装印刷3个传统优势产业集群，还有电子信息和生物医药2个战略性新兴产业集群，构建形成了"232"产业体系，推动长葛制造业高质量发展。长葛循环经济产业园的建设已纳入河南省重点工作，入选省碳达峰试点园区，长葛紧抓超硬材料产业发展的窗口期，不断提升产业竞争力，开创超硬材料产业发展新局面。

## 三 叶县：工业引擎输出高质量发展驱动力

近年来，叶县围绕"项目为王、工业为要"的发展理念，坚持"工业立县、工业强县"的发展导向，以高质量发展为目标，立足区位和产业优势，坚定推动产业转型升级，促进叶县高质量发展。经过多年发展，叶县形成了尼龙新材料开发区和先进制造业开发区，培育了尼龙化工、盐化工等主导产业，伴生出众多中小企业，成为全省制造业高质量发展综合评价试点县。

叶县坚持推动制造业高质量发展，以项目建设为抓手，积极融入国内国际双循环，以两个开发区为"主战场"，培育发展尼龙新材料、制盐、聚碳材料和装备制造等产业，加快建设盐穴储气和天力锂电循环科技等"六新"产业项目，打造千亿元级中国尼龙城。叶县加强技术创新，激发企业创新活力，推动工业企业转型升级发展，加强政策落实，多措并举提高企业的创新能力，激发企业创造力，出台《叶县工业高质量发展实施意见》《叶县推动制造业高质量发展奖励办法》，激励企业进行创新，强化科技创新能力，推动叶县制造业水平整体提升。加大开放招商力度，对重点产业强链补链延链，实行产业链链长制，强链促进传统产业转型升级，补链引领新型产业茁壮成长，延链实现上下游融合发展。加快建立招商引资项目库，以产业链集群招商和以商招商为抓手，为县域高质量发展注入新动能，围绕尼龙新材料下游产业招商引资，吸引科技含量高和核心竞争力较强的龙头企业，夯实工业强县支撑。

叶县坚持把服务中国尼龙城建设作为主要工作，依托两个开发区，围绕"大尼龙、全产业链、国际化、创新引领"的发展思路,不断提升基础设施,加快项目建设,开放招商提标,改革创新提质,优化营商环境等,持续推动尼龙和聚碳新材料产业等强链补链延链,培育壮大产业集群,构建全产业链发展格局,助力平顶山转型发展。2022 年,叶县的尼龙新材料开发区和先进制造业开发区被认定为省级新型工业化产业示范基地,尼龙新型功能材料产业集群被认定为国家级中小企业特色产业集群,叶县荣登中国制造业百强县(市)榜单。叶县先进制造业的快速发展,是叶县工业发展异军突起的真实写照,是叶县制造业高质量发展的缩影。

## 第五节 提升河南县域制造业竞争力的路径

加快推进县域制造业高质量发展,是新时期河南现代化建设的内在要求,是贯彻落实省委、省政府决策部署的具体实践。面对新任务、新征程,河南县域制造业发展应立足阶段性和区域性特征,发展要突出优势和特色,在全省发展布局和区域合作中,结合县域发展特点,梳理聚焦产业定位,明确制造业发展优势,找准制造业发展方向,探索提升河南县域制造业竞争力的特色路径。

### 一 提升县域协调发展的平衡力

提升县域协调平衡发展能力,加强区域协调发展,促进各县域实现资源优势互补和协同发展,形成良性互动合作机制,提升河南县域制造业发展的影响力和竞争力,实现河南县域高质量发展。一是打造百强县的"河南雁阵"。借鉴湖北以百强县带动县域发展的"雁行"模式,在县域制造业高质量发展的竞争态势下,河南需要进一步聚焦县域发力,强化中心城市带动,县域融入城市群协调发展,进而带动周边县域发展,培育打造县域"雁行阵列"新增长点,构建百强县的"河南雁阵"格局,实现河南由县域大省向强省的跨越式发展。二是加强区域协同发展。河南形成以郑州为核心,整合开封、许昌、新乡、焦作等地市的国家中心城市群,并构建以洛阳为中心的都市圈,推动同城一体化发展,打破界限,资源互补推动城市协同发展。县域制造业发展要"跳出县域",消除县域发展壁垒,推动县际协调发展,实现资源要素在县域之间的良性互动,提升县域发展竞争力。三是实施分类推进协调发展。依据全省 102 个县（市）的区位特点、资源禀赋和产业优势，对县域发展合理定位并分类推进，促进因地制宜错位发展，彰显河南县域发展特色。以县域不同特点明确发展重点，中心城市周边的县域积极承接产业转移以及功能配套，实现分工协作错位发展，省直管县（市）发挥区域辐射带动作用，重点打造有产业基础和特色资源的乡镇，形成具有特色功能的产业小镇，加快推动县域高质量协调发展。

## 二　培育产业转型发展的内生力

产业是县域发展的重要支撑，产业强则县域强，县域产业发展需要优化配置产能空间，优化调整产业结构，立足自身发展资源和优势，壮大特色产业，培育产业转型发展的内生动力，提升县域制造业高质量发展的竞争力。一是优化产业结构，加快新旧动能转换。加快推动传统产业优化升级，精准施策多措并举，推动工业企业进行技术改造，以及智能化和绿色化改造等，促进新业态、新模式的快速发展，提升制造业价值链，优化产业链，重塑产业竞争力。着力培育战略性新兴产业，找准科技创新和产业发展的方向，拓展科技成果转化渠道，引导企业聚焦新兴方向、关键环节和发展趋势，开展新兴产业布局，推动重点产业领域规模效应快速形成，培育新的增长点增长极。二是梳理聚焦主导产业。培育发展县域优势产业和主导产业，有助于提升县域发展竞争力，推动县域高质量发展，立足自身资源和比较优势，梳理聚焦县域主导产业，引导县域立足自身优势，延伸发展特色产业链，推动河南县域制造业实现差异化和特色化发展。聚焦县域优势产业，招商引资谋划项目发展，发挥县区位和资源优势，培育打造特色品牌，提升产业附加值，集聚产业链提升产业竞争力，推动县域主导产业发展，促进河南县域高质量发展。三是强化县域特色产业与人力资源要素匹配。河南是劳动力大省，县域劳动力人口较多，引导企业把劳动密集型环节下沉，吸纳县域劳动力，发展县域特色产业，推动传统产业改造升级，鼓励县域依托互联网创新发展特色产业，提升县域特色产业的就业吸纳力，引导带动更多的县域劳动力进入特色产业发展，助推县域特色产业高质量发展。

### 三　厚植先进产业集群的引擎力

打造具有竞争力的县域制造业集群是河南建设制造强省的关键，河南加快培育壮大先进产业集群，提升产业集群核心竞争力以及产业链现代化水平，推动河南县域制造业高质量发展。一是打造优势产业集群。实施县域产业集群提升行动，再次谋划发展产业集聚区，梳理聚焦县域主导产业和发展方向，调整优化产业链的空间布局，进一步加快产业集聚区进入高质量发展新阶段的进程。依托优势产业培育打造特色集群品牌，提升河南县域发展的竞争力和影响力，集聚相关产业链价值链供应链发展，促进优势产业集群发展。二是壮大产业集群规模。河南各县域围绕主导产业发展，培育壮大龙头企业，发挥带动作用吸引更多上下游配套企业集聚，进一步完善产业链，培育壮大产业集群规模。积极发挥河南各县域开发区以及产业园区的载体作用，加快推进产业集聚发展，形成集群效应，推动县域产业高质量发展。三是差异化发展产业集群。河南各县域立足自身资源优势，明确自身县域产业的发展定位，找准产业转移新特点、产业发展新趋势与自身优势的结合点，聚焦比较优势，推动县域产业差异化发展。鼓励和引导相关企业、机构和人才集聚，形成具有差异化竞争优势的县域产业集群，促进河南县域全产业链发展竞争力的提升。依托差异化发展的优势产业集群，通过招商引进优势产业，形成有竞争力的优势产业集群，提高县域产业集群的综合竞争力，促进县域高质量发展。

### 四　强化高端要素供给的支撑力

推动县域高质量发展，需要加强人才和资金等高端要素的支撑，河南县域强化要素供给的支撑力，提升县域制造业高质量发展的竞争力。一是释放各类人才活力。坚持人才引进和自主培养相结合，引进国内外高层次科研骨干和技术骨干，打造团队发展优势。推动招商引资与招才引智并举，在创新平台载体的基础上，结合龙头企业引领，加大对科技创新人才和管理人才的引进力度，加速集聚高端人才要素。加强对县域农村劳动力进行职业培训和技能训练，按照省委"人人持证、技能河南"的发展要求，把县域制造业打造成高水平农村劳动力转移就业与输出人才基地。发展壮大回归经济，鼓励引导各类人才返乡创业，激发县域发展人才活力，打造县域内人才发展高地。二是激发县域金融活力。鼓励金融机构加大对县域发展的支持力度，解决县域企业发展融资难融资贵的问题，加快整合升级县域投融资平台，完善投融资体制改革，优化金融服务，引导金融机构支持县域高质量发展，结合县域主导产业，发展产业链金融，培育金融产品。鼓励各类金融机构在各县域增设分支机构，加大对县域工业化以及重大项目的支持力度，降低投融资门槛，为县域高质量发展注入金融活水。三是保障建设用地活力。合理规划土地利用，科学确定各类土地用途和空间布局，提高土地利用效率。加强对土地使用权的管理监管，严格执行土地利用政策和法规，保障土地资源的合理利用和保护。加强政策引导和支持，制定和完善相关政策措施，引导和支持合理利用建设用地，通过产业结构调整，推动经济发展向高附加值和技术密集型产业转型，减少对建设用地的需求，缓解建设用地紧张问题。

## 五　激活科技创新驱动的引领力

河南积极实施创新驱动高质量发展战略，激活科技创新驱动的引领力，推动县域高质量发展。一是培育产业创新平台载体。各县域立足自身优势产业和龙头企业，构建创新发展平台载体，鼓励县域企业联合其他地区的科研院所创办产学研合作机构，打造创新发展实践基地、中式基地和重点实验室等，整合重组县域科技创新资源，以工业为主阵地，以各类开发区和产业园区为载体，推进县域内外的创新要素集聚，提升科研院所创新源头的供给能力。强化数字赋能，推动数字经济与实体经济融合发展，打造数字经济产业发展和大数据产业服务平台，加快建设数字经济产业园区，推动县域发展新旧动能转。二是提高企业自主创新能力。鼓励引导龙头企业带动县域中小企业创新发展，打造企业技术研发创新中心或平台，尝试开展轻量化及节俭式的科技创新活动，提高自身产品的竞争力。此外，河南各县域要加大对民营企业的扶持力度，给予企业科技创新研发的财政支持，激励引导县域企业自主创新。三是开展开放式创新。河南各县域发展需抢抓战略发展机遇，打造开放平台，积极主动对接产业转移，逐步实现高水平开放，进一步促进更高层次的创新，强化外部创新要素资源的集聚链接，提升河南县域制造业发展的竞争力。鼓励引导各县域龙头企业在先进地区设立科技创新平台，吸引更多本地企业进入，结合先进地区的创新资源集聚发展优势，促进县域产业转型升级。此外，各县域要进一步完善配套服务，吸引国家级、省级创新平台及各科研中心机构在本地设立分支机构，构建县域内外创新资源要素的联结纽带，以开放促进河南县域高水平创新发展。

## 六　增强发展环境优化的保障力

河南县域制造业高质量发展要持续增强发展环境优化的保障力，吸引高层次产业和生产要素集聚，提升县域产业发展竞争力，加快推动河南县域制造业高质量发展。一是提升县域基础能力。河南以"百城建设"提质工程为抓手，突破县域发展瓶颈，重点在县域基础设施以及公共服务等方面谋划发展项目，提升县域公共服务的支撑能力，结合数字经济进行改造升级，完善县域基础设施能力提升，吸引企业集聚发展。二是加快转变思想观念。河南各县域要全面贯彻新发展理念，转变思想谋划县域高质量发展，培育优秀县域制造业企业家，发展壮大新生代企业家群体，带动县域产业升级和制造业高质量发展。三是提升县域营商环境。河南各县域坚持深化"放管服"体制改革，依托"互联网+"服务，积极开展县域营商环境评价，持续完善相关配套措施，结合数字化转型发展，推进公共服务体系智能化发展，提升县域高质量发展新活力。四是完善体制机制。完善协同推进机制，优化考核评价机制，创新园区管理机制。立足省级开发区完善产业集聚区管理体制，加快整合产业园区和去行政化，创新管理模式，激发开发区创新活力，提升县域制造业竞争力，推动河南县域制造业高质量发展。

# 第十五章　开启制造强省建设新征程

制造业是国民经济命脉所系，是富民强省根基，也是构筑未来发展战略优势的重要支撑。当前，全球大国博弈聚焦制造业，全国区域竞争重心在制造业，产业变革与技术革命的主要赛道汇聚在制造业。迈入新时代，以习近平同志为核心的党中央胸怀"两个大局"，擘画了新发展格局的宏伟蓝图，对制造强国建设做出了系列重大部署。新型工业化是推进中国式现代化建设河南实践的重要引擎。站在新起点，面对新形势，河南省需聚焦"高质量发展"主题谋篇布局，要坚持把发展经济着力点放在实体经济上，坚定不移建设制造强国，开创中国式现代化建设河南实践新局面。

## 第一节　河南制造强省建设发展策略

### 一　河南制造强省建设背景与意义

全球制造业格局演变。随着新一轮科技革命和产业变革深入发展，当今世界正在以前所未有的深度和广度重构经济结构和制造业版图，不断催生新的产业形态，建构新的产业模式，重塑新的产业逻辑。智能化、网络化、数字化技术的加速突破和应用，人工智能、大数据、云计算等信息技术和产品，智能制造、车联网、智慧城市、智能电网、远程医疗等先导产业成为新一轮工业制造发展浪潮。全球经济格局"东升西降"，制造业区域转向"多核化"，这为河南参与全球产业链提供新契机。河南作为工业经济大省，凭借全国领先的区位交通优势、制造业基础优势和人力资源优势，可借助全球制造业梯度转移和技术发展推动产业升级，实现弯道超车和换道领跑。

我国工业制造面临新形势。2012年以来，中国特色社会主义建设步入新时代，整体上我国工业化进程到了后期后半阶段。"制造强国"战略引领中国制造业转型创新发展。工业制造向高端化、智能化、绿色化方向升级取得了显著成效，软件定义、数据驱动、平台支撑、智能主导、服务增值的新特征更加明显。创新驱动更加强劲、智能制造持续渗透、平台支撑更加有力、服务增值明显提速、绿色低碳转型加速。河南省需借势而上，在新发展格局中觅得身位，这一进程关系着"十四五"计划能否如期完成与高质量建设现代化河南的重要目标能否顺利实现。

进入新发展阶段，河南省工业制造发展基础更加坚实，但发展环境发生深刻复杂的变化。近些年，随着制造业增加值占 GDP 比重持续下滑，"过早去工业化""过快去工业化"已经成为重点关注的问题，而河南省工业制造呈现倒"U"形走势，面临"未强先降"的局面。在 2021 年赛迪研究院发布的《制造业高质量发展白皮书》中，河南没有进入前十，与其工业规模排名全国第六的地位极不相符。区域竞争日趋激烈，全国各地围绕高质量发展的新要素展开全面竞争。河南工业制造面临"标兵渐远，追兵渐近"的局面。当下河南省制造业处于质量变革、效率变革、动力变革的关键期，数字赋能、智能提升、绿色低碳的加速期，产业基础高级化、产业链现代化水平的攻坚期。在国产替代、消费升级、国货崛起等大背景下，河南需加速打造"能级更高、结构更优、创新更强、动能更足、效益更好"的先进制造业体系，推动全省制造业向着"大而优、大而新、大而强"和"高又快、上台阶"迈进，为确保高质量建设现代化河南、确保高水平实现现代化河南提供强大支撑。

## 二 河南制造强省建设战略任务与顶层设计

河南省坚持创新驱动，突出优势再造，推动数字化转型，加快换道领跑，注重绿色低碳，强化"项目为王"，加快产业基础高级化、产业链现代化。着力提质发展材料、装备、汽车、食品、轻纺 5 大传统产业，培育壮大新一代信息技术、高端装备、新材料、现代医药、智能网联及新能源汽车、新能源、节能环保 7 大新兴产业，前瞻布局氢能和储能、量子信息、类脑智能、未来网络、生命健康、前沿新材料 6 大未来产业，着力构筑"以传统产业为基础、新兴产业为支柱、未来产业为先导"的先进制造业体系。计划到 2025 年，制造业比重保持稳中有升，传统产业转型基本实现高位嫁接，新兴产业培育取得重大进展，未来产业布局实现重点突破，"五链"深度耦合格局全面形成，高质量发展态势更趋巩固，产业链现代化水平显著提升，基本建成链群完整、生态完备、特色明显、发展质量效益显著的先进制造业强省。

"十四五"时期是河南省开启全面建设社会主义现代化河南新征程，推动高质量发展，加快由大到强的转型攻坚期。《河南省国民经济和社会发展第十四个五年规划和二〇三五年远景目标纲要》《河南省"十四五"制造业高质量发展规划》《河南省建设制造强省三年行动计划（2023—2025 年）》《河南省先进制造业集群培育行动方案（2021—2025 年）》《河南省制造业绿色低碳高质量发展三年行动计划（2023—2025 年）》《河南省加快传统产业提质发展行动方案》《河南省加快新兴产业重点培育行动方案》《河南省加快未来产业谋篇布局行动方案》《支持设计产业高质量发展若干政策措施》等文件陆续出台，给予"河南制造"坚定的支持。

## 第二节 河南制造强省建设的挑战与机遇

### 一 河南制造业发展面临的短板

结构调整任务重。河南作为传统工业制造大省，发展不平衡不充分问题更加凸显。河南省工业全而不优。传统产业比重仍然较大且优势产业链竞争力不断减弱，如食品产业规模已经由全国第二下滑到全国第六。新兴产业支撑明显不足，新经济、新业态、新模式发展相对滞后。2022 年工信部公布的 45 个国家先进制造业产业集群中，河南无集群上榜。《中国高端制造业上市公司白皮书 2022》显示，全国高端制造业上市公司数量达到 2121 家，在 12 个省份中河南省上市企业数量仅高于江西、山西。

创新发展能力弱。近年来，虽然河南科技创新能力持续提升，取得了明显成效，但创新投入不足、创新平台不多、高端要素匮乏、设计创新驱动不足等现实情况表明，河南科创实力不强的基本面没有得到根本改善。河南省至今没有国家实验室，只有两家"双一流"建设高校；中科院在全国共有 114 家直属机构，但在河南还是空白。河南创新主体实力不强。高新技术企业数量虽然突破了万家，但整体占比不到 3%。

质量效益不优。河南省传统工业产能过剩、低端产品过多等情况不容忽视。河南省一般公共预算收入与生产总值之比排名始终处在全国中下游水准，工业增加值尽管多年居全国第五位，但规模以上工业企业营业收入和利润总额从 2016 年的全国第四位不断下降，且优势企业数量少，龙头企业带动较弱。本土知名制造业企业在行业的引领度较低，在标准制定方面参与不足，数量庞大的中小制造业企业和县域制造业企业发展乏力。工信部公布的七批示范企业（产品）中，河南共入选 39 家企业，与第一梯队的浙江（189）、山东（188）、江苏（173）、广东（133）相比尚有巨大的进步空间。

## 二　河南制造从大到强的发展机遇

国家战略叠加的机遇。党的十八大以来，十余项国家战略规划和平台密集落地河南、厚植中原，共同构成了引领带动河南省经济社会发展的战略组合，标志着河南进入集中释放国家战略叠加效应的阶段。《黄河流域生态保护和高质量发展规划纲要》等赋予河南重要战略地位，为河南高质量发展带来了前所未有的改革、创新、开放等综合红利。

科技和产业变革加速创新融合机遇。融合发展成为制造业高质量发展的鲜明特征，国际国内众多地区在很多领域均处在同一起跑线上，可通过"换道超车"促进河南省制造业加速向数字化、集群化、智能化、绿色化、服务化转型。

战略腹地综合效应和区位枢纽优势拓展。河南省是国家南北、东西交通大动脉的枢纽要地，全国"十纵十横"综合运输大通道中有 5 条在这里经过。空、陆、海、网"四条丝绸之路"协同发展，"米＋井＋人"综合运输通道布局初步形成，郑州国际性综合交通枢纽能级持续提升，全国重要的现代化、国际化、标准化物流枢纽地位基本显现。这将为河南工业制造更深层次接轨世界、更宽领域链接全国、更大范围集聚资源、更高能级赋能经济提供强大支撑。

后发追赶优势显现。相比沿海省份，河南省工业所处的技术阶段、支撑工业化的生产要素、企业创新能力以及工业制度体系等都处于相对落后状态。但是，基于这种工业发展的能级势差，以及丰富的矿产能源、庞大的人口基数等资源禀赋优势，河南省可借助新一轮工业浪潮，通过招商引资、承接产业转移，链接沿海省份的技术、资本、人才等，实现工业制造的跨越发展，建成现代工业体系。

## 第三节　河南制造业重点发力领域及产业链培育

### 一　新型材料产业

#### （一）先进超硬材料产业链

河南省可依托中南钻石股份有限公司、河南黄河旋风股份有限公司、力量钻石股份有限公司等重点企业，以及郑州三磨所、河南省金刚石材料产业研究院、郑州大学、河南工业大学等研发机构和高校，巩固提升产业链中上游专用装备及超硬材料等优势，补齐下游精密加工用高性能超硬材料制品短板，做强功能金刚石材料开发及应用环节，加快向培育钻石精深加工及市场开发环节延链。

#### （二）尼龙新材料产业链

依托平煤神马以及河南省尼龙新材料产业研究院，提升河南尼龙新材料产业优势，补齐尼龙印染、改性注塑、纤维排列等不足，加快国产己二腈工业化生产，做强己内酰胺和高品质己二酸等原材料环节，加快向对位芳纶、芳纶Ⅲ、阻燃尼龙等高附加值、高技术含量的产品延链，打造全球最完整煤基尼龙化工产业链。

#### （三）铝基新材料产业链

依托河南明泰铝业股份有限公司、河南豫联能源集团有限责任公司、河南万基铝业股份有限公司、宝武铝业科技有限公司等重点企业，以及中国铝业股份有限公司郑州研究院、中色科技股份有限公司等研发机构，巩固铝板铝箔加工优势，补齐再生铝原料短板，加快向新能源铝基材料、汽车轻量化高端铝材料、包装铝、精细氧化铝等方向发力。

#### （四）铜基新材料产业链

依托洛阳铜业有限公司、河南新昌铜业集团有限公司、灵宝华鑫铜箔有限责任公司等重点企业，以及河南高精铜箔产业技术研究院有限公司，引进正威（河南）集团有限公司等重点企业，巩固高精度铜板带箔优势，补齐铜冶炼、再生铜回收原料短板，积极发展电子元器件、5G、新能源、高端家电等下游产业。

### （五）先进合金材料产业链

依托洛阳栾川钼业集团股份有限公司、栾川龙宇钼业有限公司、龙佰集团、豫光金铅股份有限公司等重点企业，以及中原关键金属实验室、河南省钛基新材料产业研究院等研发平台，做强高性能合金新材料双精深加工产品环节，补齐原辅材料及主要设备短板，加快打开医用、高端化工、民用生活等终端制品市场。

### （六）化工新材料产业链

凭借河南能源化工集团有限公司、中国石油化工股份有限公司洛阳分公司、多氟多新材料股份有限公司等重点企业，以及河南省氟基新材料产业研究院、河南省先进膜材料产业研究院等研发机构，提升煤化工、盐化工、氟化工、生物化工优势，补齐高端聚烯烃产能短板，做强可降解生物塑料、高性能工程塑料、氟基新材料、聚氨酯弹性体和电子化学品，向化工新材料终端及制成品进发。

### （七）先进钢铁材料产业链

依托河南省特殊钢材料研究院有限公司、河南济源钢铁（集团）有限公司的河南省工程机械用钢工程技术研究中心等研发机构，巩固提升焦炭、废钢等原料以及热轧板卷、棒线材、中厚板、无缝管等产品优势，推动产业链向中高端建筑用钢、高性能优特工程用钢、高可靠性装备及零部件用钢、高品质工业品用钢延链。

### （八）绿色建筑材料产业链

依托河南中联同力材料有限公司、洛阳市偃师区华泰综合利用建材有限公司、中国洛阳浮法玻璃集团有限责任公司等重点企业，以及河南省高温新材料产业研究院、河南省建筑材料研究设计院有限责任公司等研发机构，加强专用、特种水泥等优势，补齐装饰装修材料、新型玻璃材料、新型保温材料等短板，做强新型防水密封材料环节，加快向轻质隔热保温材料环节延链。

### （九）装配式建筑产业链

依托筑友智造科技产业集团有限公司、杭萧钢构股份有限公司等装配式建筑生产基地，以及河南省建筑科学研究院有限公司、郑州大学等机构，提升混凝土建筑构配件标准化优势，做优钢结构建筑构配件环节，补齐木结构建筑构配件短板，加快向装配化装修环节延链。

## 二 新能源汽车产业

河南拥有宇通客车股份有限公司、郑州比亚迪汽车有限公司、上海汽车集团股份有限公司乘用车郑州分公司、奇瑞汽车河南有限公司等重点企业，以及国家电动客车电控与安全工程技术研究中心、河南省氢能与燃料电池汽车产业研究院、河南省新能源及智能网联汽车电子电器产业研究院、河南省新型动力及储能电池材料产业研究院等研发机构。河南可进一步提升客车优势，补齐车用芯片等关键零部件短板，做强动力电池、燃料电池等环节，加快向新能源及智能网联环节延展。

## 三 电子信息产业

### （一）新型显示和智能终端产业链

依托鸿富锦精密电子（郑州）有限公司、河南省华锐光电产业有限公司、合众智造（河南）科技有限公司等重点企业，维持智能手机产能优势，补齐图像传感以及音频处理芯片等高端芯片配套短板，做强智能终端整机精密制造以及手机构件、摄像模组、显示面板等配套环节，加快向虚拟现实和增强现实设备和北斗芯片定位终端等新型智能终端产品延链。

### （二）集成电路与智能传感器产业链

河南拥有汉威科技集团股份有限公司、麦斯克电子材料股份有限公司、郑州合晶硅材料有限公司等重点企业，以及河南省科学院集成电路研究所、河南省智能传感器产业研究院等研发机构，进一步提升硅晶片、电子特气、湿化学品、光通信芯片、安全芯片、气体传感器、热释电红外传感器等产品优势，补齐微机电系统传感器、新型存储器等集成电路制造环节短板，做强关键材料及专用芯片，加快向半导体设备、封装测试等环节延链。

### （三）光电产业链

依托中航光电科技股份有限公司、河南仕佳光子科技股份有限公司、河南中光学集团股份有限公司等重点企业，以及河南省数字光电产业研究院、河南省先进光子技术产业研究院等研发机构，可提升自主可控光无源芯片、光电连接器、光学镜头、功能镀膜等产品和技术优势，补齐阵列波导光栅激光器、量子级联激光器、数字光处理器等产业链薄弱环节，做强光电元器件制造、光电终端产品制造等环节，加快向智能投彩设备、VRAR整机产品等领域拓展。

### （四）先进计算机产业链

依托超聚变数字技术有限公司、黄河科技集团信息产业发展有限公司，以及超聚变数字技术有限公司开发建设的超聚变研发中心等研发机构，提升整机制造优势，补齐处理器、存储器、印制电路板等核心配套环节短板，做强 X86 服务器、国产信创整机、服务器操作系统等环节，加快向上游数据库、应用软件及下游应用场景整体解决方案等环节进军。

## 四 先进装备产业

### （一）新型电力（新能源）装备产业链

依托平高集团有限公司、许继集团有限公司、信阳明阳新能源技术有限公司等重点企业，以及高压智能电器河南省工程技术研究中心、河南省分散式风电机组工程技术研究中心等研发机构，维持并提升特高压输电成套装备、换流网、柔性输电优势，补齐特高压变压器套管、超临界火电机组用安全网等短板，做强智能电网、大型风电机组等环节，向以消纳新能源为主的智能微电网等环节发力。

## （二） 先进工程机械产业链

依托中铁工程装备集团有限公司、郑州煤矿机械集团股份有限公司、河南卫华重型机械股份有限公司、中信重工机械股份有限公司、洛阳 LYC 轴承有限公司等重点企业，发挥盾构及掘进技术国家重点实验室、矿山重型装备国家重点实验室、河南省煤矿智能开采装备产业研究院、河南省高端轴承产业研究院等研发机构作用，巩固大型盾构机、超大采高液压支架、矿山破碎及选矿等成套工程装备优势，补齐挖掘铲运、全地面起重机等短板，做优做精隧道掘进、煤炭综采综掘、大吨位架桥机等领域，并探索超小多模式盾构机、智能大型起重机、绿色无人矿山设备的生产制造。

## （三） 先进农机装备产业链

河南拥有中国一拖集团有限公司、河南牧原智能科技有限公司、郑州中联收获机械有限公司等重点企业，以及国家农机装备创新中心、拖拉机动力系统国家重点实验室、河南省农机装备产业研究院等研发机构，提升动力机、畜牧机、收获机优势，补齐精量栽播机械、丘陵山区机械、大型复式农机具等短板，做强智能农机、新能源农机、植保机械，积极向农产品初加工机械、设施农业装备环节拓展。

## （四） 机器人和数控产业链

依托郑州越达科技装备有限公司、河南欧帕工业机器人有限公司、中原动力智能机器人有限公司等重点企业，以及河南省数控技术工程技术研究中心、河南省机器人产业技术创新战略联盟等研发机构，提升焊接机器人、搬运机器人、码垛机器人、专用数控机床、锻压设备优势，补齐五轴联动数控机床、复合加工中心、智能移动机器人等短板，做强机器人本体、系统集成、电主轴、直线导轨环节，加快向减速器、伺服电机、触（视）觉传感器环节延链。

## （五） 航空航天及卫星应用产业链

依托中航光电科技股份有限公司、新乡航空工业（集团）有限公司、河南航天工业有限责任公司等重点企业，以及中国人民解放军战略支援部队信息工程大学等机构，补齐高端系列泵阀产品、宇航级管路件、高端航天发动机管路系统、紧固件新型材料、北斗导航终端产品等产业链短板，加快向整机研发、航空仿真技术及飞行模拟机、无人机和北斗导航应用场景整体解决方案等环节延链。

### （六）节能环保装备产业链

依托中信重工机械股份有限公司、河南康宁特环保科技股份有限公司、河南神风锅炉有限公司、河南清水源科技股份有限公司等重点企业，以及河南省绿色制造联盟等机构组织，提升节能电机、节能变压器、大气污染治理装备、大气监测仪器等领域优势，加快补齐激光器、密封件、燃烧器和高效电机等关键核心零部件短板，积极向下游节能环保服务领域延伸。

## 五 现代医药产业

### （一）生物医药产业链

依托华兰生物工程股份有限公司、郑州安图生物工程股份有限公司、仲景宛西制药股份有限公司等重点企业，以及河南省现代医药产业研究院、河南省中药现代化产业研究院、河南省生物医药产业研究院、河南省动物疫苗与药品产业研究院等研发机构，提升原料药优势，补齐生物药短板，做强中药产业环节，加快向原创性新药研制领域进发。

### （二）高端医疗器械及卫材产业链

依托河南驼人医疗器械集团有限公司、河南翔宇医疗设备股份有限公司等重点企业，以及河南省高性能医疗器械产业研究院、河南省医用高分子材料技术与应用重点实验室等研发机构，巩固卫生耗材优势，补齐高端医疗器械短板，做强中医器械、康复器械环节，加紧突破高性能医疗器械产品研发设计生产。

## 六 现代食品产业

### （一）休闲食品产业链

依托卫龙食品、米多奇食品有限公司、好想你健康食品股份有限公司等重点企业，以及河南省健康食品工程技术研究中心、中原食品实验室等研发机构，提升谷物类休闲食品发展优势，补齐冻干技术、生物技术等相关食品生产技术和装备短板，加快向个性化、营养化、功能化等中高端食品延链。

## （二）冷链食品产业链

依托双汇、三全、思念、牧原实业等重点企业，以及河南省农业科学院、河南工业大学等机构，提升速冻肉制品、速冻米面制品优势，加快补齐低温肉制品等中高端冷链食品制备关键技术短板，做强速冻主食及食材链条，加强冷链物流基地建设，着力细分领域的特色创意冷链食品研发生产。

## （三）预制菜产业链

河南拥有双汇、锅圈食汇、巴奴毛肚火锅、千味央厨等重点企业品牌，以及河南省预制菜技术创新研究院、中国（原阳）预制菜产业创新研究院等研发机构，进一步提升预制菜产业规模，着力补齐预制菜生产过程中的技术、装备、口味设计、高级创意包材等短板，加快预制菜研发基地和标准化原料基地建设，推动预制菜产业实现三次产业融合发展。

## （四）酒饮品产业链

依托河南仰韶酒业、赊店老酒、杜康酒业等重点企业品牌，以及郑州轻工业大学、河南牧业经济学院等机构，提升白酒、葡萄酒、啤酒生产，发扬豫酒文化优势，补齐先进工艺酿造和高附加值品牌短板，做强技术创新和市场营销环节，加快向上游原粮基地建设环节延伸。

## 七 现代轻纺产业

## （一）纺织服装产业链

依托恒天重工股份有限公司、新乡化纤股份有限公司、河南新野纺织股份有限公司等重点企业，以及河南省纺织服装产业协同创新中心、新乡市（中国纺织科学研究院）中原分院等研发机构，巩固提升棉纺、化纤、纺织机械的现有优势，补齐印染、高端面料短板，做强纺纱、化纤上游环节，加快向后整理环节延链，扩大服装、家纺等终端产品市场比重。

### （二）现代家居产业链

依托格力电器（郑州）有限公司、河南新飞制冷器具有限公司、郑州大信家居有限公司等重点企业以及西安交大-新飞新型制冷技术产品装备研究院等机构，加强原材料、白色家电、板式家具等优势，补齐五金零配件、电子元器件、智能集成技术等短板，强化研发和创意设计，大力发展智能家电、定制家居、户外家具等终端产品，做大卫浴洁具、照明灯饰、瓷砖、门窗等厨卫与家装建材产品。

# 第四节　推进河南制造强省建设的相关建议

## 一　提升产业基础能力，构建先进制造业体系

### （一）加快传统制造业高端化、智能化、绿色化进程

1. 深化传统制造业两化融合，推进数智赋能建设

河南省需加快材料、装备、食品、轻纺等传统优势产业链嫁接新技术、培育新业态、延链中高端。推进智能制造和高端装备制造发展，推动重点产业链建设以智能工厂（车间）为主要载体的智能制造新场景，鼓励链主企业向上下游企业推广系统解决方案，带动全产业链智能化水乎提升。鼓励号召企业建立 ERP 系统。实现生产、销售、库存等各个环节的信息集成和管理，提供支持和培训，帮助企业合理使用和维护 ERP 系统。推进工业互联网应用。通过传感器、智能设备等手段实时采集和共享生产过程中的数据，提高生产效率和质量。加强物联网技术研发和示范项目，促进工业互联网平台的建设。加强数据信息安保监测。完善信息安全法规和标准，加强对制造业信息系统的安全保护和风险防范。提供信息安全培训和咨询服务，提升企业和员工的信息安全意识和防护能力。

全省范围内建设制造业云平台，整合企业资源和信息，提供供应链管理、生产计划、仓储物流等功能，促进产业协同和资源共享。引导数据集

聚，沉淀行业知识，形成机理模型，探索数据驱动的研发模式和制造模式，为工业强基提供数据支撑。

2. 践行低碳循环生产，加快绿色转型

全面推进河南省钢铁、有色、化工、建材等传统产业链绿色化升级改造。建立绿色技术和绿色产品认证机制，鼓励企业采用环境友好的材料、工艺和技术。开发和采用环保技术，推动绿色产品和绿色制造的发展。推行绿色设计理念。

制定并完善绿色制造相关政策和标准，确保企业依法合规。加大能耗指标和环境指标保障力度，优化环保执法监管方式，引入环境信用和社会责任评估机制，加强环境监测、排污管控和信息披露，公开企业环境数据，动态更新重点企业"绿名单"，增加企业环保透明度。推广绿色循环经济模式。加强绿色供应链管理，鼓励企业实施清洁生产，优化生产过程，减少资源消耗和废弃物排放。通过废弃物再利用、资源回收等方式实现资源的有效循环利用。加强宣传推广，提升公众对绿色制造的认知，形成全社会共同关注和支持绿色转型的氛围。

## （二）实施产业基础再造工程，大力推进产业融合发展

聚焦重点产业链基础零部件国产替代、基础元器件迭代更新、基础材料扩能提级、基础工艺技术提升、基础软件集成应用，发挥省科学院、实验室、产业研究院、制造业创新中心、新型研发机构等创新平台作用，通过"揭榜挂帅"等方式，突破一批"卡脖子"关键技术，以首台（套）装备、首批次材料、首版次软件的推广应用为突破，强化"五基"（基础零部件、基础元器件、基础材料、基础工艺、基础软件）技术与产品应用推广，努力实现进口替代、高端替代。

聚焦打造现代产业体系，补短板锻长板，培育制造新兴产业。构建产业生态，打造高辨识度的地标优势产业，建立"一链一图谱六清单"工作推进机制，按照"三个一批"工作要求，推进补链延链强链项目实施，推动重点产业向符合主导产业定位的开发区聚集。以重点产业链图谱清单为导引，聚焦短板弱项，强化延链补链招商。通过改造场景吸引智能化服务、工业互联网平台、数字经济、节能环保等企业落地，培育壮大新兴产业，拓展新赛道。促进制造业与服务业深度融合。信息化时代融合发展、协同

发展是大势所趋、必由之路，河南省应积极推进省内一二三产业融合发展，加快发展工业设计、现代管理等生产性服务业，并加快建设与重点制造产业链适配的现代物流体系。

## 二　强化平台载体建设，提高技术创新能力

聚焦科技自立自强驱动创新升级。坚持"企业是创新的主体、企业家是创新的主帅、科学家是创新的主力、政府是创新生态的主责"定位，实施制造业创新能力提升工程。推进省科学院重建重振，启动一批研究机构，与中科院等加强科技合作，积极引进一流高校研究院入驻中原科技城。依托国家技术转移郑州中心，建设国家枢纽型技术交易市场。做优做强省实验室体系，加快构建标准化双创载体体系，新建全要素、低成本、便利化、开放式的智慧岛。树立"链接即拥有"的理念，鼓励各地借鉴安徽、浙江支持县市建设上海"科创飞地"的经验，在三大城市群核心城市设立域外创新中心，吸引本地龙头企业集聚设立研发机构，打通河南与三大城市群创新要素的链接通道。鼓励支持头部企业牵头组建创新联合体，推进协同科研攻关，突破一批关键技术。加强科研资源和企业需求的有效配置、精准对接，鼓励企业建设产业研究院、中试基地，推动创新成果中试熟化与产业化。推进规模以上工业企业研发活动全覆盖，推动院校与规模以上工业企业共建研发中心、高校科技成果转化和技术转移基地。

## 三　强化企业主体地位，加大人才引培力度

打造充满生机活力的制造业企业梯队。开展创新型企业树标引领行动，培育高新技术企业、产业链优质企业。实施"头雁"企业培育计划、优质中小企业梯度培育行动，大力培育链主企业、"头雁"企业、制造业单项冠军企业、"独角兽"企业、专精特新"小巨人"企业和专精特新中小企业，形成重点产业链优质企业发展雁阵。

推进"人才强省"战略。加强"人人持证、技能河南"建设，开展职业技能培训，打造现代化河南人力资源新优势。借助"中国·河南招才引智创新发展大会"这一平台，深入实施"中原英才计划"、青年人才倍增行动、顶尖人才突破行动，推进"人才+项目"培养模式，青年创新人

才承担重要科研任务、参与重大项目攻关。实施重点高校学术人才引进培养专项行动，积极招引海外一流人才团队，增建中原学者工作站，新设一批博士后科研流动站、创新实践基地等。打造专业技术人才队伍和创新型企业家队伍。打造"豫籍人才数据库"，打造"老家河南"引才品牌，出台更具含金量的人才支持措施，健全引才聚才长效机制，推进大众创业万众创新。

## 四 做好制造强省建设保障，打造高品质营商环境

强化政策引导。加大创建国家先进制造业集群、培育省级特色优势产业集群的政策支持力度。借鉴国内先进省份经验，研究重点产业链培育、先进制造业集群建设的普惠性支持政策，推动各省辖市、济源示范区、航空港区等出台制造业重点产业链配套政策。做好基础要素保障，深化"放管服效"改革。加强"地煤电气"等生产要素保障，新增高频事项免证可办，提升线上办事效率。争创国家营商环境创新试点城市，开展县级营商环境示范创建，全面提升市场化、法治化、国际化水平。

强化财政金融服务。统筹河南省工信、科技、发改等部门的各类财政专项资金，强化对千亿元级产业链的重点企业、项目、创新平台的支持。鼓励省内金融机构加强对重点制造业企业提供金融服务，加大对产业链重点企业的信贷投入。支持重要产业链企业通过多层次资本市场上市挂牌融资和发债融资。发挥省级产业基金作用，促进更多重点制造产业链项目落地。

创新招商引资。用好中国河南国际投资贸易洽谈会、中国（郑州）产业转移发展对接活动、世界传感器大会等平台，深化与长三角、粤港澳大湾区、京津冀等地的产业合作，积极承接头部企业、重大项目、协同配套项目。实施对欧招商引资专项行动，建设好中德（许昌）产业园等一批国际合作项目，发挥好现有外资外贸企业作用，鼓励宇通集团、中铁装备、平高电气等企业开拓海外市场。

拓展高水平交流开放合作。着力发展口岸经济。推进郑州机场三期扩建，深化拓展双枢纽合作模式。高水准建设郑州航空港区。主动连接国内先进制造业群链，积极参加进博会、中博会、工博会，举办工业机器人、装备制造等产销对接会。组织带领企业参与"一带一路"建设，开拓河南

重点制造产品海内外市场，深度融入全球产业链、供应链和价值链体系。办好郑州—卢森堡"空中丝绸之路"国际合作论坛、中国河南国际投资贸易洽谈会、豫商大会等有影响力的会展，并加大对重点制造业企业及产业链培育中先进典型案例的宣传报道，营造制造强省建设的浓厚氛围。

# 参考文献

黄群慧：《2020 年我国已经基本实现了工业化——中国共产党百年奋斗重大成就》，《经济学动态》2021 年第 11 期。

马晓河：《准确把握新一轮产业技术革命的特征》，《经济导刊》2021 年第 8 期。

李晓华：《把握制造业转型升级趋势》，《中国产经》2023 年第 11 期。

何自力：《大力发展制造业和实体经济》，《企业观察家》2022 年第 4 期。

赵西三：《制造业高质量发展的强劲跃升》，《河南日报》2022 年 10 月 14 日。

《省统计局发布河南十年工业发展成就报告——质效双提升 蓄足新动能》，河南省人民政府网站，2022 年 10 月 15 日，https：//www.henan.gov.cn/2022/10-15/2624185.html。

《十年发展铸就河南工业新格局——党的十八大以来河南工业发展成就》，河南省人民政府网站，2022 年 10 月 14 日，https：//www.henan.gov.cn/2022/10-14/2623913.html。

杨森山：《工业经济辉煌巨变七十年——新中国成立七十年河南工业经济发展成就》，《市场研究》2020 年第 2 期。

张志娟：《河南省装备制造业高质量发展路径研究》，《全国流通经济》2020 年第 27 期。

金乐佳、王旭超、李培旭等：《河南省装备制造产业的转型升级与创新发展路径》，《创新科技》2019 年第 12 期。

宋歌：《河南省传统装备制造业向高端制造业升级的对策》，《现代企业》2020 年第 12 期。

刘晓慧：《创新驱动河南省制造业转型升级的路径研究》，《创新科技》2018 年第 5 期。

张玺、宋洁、侍乐媛等：《新一代信息技术环境下的高端装备数字化制造协同》，《管理世界》2023 年第 1 期。

王中亚：《河南省新材料产业高质量发展研究》，《合作经济与科技》2021 年第 18 期。

杨梦洁：《河南省电子信息产业链现代化水平提升研究》，《合作经济与科技》2021 年第 18 期。

张丽丽：《电子信息制造业发展现状及未来发展思路研究》，《科技广场》2021 年第 6 期。

陈飞：《中国电子信息制造业发展的内在动力》，《现代雷达》2022 年第 9 期。

孙晓曦：《河南优势传统产业数字化转型关键制约与突破研究》，《河南牧业经济学院学报》2023 年第 3 期。

龚绍东、赵西三：《从传统工业到新型工业——河南工业的转型方向与升级路径》，经济管理出版社，2013。

周人杰：《坚持推动传统产业转型升级》，《人民日报》2023 年 5 月 22 日。

刘众、杨永红：《融通创新促进传统产业升级的现实蕴意和路径抉择》，《价格理论与实践》2022 年第 6 期。

宋歌：《河南省以创新驱动战略性新兴产业发展现状及对策研究》，《商业经济》2022 年第 11 期。

李文军、郭佳：《我国战略性新兴产业发展：成效、挑战与应对》，《经济纵横》2022 年第 8 期。

丁洋涛：《不沿边不靠海的河南让"内陆"变"前沿"》，《河南日报》2022 年 9 月 1 日。

杨凌：《挺起发展硬脊梁》，《河南日报》2021 年 10 月 22 日。

杨梦洁：《河南省电子信息产业链现代化水平提升研究》，《合作经济与科技》2021 年第 18 期。

韩树宇：《以科技创新助推河南经济高质量发展的研究》，《投资与创业》2020 年第 21 期。

张永杰：《河南凝心聚力推动国家创新高地建设》，《中国工业报》2021 年 9 月 29 日。

王胜昔、崔志坚、汪俊杰：《创新，让中原更出彩》，《光明日报》2021年11月14日。

韩树宇：《河南科技创新资源配置思路》，《合作经济与科技》2021年第24期。

于善甫：《河南省科技型人才创新创业生态体系建设》，《黄河科技学院学报》2021年第12期。

韩树宇：《河南县域制造业高质量发展的思路与对策研究》，《现代工业经济和信息化》2022年第8期。

孙越：《河南：谱写中原绚丽科技篇章》，《科技日报》2022年10月21日。

宋克兴：《构建一流创新生态 建设国家创新高地——关于我省"科技创新"的学习思考》，《河南教育》（高校版）2022年第12期。

尹江勇：《我省科技成果转化实现新突破》，《河南日报》2023年1月11日第2版。

冯芸、马涛：《中共河南省委"中国这十年·河南"主题新闻发布会举行》，《河南日报》2022年8月29日。

王胜昔：《陈向平代表：锚定目标久久为功创新高地活力奔涌》，《光明日报》2022年10月16日。

俱鹤飞：《生产性服务业赋能，带动产业向高端》，《解放日报》2023年9月4日。

夏杰长：《充分发挥服务业的经济增长主引擎作用》，《中国社会科学报》2023年7月31日。

马克林：《河南生产性服务业发展研究》，《新乡学院学报》2022年第2期。

黄抒予、王馨悦：《河南推动先进制造业和现代服务业深度融合分析》，《科技经济市场》2020年第3期。

侯红昌：《以生产性服务业助推河南制造业高质量发展》，《现代工业经济和信息化》2019年第12期。

闫丽霞、白珂：《河南省生产性服务业发展现状及制约因素研究》，《科技创新与生产力》2017年第12期。

王中亚：《高质量发展下河南制造业绿色转型的问题与对策》，《河南牧业经济学院学报》2020年第3期。

李胜会、戎芳毅：《中国制造业绿色转型升级：政策、实践与趋势》，《全球化》2021年第5期。

戴翔、杨双至：《数字赋能、数字投入来源与制造业绿色化转型》，《中国工业经济》2022年第9期。

朱艳平：《河南加快制造业绿色转型路径》，《中国外资》2023年第2期。

齐洪华：《"双碳"目标下沈阳制造业绿色发展研究》，《沈阳干部学刊》2022年第6期。

宋爱峰、梁慧慧、潘朗暄：《"双碳"战略驱动河南省制造业绿色低碳转型路径研究》，《中州大学学报》2023年第2期。

王彦利：《河南大企业高质量发展路径探析》，《统计理论与实践》2023年第6期。

张雯：《河南加快培育先进制造业集群的问题及对策》，《中共郑州市委党校学报》2022年第6期。

赵建吉：《打造先进制造业集群 推动产业迈向中高端》，《河南日报》2021年8月21日。

宋振平：《平顶山市中小企业集群发展研究》，《科技创业月刊》2019年第11期。

刘晓萍：《河南产业集群发展的现状、问题及升级趋势》，《决策探索》2015年第14期。

刘晓萍：《河南制造业民营经济发展的现状、问题及对策——基于〈2021年度河南制造业民营企业100强榜单〉视角》，《黄河科技学院学报》2022年第12期。

赵西三：《解码河南——制造业高质量发展的强劲跃升》，《河南日报》2022年10月14日。

康芸：《加快传统产业企业数字化转型》，《宏观经济管理》2022年第6期。

涂兴子、元静、王留根：《中国平煤神马集团数字化转型研究与实践》，《中国煤炭》2023年第8期。

林博：《河南制造业企业创新发展现状分析》，《投资与创业》2022年第 19 期。

巫强、黄孚、汪沛：《企业数字化转型动机与多元化转型路径研究》，《财经问题研究》2023 年第 9 期。

《河南县域经济"换挡提质"——全省县域经济高质量发展工作会议扫描》，《河南日报》2020 年 4 月 30 日。

谷建全、王玲杰、赵西三等：《新起点上推进县域经济高质量发展的路径选择》，《河南日报》2020 年 5 月 6 日。

赵西三：《培育河南制造业高质量发展新优势》，《河南日报》2021 年 1 月 3 日。

韩树宇：《河南县域制造业高质量发展的思路与对策研究》，《现代工业经济和信息化》2022 年第 8 期。

张凤臣：《新旧动能转换背景下县域经济如何实现高质量发展》，《中国集体经济》2022 年第 30 期。

李松涛、轩建举：《河南县域制造业数字化转型发展水平研究》，《河南科技》2023 年第 12 期。

高昕：《新发展阶段 河南县域经济高质量发展的路径》，《河南日报》2022 年 4 月 11 日。

图书在版编目（CIP）数据

制造业高质量发展的河南实践／赵西三，刘晓萍主
编 . -- 北京：社会科学文献出版社，2023.12
ISBN 978-7-5228-2727-8

Ⅰ . ①制… Ⅱ . ①赵… ②刘… Ⅲ . ①制造工业 - 产
业发展 - 研究 - 河南 Ⅳ . ①F426.4

中国国家版本馆 CIP 数据核字（2023）第 208232 号

**制造业高质量发展的河南实践**

主 　 编／赵西三 　 刘晓萍

出 版 人／冀祥德
组稿编辑／任文武
责任编辑／方 　 丽 　 张丽丽
责任印制／王京美

出 　 　 版／社会科学文献出版社 · 城市和绿色发展分社（010）59367143
　 　 　 　 　 地址：北京市北三环中路甲 29 号院华龙大厦 　 邮编：100029
　 　 　 　 　 网址：www. ssap. com. cn
发 　 　 行／社会科学文献出版社 （010）59367028
印 　 　 装／三河市龙林印务有限公司

规 　 　 格／开 本：787mm × 1092mm 　 1/16
　 　 　 　 　 印 张：18. 75 　 字 数：306 千字
版 　 　 次／2023 年 12 月第 1 版 　 2023 年 12 月第 1 次印刷
书 　 　 号／ISBN 978-7-5228-2727-8
定 　 　 价／68. 00 元

读者服务电话：4008918866